智慧轨道交通研究丛书

● 广东省教育科学规划课题"粤港澳大湾区与台湾地区产业联动机制及路径研究（2019GXJK107）"部分研究成果

Shuzhi Funeng Tielu Yunshu Fazhan Yanjiu

数智赋能铁路运输发展研究

刘鹏 蒋慧 曲思源 著

华南理工大学出版社
SOUTH CHINA UNIVERSITY OF TECHNOLOGY PRESS

·广州·

图书在版编目（CIP）数据

数智赋能铁路运输发展研究/刘鹏，蒋慧，曲思源著. —广州：华南理工大学出版社，2023.12
（智慧轨道交通研究丛书）
ISBN 978-7-5623-7648-4

Ⅰ.①数… Ⅱ.①刘… ②蒋… ③曲… Ⅲ.①铁路运输发展-研究-中国 Ⅳ.①F532.3

中国国家版本馆 CIP 数据核字（2023）第 248449 号

数智赋能铁路运输发展研究

刘　鹏　蒋　慧　曲思源　著

出 版 人：柯　宁
出版发行：华南理工大学出版社
　　　　　（广州五山华南理工大学17号楼　邮编：510640）
　　　　　http://hg.cb.scut.edu.cn　E-mail: scutc13@ scut.edu.cn
　　　　　营销部电话：020-87113487　87111048（传真）
策划编辑：吴翠微
责任编辑：欧建岸
责任校对：伍佩轩
印 刷 者：广州小明数码印刷有限公司
开　　本：787mm×960mm　1/16　印张：13.75　字数：240千
版　　次：2023年12月第1版　印次：2023年12月第1次印刷
定　　价：48.00元

版权所有　盗版必究　印装差错　负责调换

序言

当今，在"互联网+"、物联网、大数据的时代，数字化、网络化、智能化已经成为时代主题，精细化、精准化管理已成为智能铁路的趋势，数字化、智能化、智慧化已经成为当今世界铁路科技发展的重要趋势。传统铁路在信息化应用方面已经取得了一定的进展，未来需要在拓展数字化应用的基础上融合人工智能、大数据等现代新兴技术，利用数字化、智能化技术赋能铁路运输进一步发展，走智慧化发展之路。智慧铁路包括建设、运营等各个方面，未来的进一步发展离不开基础设施和车辆设备的数字化、智能化技术手段，也离不开对其进行信息化处理和智慧化管理。智慧铁路不仅仅是设备的智能化，也要求管理的科学化和智慧化。在此背景下，构建数字铁路、智能铁路发展的相关理论、技术、方法等，对工程建设与运输生产实践具有重要的现实意义。

广州交通大学（筹）的刘鹏博士、蒋慧高级实验师和上海铁路局的正高级工程师曲思源博士充分利用产学研的合作优势，密切结合当前铁路运输发展研究前沿理论和需求牵引实际，围绕铁路运输新设备、新技术应用带来运营管理新变化的问题，进行深入分析、归纳、提炼，提出数智赋能铁路运输智慧化发展的一些理论、方法和措施，为当代智慧铁路建设提供了一些实用的新理论、新思路和新方法。在此对专著《数智赋能铁路运输发展研究》的出版表示衷心的祝贺！

本专著以"长三角""珠三角"我国东部数字智能铁路建设为基点，指出了当代数字智能铁路运输管理的最新特征以及前沿问题，相应地提出自己的新理论、新思路和新方法。本专著具有前瞻性、理论性、技术性、实用性及资料性等特点，兼具重要的理论研究参考价值和较强的实践应用价值。

数智赋能铁路运输发展研究

随着我国数字智能铁路运营网络化进程的不断推进，希望更多的管理和研究人员关注我国铁路事业的发展，共同努力探索数字智能铁路发展科学规律，不断提高我国铁路运输管理水平。

蒋占四
广州交通大学（筹）
2023 年 9 月

前言

经过几十年的努力，我国已经成为名副其实的轨道交通大国：高速铁路总里程、地铁通车里程位居世界第一，全社会客运量、货运量稳居世界前列。铁路运输作为交通强国建设的重要领域，未来发展好坏，直接决定了交通强国战略成功与否。

目前，我国铁路正处于一个由"高速增长"转向"高质量发展"的新时代，也是一个由"国内发展"转向"放眼全球"的新时代。人民生活水平不断提升，对美好生活的向往更加强烈，对铁路运输需求的重心已超出传统的层次和范畴，需求呈现多样化、多层次、多方面、多领域和便捷化、个性化、品质化、智慧化等特征，由基本需求型向享受体验型转型升级。这就要求铁路供给覆盖更加广泛，功能更加完善，结构更加优化，服务更加便捷高效、保障有力。随着铁路信息化从"数字化"走向"智能化"并向"智慧化"方向延伸发展，我国高速铁路的发展更是日新月异，新理念、新设备、新技术在高速铁路建设和运营中得到不断应用。相应地，高速铁路运营安全管理正在分化为两条相互交织并融合在一起的螺旋式发展主线——高科技设备的"硬技术"与管理的"软对策"，且这两方面都需要智能化。

我们可以将自身的专业与轨道交通相结合来定义智能铁路的概念，信号、客流、调度、设备设施等都应该涵盖到智能铁路的范畴之内。但不可否认的是，智能世界主要有三个基础要素：物联网、大数据和云计算。当把云计算、大数据、人工智能整合起来，便完成了相遇、相识、相知的过程。大数据是生产资料，互联网是生产关系，云计算是生产力，三者相结合融入生产实践中去，就会形成并推动新质生产力的发展。数字化、智能化已经成为当今世界铁路科技发展的重要趋势。目前，一些发达国家铁路行业正积极探索以智能建造、智能服务、智能列车等为代表的新技术研发应用，以进一步提升铁路建设运营的效率效益，增强市场竞争力。我国在此领域的研究与发展方兴未艾。

数字化、信息化带动管理现代化，智能化提升安全管理水平和运输生产效率。近些年虽然高铁在迅猛发展，但实际上普速铁路规模仍然很大，处于主体地位，因此其智能化发展非常重要。铁路运输设备的数字化、智能化带来管理上的变革、创新，二者交汇融合，促使铁路运输向智慧化管理迈进。

本书注重理论和实践相结合，拓展视野，根据工程应用的需要指导实践。从理论方法、技术手段、案例分析、持续改进的角度出发，结合工程实例分析给出了数智赋能铁路运输发展的具体思路、应用技术和方法，具有普适性。文字严谨，论据充分，通俗易懂，涉及面广，集中体现了我国铁路数字化智能化发展研究方面的现状、最新理论和动态趋势，可供铁路运输研究人员、管理人员、技术人员、作业人员以及高等院校交通运输专业相关人员学习与参考，也可供社会上关心铁路运输发展的人士品读。由于篇幅的关系，书中智能铁路内容侧重于普速铁路，但也部分涉及高铁，因为整个体系组成离不开智能高铁。

我国数字铁路、智能铁路研究与探索势头迅猛，但市场上相关书籍较少。本书在铁路数字化、信息化、智能客运、智能货运、智能车务等方面做了一些理论与应用上的探索，部分内容观点可能仍需进一步实践验证，难免挂一漏万和出现一些瑕疵，敬请广大读者批评指正。

本书旨在抛砖引玉，希望有更多学者和实践者参与，共同探讨，推动我国数智赋能铁路运输又快又好发展。此外，在本书写作过程中参考了众多专著、论文和研究报告等文献资料，未能一一列出，在此向各位作者和同仁表示由衷的感谢！

作者

2023 年 9 月

目 录

第1章 智能交通与智能铁路概述 ··· 1
  1.1 智能交通系统发展现状与趋势 ··· 1
    1.1.1 智能交通系统概述 ··· 1
    1.1.2 智能交通与智慧交通 ··· 3
    1.1.3 智能交通与智慧城市 ··· 6
    1.1.4 国外智能交通发展历程及总体趋势 ·· 10
    1.1.5 我国智能交通发展现状及趋势 ·· 13
  1.2 智能铁路概述 ··· 15
    1.2.1 IBM 公司与智慧铁路 ··· 15
    1.2.2 国外智能铁路发展现状分析 ·· 17
    1.2.3 我国智能铁路发展现状分析 ·· 25

第2章 智能相关技术及发展 ·· 27
  2.1 物联网技术 ··· 27
    2.1.1 物联网概念 ·· 27
    2.1.2 物联网特征 ·· 28
    2.1.3 物联网关键技术 ··· 28
    2.1.4 物联网发展态势 ··· 31
    2.1.5 物联网与智能交通的关系 ··· 33
  2.2 云计算和大数据分析技术 ·· 35
    2.2.1 云计算平台 ·· 35
    2.2.2 大数据技术 ·· 38
  2.3 信息传输技术 ··· 45
    2.3.1 光纤通信技术 ·· 45

          2.3.2 无线网络技术 ·· 47
          2.3.3 移动通信网络技术 ··· 48
  2.4 智能视频监控和无人机监测技术 ··· 49
          2.4.1 智能视频监控技术 ··· 49
          2.4.2 无人机监测技术 ·· 51
  2.5 仿真与 CPS 信息—物理融合技术 ·· 53
          2.5.1 仿真技术 ·· 53
          2.5.2 CPS 信息—物理融合技术 ·· 55
  2.6 GIS 地理信息和卫星定位及遥感技术 ·· 57
          2.6.1 GIS 地理信息系统 ··· 57
          2.6.2 卫星定位系统 ·· 59
          2.6.3 遥感技术 ·· 61
  2.7 人工智能和自动驾驶技术 ·· 62
          2.7.1 人工智能技术 ·· 62
          2.7.2 自动驾驶技术 ·· 63
  2.8 其他先进技术 ·· 67
          2.8.1 建筑信息化模型 ·· 67
          2.8.2 区块链技术 ··· 68
          2.8.3 3D 打印技术 ··· 70
          2.8.4 虚拟现实技术 ·· 72

第 3 章 铁路信息化 ·· 74
  3.1 铁路信息化概述 ··· 74
  3.2 国内外铁路信息化的现状及发展趋势 ·· 75
          3.2.1 国外铁路信息化的现状 ··· 75
          3.2.2 我国铁路信息化的现状及发展趋势 ·· 78
  3.3 铁路客运信息化 ··· 81
          3.3.1 客票发售与预订系统 ·· 81
          3.3.2 铁路旅客服务信息系统 ··· 81
          3.3.3 铁路客户服务中心 ··· 82

3.3.4 铁路客运营销分析系统 ·················· 82

3.4 铁路货运信息化 ····························· 83
 3.4.1 铁路货车与货物动态追踪信息系统 ·········· 84
 3.4.2 铁路货运营销信息系统 ·················· 84
 3.4.3 铁路货运信息系统 ······················ 85
 3.4.4 铁路物流信息系统 ······················ 86

3.5 调度和行车组织信息化 ······················· 87
 3.5.1 运输调度管理系统 ······················ 87
 3.5.2 调度集中系统 ·························· 88
 3.5.3 列车调度指挥系统 ······················ 89
 3.5.4 供电调度综合远动监控系统（SCADA） ······ 91
 3.5.5 编组站综合自动化系统 ·················· 91

3.6 安全管理信息化 ····························· 92

第4章 智能客运 ································ 94

4.1 智能客运概述 ······························· 94

4.2 我国铁路客运现状分析 ······················· 95
 4.2.1 铁路客运服务现状 ······················ 95
 4.2.2 铁路客运信息化现状 ···················· 98

4.3 铁路客运智能化管理探索与应用 ··············· 99
 4.3.1 智能出行 ······························ 100
 4.3.2 智能车站 ······························ 102
 4.3.3 智能乘务 ······························ 103
 4.3.4 智能协同 ······························ 105
 4.3.5 智能客运系统平台 ······················ 106

4.4 智能客运系统平台实现与应用 ················· 109
 4.4.1 客运车站网格化管理系统 ················ 109
 4.4.2 列车多功能作业系统 ···················· 109

4.5 铁路客运营销 ······························· 111

4.6 铁路车站客运组织 ··························· 117

4.6.1　铁路车站流线组织 ………………………………………… 117
　　4.6.2　检票组织 …………………………………………………… 122
　　4.6.3　乘降服务 …………………………………………………… 125
　　4.6.4　换乘服务 …………………………………………………… 126

第5章　智能货运 ……………………………………………………………… 134
　5.1　铁路货运组织现状及发展趋势 ……………………………………… 134
　　5.1.1　铁路货物运输的种类 ………………………………………… 134
　　5.1.2　铁路货运组织现状 …………………………………………… 135
　　5.1.3　铁路货运发展趋势 …………………………………………… 139
　5.2　我国铁路货运的业务流程与运输组织 ……………………………… 141
　5.3　我国铁路加快创建现代物流企业的思路及努力方向 ……………… 144
　5.4　智慧铁路货运 ………………………………………………………… 146
　5.5　铁路电子货票 ………………………………………………………… 151
　5.6　中欧班列 ……………………………………………………………… 155
　5.7　铁路枢纽物流中心站选址方案优化与应用 ………………………… 163
　　5.7.1　集对—熵权分析方法 ………………………………………… 164
　　5.7.2　影响因素分析 ………………………………………………… 166
　　5.7.3　实例分析 ……………………………………………………… 168

第6章　智慧车务 ……………………………………………………………… 171
　6.1　智慧车务概念及关键技术 …………………………………………… 171
　　6.1.1　智慧车务概述 ………………………………………………… 171
　　6.1.2　智慧车务特征 ………………………………………………… 173
　　6.1.3　铁路车务数字化管理 ………………………………………… 173
　　6.1.4　信息基础设施建设保障 ……………………………………… 178
　6.2　车务综合管理平台 …………………………………………………… 179
　6.3　调车远程监控智能分析系统 ………………………………………… 182
　　6.3.1　调车远程监控智能分析系统 ………………………………… 183
　　6.3.2　调车远程监控智能分析系统技术特点与性能 ……………… 186

6.4 铁路车站图形化现车管理技术 ········· 187
　　6.4.1 功能需求 ········· 187
　　6.4.2 架构设计 ········· 188
6.5 车务自管设备管理系统 ········· 192
　　6.5.1 车务系统自管设备管理现状分析 ········· 192
　　6.5.2 车务系统自管设备管理需求分析 ········· 193
　　6.5.3 相关设想 ········· 194
6.6 数字列尾装置在途定位与管理系统 ········· 195
　　6.6.1 系统概述 ········· 195
　　6.6.2 系统构成与主要功能 ········· 196
6.7 铁路车务站段安全排序方法探讨 ········· 199
　　6.7.1 安全评价存在的主要问题 ········· 199
　　6.7.2 评价指标体系构建 ········· 201

参考文献 ········· 207

第1章 智能交通与智能铁路概述

1.1 智能交通系统发展现状与趋势

1.1.1 智能交通系统概述

城镇化是当今世界上重要的社会、经济现象之一。21世纪初,全球人口半数以上生活在城市,并且该趋势仍在加剧,每年有超过6亿人涌入城市,平均每周超过100万人。当前城镇化仍在加快,全世界358个百万人口城市中有153个出现在亚洲,21个超大城市中有15个在亚洲。城市化催生了城市病:异常脆弱的基础设施、日益加剧的交通拥堵、不断恶化的生态环境。高峰期交通拥堵问题、停车难问题、公共交通出行难问题、交通管理难问题充斥着我国的主要城市。交通发展面临的主要挑战是交通安全、通行效率。2007年美国因交通拥堵造成经济损失达872亿美元,浪费汽油28亿加仑,浪费时间达42亿小时。中国科学院2011年的报告显示,15座主要城市的居民每天上班所需时间比欧洲多消耗576亿分钟,折合经济损失高达200亿元。

国内外大城市普遍存在的交通拥挤、事故频发、环境污染等问题日益恶化,已经严重制约各国和世界经济的进一步发展,影响了人们的正常生活。智能交通系统被认为是解决这些问题的一种有效途径。随着经济和科技的发展,智能交通系统得到快速开发与应用。

智能交通系统(intelligent traffic system,ITS)是通信、信息和控制技术在交通系统中集成应用的产物。ITS借助现代科技手段和设备,将各核心交通元素联通,实现信息互通与共享,使各交通元素之间的彼此协调、优化配置和高效使用,以及人、车和交通的高效协同,建立安全、高效、便捷和低碳的交通环境提供了技术保障。例如,通过交通信息采集系统采集道路中的车辆流量、行车速度等信息,经信息分析处理系统处理后形成实时路况,决策系统据此调整道路红绿灯时长，以及可变车道或潮汐车道的通行方向；通过信息发布系统将路况推送到导航软件和广播中，让人们合理规划行驶路线；通过不停车收费系统（ETC）实现对通过高速公路的车辆身份及信息自动采集、处理、收费和放行，有效提高通行能力，简化收费管理，降低环境污染……

智能交通系统实质上就是利用高新技术对传统的运输系统进行改造而形成的一种信息化、智能化、社会化的新型运输系统，是一个运用现代信息技术、面向交通运输的服务系统。它最大的特点是将信息进行收集，然后对信息进行处理、发布、交换、分析、利用，从而建立起实时、准确、高效的交通运输控制和管理系统，最终为交通参与者提供智能、便捷、高效的服务。智能交通系统能使交通基础设施发挥出最大的效能，提高服务质量。同时，可使社会高效地使用交通设施和能源，从而获得巨大的社会经济效益。

智能交通系统的工作流程是：首先通过布设各种检测设备来获取需要的交通信息，并通过有线或者无线的网络通信技术将获取的交通信息进行传输和汇总。其次将所有数据进行处理，从而达到监控和管理交通基础设施以及交通流量的目的，为交通使用者及管理者提供服务。

目前，ITS应用最广泛的国家是日本，其次是美国、欧洲等国家和地区。中国的智能交通系统近几年也发展迅速，在北京、上海、广州、杭州等大城市已经建设了先进的智能交通系统。其中，北京建立了道路交通控制、公共交通指挥与调度、高速公路管理和紧急事件管理等四大ITS系统；广州建立了交通信息共用主平台、物流信息平台和静态交通管理系统等三大ITS系统。

基于传统的信息技术与交通系统融合发展起来的智能交通系统，我们可称之为智能交通系统1.0。其特点是以交通信息采集、处理、分析及服务应用为主线，以专业化的信息采集和服务基础为支撑，以智能化管理与服务为重点发展内容。新一代信息技术的发展从网络化、数字化到智能化，产品和服务更多强调智能化和个性化（极致化）。基于大数据的信息价值化、跨界融合创新的新业态，是新一代信息技术发展的重要特征，对交通系统也带来重大变革：全时空交通信息环境。原来获取的信息是局部的、节点的，现在可以获取交通系统全时空的信息，实现人车路一体化协同。信息智能分析和高效利用，大数据、智能化等处理分析手段大大提升了对交通问题的解决效率。交通管理和交通服务模式发生变革，共享交通、互联网+交通等带来交通运营服务领域的革命。

当今，世界新一轮技术革命和产业变革正在重构全球创新版图，重塑全球经济结构。在交通运输领域，绿色、智能、共享等新技术、新模式、新业态不断涌现，给交通发展提供了新的机遇。同时，世界经济重心向亚洲转移，全球生产、全球服务的新格局正在形成。这就要求我国交通运输既要立足国内，也要面向全球并成为实施"一带一路"倡议的有力支撑。

顺应发展趋势，发达国家都在调整布局ITS的内容和方向，全时空交通信息感知、智能网联汽车、车联网、自动驾驶等都是智能交通系统的技术创新热点。美国最新的ITS项目五年规划中，从安全、缓解拥堵、效率及互联互通三个方面布局9个方向的研究，智能驾驶是研究的重点内容。欧盟制定了交通系统协同发展路径图，围绕智能出行、生态出行、安全出行布局了一系列内容。日本积极推进新一代交通管理系统，大力发展基于车路协同的辅助安全驾驶系统DSSS，基于数据挖掘的交通管控系统性能提升，在DSRC、智能公路、无人驾驶系统等方面的研究也在积极开展。随着技术的发展，可以预见，在不久的将来，更快、更灵活的各类新型交通工具将不断出现，车内信息及车辆之间信息实时感知与交互将普遍实现，定制出行、共享工具等将构建全新的出行服务模式，低能耗、高效率的交通优化调控目标将是人车路环境和谐的重要标志。汽车智能化将使出行更安全，驾驶体验更舒适。

1.1.2 智能交通与智慧交通

智能交通是20世纪90年代初美国提出的理念，是指在比较完善的基础设施之上将先进的信息技术、数据通信技术、电子传感技术、电子控制技术以及计算机处理技术等有效地集成运用于整个交通运输管理体系，从而建立起一种在大范围、全方位发挥作用的实时、准确、高效的综合运输和管理系统。智能交通是一个基于现代电子信息技术面向交通运输的服务系统，其突出特点是以信息的收集、处理、发布、交换、分析、利用为主线，为交通参与者提供多样性的服务。

智慧交通是指充分利用新一代信息和通信技术可感知与可交互的特点，促使交通管理精细化、交通运输一体化、物流服务产业化、出行体验智慧化，达到智于管理，慧及民生，实现人车路环境的协同发展。

智能交通和智慧交通是两个既有联系又有区别的概念，具体体现在以下几个方面。

1. 侧重点不同

（1）智能交通侧重各类交通应用的信息化，着眼于交通信息的广泛应用与服务，着眼于提高既有交通设施的运行效率，使交通系统各要素之间形成有机联系，除了提高交通系统的运行效率和交通安全外，还使交通系统的时间资源和空间资源得到充分利用，环境影响得到有效控制，因而成为交通运输与信息技术范畴内科技竞争最激烈的领域之一。智慧交通融入了物联网、云计算等高新IT技术来汇集交通信息，大量使用数据模型、数据挖掘等数据处理技术，基于实时交通数据提供交通信息服务，强调系统性、实时性、在线性、信息交流的交互性以及服务的广泛性，主要体现在全面感知互联、应用与服务，更强调以人为本、智能化决策分析。

（2）智能交通系统借助电子信息、移动通信、互联网和信息控制等多种先进技术手段，对交通系统各个环节的信息进行收集、分析、共享、整合与利用，从而建立起高效、智能、综合的交通管理与服务体系，为人们提供多元化、一体化、个性化的出行体验。然而发展到现在，面对日益繁杂的道路交通信息和爆炸式增长的交通信息，如何有效地收集、存储、分析、整合海量的大数据信息，成为构建智能交通系统的关键问题。智慧交通即是针对这一状况提出的一种新解决方案：通过对以物联网和云计算为代表的智能识别、通信传输、移动计算、数据融合处理等新技术的有效集成应用，实现交通运输信息的有效获取、传输、存储、分析、处理和分布，从而建立起包含感知层、传输层、支撑层、应用层在内的综合性一体化智管交通系统。其中，感知层借助RFID、二维码、传感器网络、移动通信、GIS等技术实现对人车路的全天候监测反馈，从而有效获取各种交通信息数据。传输层，通过互联网、移动互联网、卫星等各种通信设施和技术将感知层所获取的信息及时、准确地传输到后方的综合性管理平台，为下一步的数据挖掘分析做好准备。支撑层，利用云计算、智能处理、信息管理等多种技术手段，对交通大数据信息进行深度分析、整合与处理，从而实现对交通资源的动态管理和有效利用。应用层，通过智能交通信息综合管理服务平台，深度挖掘信息的多维价值，并将其共享给不同的使用者，为管理决策、业务开展服务提供有效的数据支持。

（3）智能关注技术，智慧关注人的灵活性。可以说，智慧交通是在智能交通的基础上发展起来的更高级的交通模式，是一种智能交通发展模式的变革，也是未来智能交通的发展方向，是更注重人性化的智能交通。可见，物联网、大数据、云计算等相关技术的深入发展与普及，为解决交通运输业的发展痛点提供了新的思路。虽然智慧交通和智能交通有诸多交叉重合点，如两者都是对信息、传感、通信、大数据、云计算等多种技术的综合运用，在内容、关键点和方向上也高度重合，但两者的侧重点和提供的问题解决方案并不相同。

2. 技术发展阶段不同

智能交通是交通运输信息化发展的方向和目标。智能交通主要围绕"互联网+"进行交通领域的信息化构建，以推动交通运输业的互联网化转型升级。而智慧交通则可以看作智能交通系统的关键内容，是对物联网、云计算等先进技术的有效集成应用，侧重于追求交通系统功能的自动化和管理决策的智能化。

如果智能交通通过迭代升级从而具备智能思维能力和预测未来的能力，即意味着智能交通进化成智慧交通。智慧交通是对自动控制、无线传感、数据通信、移动互联网等多种技术的综合应用，以便对交通系统的各个环节和资源进行优化整合与高效利用，从而构建出安全、高效、环保、舒适的智能交通系统。智慧交通以构建智能交通生态系统为最终目标，借助物联网、云计算等多种新技术，打造高效、安全、环保、舒适、文明的交通运输新形态；有效增强城市交通运输系统的管理和运作能力，为交通运输部门和相关企业的管理决策提供更加及时、全面、准确的信息支持；优化人们的出行体验，构建快捷、安全、人性、智能的交通运输服务体系。智慧交通与智能交通是不同时期人们对交通未来发展的不同展望，但是却又有了不同的成熟体系，这也就是智慧交通系统与智能交通系统被提出且被认同的原因。智慧交通与智能交通都是信息技术、传感技术、通信技术等多种技术在交通领域应用的产物，两者在建设内容、关键技术、应用方向等方面拥有共同点。

3. 应用领域不同

不断提高机器的自动化、智能化水平始终是人类社会长期不懈努力的方向。计算机的出现极大地推动了自动控制、人工智能和机器学习等新技术的发展，"机器人"研发也取得了突飞猛进的成果并开始应用。应该说，自进入信息社会以来，人类社会的自动化、智能化水平已得到明显提升，但始终无法取得突破性进展，机器的思维方式仍属于线性、简单、物理的自然思维。大数据时代的到来可以提升机器智能化水平，大数据有效推进机器思维方式由自然思维转向智能思维，获得洞察力和新价值，获得类似于人脑的智能，甚至智慧。人脑之所以具有智慧，就在于它能对周围复杂的环境信息进行全面收集、逻辑判断和归纳总结，获得有关事物或现象的认识与见解，主动、立体、逻辑地分析数据，做出判断，提供洞见。智慧模型应用在智慧交通中，一方面可以协助政府科学规划交通设施、管理交通运行；另一方面可以为运输公司和市民提供出行服务，提高其出行品质。以共享单车投放优化方案为例，决策者可以运用智慧模型分析共享单车的时空分布数据，通过单车使用率等指标来判断共享单车在各个停车点的投放数量是否合理；了解居民使用共享单车的行为习惯；预测城市共享单车的适宜投放地点及投放数量；综合预测结果，生成多种单车投放方案；最后，构建指标体系，对这些方案的综合效益作出评估，选择最优的单车投放方案。

综上所述，智慧交通系统是在智能交通系统（ITS）的基础上，融入物联网、云计算、大数据、移动互联网等技术，通过汇集交通信息，提供实时交通数据的交通信息服务。智慧交通大量使用了数据模型、数据挖掘等数据处理技术，实现了智慧交通的系统性、实时性、信息交流的交互性以及服务的广泛性。

1.1.3 智能交通与智慧城市

"智慧"的理念就是通过新一代信息技术的应用，使人类能以更加精细和动态的方式管理生产和生活的状态，通过把传感器嵌入到全球每个角落的供电系统、供水系统、交通系统，以及建筑物和油气管道等生产生活系统的各种物体中，使其形成的物联网与互联网相联，通过超级计算机和云计算将物联网整合起来，实现人类社会与物理系统的整合。将信息通信技术应用到城市运营和发展的方方面面，通过物联网有效完成感知，如图1-1所示。

物联网的发展是信息技术的一大变革，对未来智慧城市的建设及发展起着难以估量的作用。在智慧城市建设中，物联网是其中的一项关键技术，关系到市政管理智能化、农业园林智能化、医疗智能化、楼宇智能化、交通智能化、旅游智能化及其他应用智能化等方面。简单来说，互联网与通信网结合诞生了物联网。因此，物联网在应用等方面也成了互联网的拓展和延伸。在物联网技术当中，具有感知能力的装置负责感知和识别物理世界中的各类信息，并借助

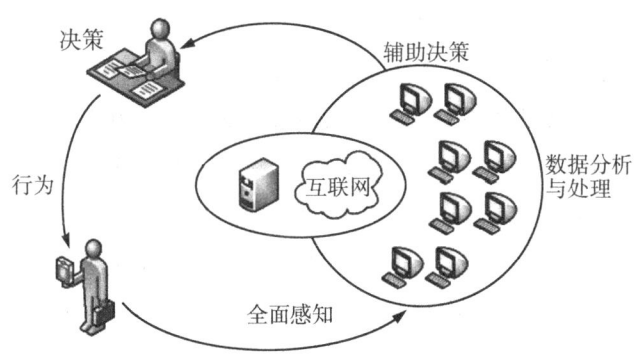

图 1-1 "智慧"的含义分析图

与互联网的交互传输功能使人物和物物之间能够顺利进行信息互联对接,从而实现对现实世界的全面掌控。随着物联网技术的出现和发展,我国城市发展模式也逐渐朝着智慧城市方向前进。智慧城市也被看作集各综合物联网应用产业于一身的综合体,并且其主要通过物联网技术完成感知和管控城市的重要任务。智慧城市在物联网技术加持下能够以更加智能的方式存储、计算海量数据信息,从而使得无论是生产技术、文化生活还是城市的其他方面均能够更加智能化,进而推动城市实现可持续发展。

2009年1月,美国IBM公司首次提出"智慧地球"概念。同年提出"智慧城市"解决方案。之后我国上百个城市结合信息产业发展提出了建设智慧城市,依靠大数据、云计算、物联网、人工智能实现城市中人与人、人与物、物与物的信息交互与服务。智慧城市从概念到实际建设,最先落地并应用的领域之一就是交通,因此智慧交通成为各地率先建设发展的内容。不管是智慧城市还是智慧交通,其实质都是在大数据、云计算、人工智能等新一代信息化和智能化技术快速发展的大背景下,通过对城市或城市交通相关信息的获取、交互、理解、判断、决策、应用来更好地实现对城市或城市交通的治理和服务,通过类似于人类大脑的感知、认知、决策和指挥能力来缓解城市或城市交通面临的问题并提供服务,因而其核心部分被形象地称为"城市大脑"或城市"交通大脑"。在城市交通领域,智能化和信息化已经有相当长时间的探索发展和应用积累,特别是在缓解城市交通拥堵方面。但是因道路交通系统具有不连续、不可控、不可测、强非线性的特征,交通大脑的建设不可能一蹴而就一步到位。同样也因为交通系统的复杂性,交通大脑能发挥出来的作用也是渐进的,甚至是有限的。

综合国内外的实际做法，可以发现智慧城市必须具备感知、分析和应对3个要素才能实现"智慧"。感知的实现，相当于给城市装上眼、耳、鼻，使城市能够通过各种传感器设备来感知、采集各种数据。分析的实现，相当于给城市装上大脑，通过数据分析了解城市现状，发现城市问题，探寻城市运营机制，预测城市未来，生成问题解决方案。应对的实现，相当于给城市装上手脚，使城市能够自主解决城市问题，迅速、灵活、准确地进行调控。这三者缺一不可：感知是先导，分析是核心，应对是智慧城市的理想目标。经过多年的建设与探索，智慧城市建设已经初步建立起多种数据采集渠道，其工作重心正在从数据管理转向数据分析。而智慧的分析需要智慧的模型。智慧模型相当于智慧城市的大脑，是智慧城市建设的关键。

（1）感知层面。我国很多城市已经建起大量设备，并收集到大量数据，能够初步实现感知的功能。然而，智慧城市建设还广泛存在"数据孤岛""信息孤岛"等问题。感知层面当前的难点和未来的重点在于数据整合共享。

（2）分析层面。目前智慧城市中已使用的分析工具较少，也不能很好地满足智慧城市的分析需要。我国的智慧城市建设在智慧分析层面还处于起步阶段。

（3）应对层面。我国智慧城市建设在应对层面的实践尚处于萌芽阶段。应对的实现需要城市达到更高的智慧程度，依赖分析的支撑。而目前城市还没有建立起成熟的分析技术体系，应对也就难以实现。

智能机器实际上是告诉大家，只有人的智能是不够用的，城市的复杂度远远超出人类本身智能可以解决的范围，但是人类可以发明出一种新的智能——机器智能，用机器智能来解决我们所面临的挑战。机器智能带动科技发展的程度远远超出我们的想象。机器学习的实质是从大量数据中学到知识（即深度学习），从与环境的不断交互中学到知识（即强化学习），实现知识图谱构建与自动扩展，在很大程度上解决知识表示与自动获取问题。

随着智能交通系统的不断推进，其规模不断扩大，城市信息化的进程不断深入。为满足交通信息服务对象对交通信息综合运用的需求，智能交通系统与数字城市相结合，应用"3S"（GIS/GPS/RS）等新的信息处理技术，实现与交通信息的融合。GIS技术延伸到交通运输领域为GIS-T，它是实现数字交通与智能交通系统的基石。

智能交通系统也是智慧城市发展中较为成熟和有实际效果的系统。一方面，基于无线宽带技术、移动智能终端等基础逐步发展起来的智慧城市，未来将对城市的各个方面（基础设施、运行状况、市民活动等）进行全面的监控，庞大的信息来源促进了智能交通系统领域较大的发展。通过手机数据来获得出行行为信息、实时交通状况信息、推断交通事件信息等，已经为智能交通系统提供了一种特定的数据来源。另一方面，智能交通系统也是智慧城市的重要信息来源。智能交通系统所建设的各类交通流信息采集系统、出行行为信息采集系统等能够为分析城市居民的出行特点、活动范围、发展趋势等提供良好的数据支撑，例如将海量的出行行为数据与土地利用、商业活动等进行关联分析，就可以发现城市的规律以及市民的活动趋势等，从而为城市规划、土地优化利用、社区发展、行业经济发展等提供数据支撑。

近年来，互联网信息技术、大数据、云计算等现代技术为传统交通管理向现代化治理转变提供了更多的途径和方法。尤其是智慧路侧停车、网约专车、共享停车、智慧充电桩等汽车出行领域创新模式的出现，为智慧交通的推进带来了全新的变革。例如，城市停车既是智慧交通关键的一步，也是车主出行的基本要求。在城市交通资源有限的形势下，通过互联网信息技术，引入基于大数据的信息化管理系统，从源头上解决城市停车资源配置的供需问题，使传统线下的车流、人流变成线上的数据信息流，才能构建崭新的智慧停车体系，满足社会公众的出行需求，加速城市智慧交通的发展。通过移动互联网应用平台，广大车主出行停车需求与车位信息实现了深度融合，最大限度地发挥数据规模效应，实现城市车位供给与需求的平衡，从根源上解决"停车难、停车贵"问题，为车主出行带来更好的体验，真正达到智慧出行、智慧服务。

在云计算、大数据、金融科技、人工智能等移动互联网技术的驱动下，我国智慧交通已从探索阶段进入实际开发和应用阶段，尤其是以智慧停车为代表的智慧交通模式得到了社会的广泛认可。在未来的智能交通系统发展过程中，必须从智慧城市的高度去考虑城市或地区的智能交通系统的发展定位、目标及发展途径，将智能交通作为智慧城市的有机组成部分，以实现智能交通与智慧城市的和谐发展。随着车联网、智慧基础设施、大数据、新的商业模式、出行服务化等技术和应用的发展，交通问题将会得到实质性的缓解。尤其是迅速发展的互联网技术，已成为智慧交通发展的巨大推力。未来，智慧交通一定是"出行即服务"。

1.1.4　国外智能交通发展历程及总体趋势

世界上许多国家和地区在大力发展智能交通系统。除发达国家和地区外，众多发展中国家也在学习借鉴发达国家经验的基础上针对各自的交通需求及交通问题，不断研究开发与建设满足各自需求及特点的智能交通系统，推动着本国或本地区智能交通系统不断发展。到目前为止，智能交通系统的研究领域已经从最初的交通管理、交通安全领域发展到了面向全部交通运输方式及全体交通参与者，体现在以信息、服务为核心的众多领域，智能交通系统融入到综合交通运输系统的各个环节，在综合交通运输系统中发挥了全方位作用。

日本、美国和欧洲等发达国家和地区为了解决路网通过能力日益满足不了交通量增长的需要、交通拥挤日益严重以及交通污染和事故不断增加等种种问题，竞相投入大量资金和人力，开始大规模地进行道路交通运输智能化的研究实验。从原先的智能车辆道路系统不断深入，从道路和车辆扩散到整个道路交通所有部门，成功带动并形成比较完善的现代化的智能交通系统（ITS）。ITS的运作流程是将采集到的各种交通及服务信息经交通管理调度中心集中处理后，传输到运输系统的各个用户，乘客可以实时选择交通方式和交通路线；交通管理部门可以利用它进行交通疏导和事故处理；运输部门可以随时掌握车辆的运行情况，进行合理调度，从而使交通基础设施发挥出最大的效能，提高服务质量，使社会能高效地使用交通设施和能源，从而获得巨大的社会经济效益。

日本、美国、欧洲作为世界经济发达国家和地区，在智能交通系统的发展过程中基本处于引导者的地位。日本从最初的智能交通系统体系框架确定了9个主要发展领域，其智能交通系统发展不断推进，并形成了独具特色的巨大系统。

近年来，在迅速发展的信息通信技术的支撑下，结合当前全球环境、能源、居民需求等方面的现状，智能交通系统的发展呈现出一些新的特点和模式。

（1）智能化依然是智能交通系统发展不变的主题之一。相对于过去的智能交通系统，当前的以车联网、自动驾驶、大数据分析等为特征的新一代智能交通系统将交通系统的智能化水平提高到了一个新的层面。未来在高速移动无线通信技术的支撑下，交通系统的多个要素之间将可以实现实时的"对话"，驾驶者（出行者）、车辆、基础设施实时交互形成相互连接和互动协作的整体系统。

(2) 安全仍然是智能交通系统的主题之一。日益发展的检测技术在车辆上的综合应用提高了辅助驾驶的水平和危险预警的能力，高速移动无线通信技术的发展使车车通信、车路通信成为可能，从而促进车辆主动安全技术的不断应用和推广。而在交通管理方面，通过提高交通信息服务的实时性、提高应急救援响应速度、应用更为先进的交通管控技术等，从管理层面不断提高道路基础设施的安全性以及紧急响应救援水平，从管理层面提高交通安全水平。

(3) 节能环保成为智能交通系统的新亮点。节能环保是智能交通系统发展的主要目标之一。例如，欧洲的生态交通的目标是将交通信息、能耗信息和驾驶建议等同时交给驾驶员，通过驾驶员调整驾驶方式和行驶路线以实现节能 20% 的目标。生态智能交通的高级目标是在智能驾驶和自动驾驶系统中将能耗和排放指标作为系统的控制参数之一，在保证安全的前提下，实现车辆行驶速度和能耗双指标的最优控制。

(4) 智能交通系统未来发展的一个任务就是充分整合大数据和先进的计算机技术，去寻找道路交通系统中的规律，从而找到解决目前难以解决的甚至尚未知的道路交通问题的科学技术。例如，利用大数据能够更准确地分析城市日常交通出行特征，把握交通出行需求，包括对出行者的出行规律与机理的研究以及多因素的相互影响，以及基于机动车的出行规律与机理研究等。根据公交 IC 卡每天实时采集的海量信息，可以对公交及轨道的运营进行越来越准确的把握和预测，从而能够通过实时调整运行策略（如安排越站停靠等方式）进行更好的调控。在异常事件发生时，例如交通事故、恶劣天气、意外的交通需求等情况下，更多的数据可让管理部门更快地作出反应。

(5) 载运工具智能化快速发展；信息技术与交通深度融合；交通系统协同运行；"互联网＋"和大数据推动交通服务智能化；综合交通走向网络化、系统化和智慧化。

相应地，智能交通发展趋势主要体现在交通管控的集成化、交通信息服务的完善、车联网及自动驾驶、交通事故及紧急救援等方面，实现智能化的交通安全管理、拥堵管理、共享管理、运维管理、智能物流、智能公交等核心的内容。分析交通需求、优化基础设施和运营管理，挖掘交通大数据的潜在价值，建立健全大数据支撑下的分析研判、智能决策、方案的精准实施、智能的监控运营管理等一系列功能。

智能交通技术应用是以采、触、发为主要特征的交通信息化过程。大数据＋交通服务，以提升服务为目标，构建综合交通信息服务体系；移动互联＋综合交通，以提升效率为目标，构建移动互联综合交通系统；人工智能＋车路协同，以提升安全、效率为目标，构建人车路协同系统；人工智能＋系统协同，以保安全提效率为目标，构建立体无人综合智能交通系统。智能交通技术应用如图1－2所示。

(a)大数据云计算技术

(b)车联网技术

(c)互联网技术

(d)物联网技术

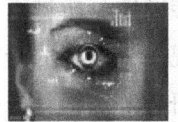
(e)智能识别技术

(f)数据存储技术

(g)数据分析技术

(e)网络通信技术

图1－2　智能交通技术应用

当今，智能交通发展需求也说明了智能交通依然面临很大挑战，主要体现在以下两个方面。

（1）智能交通在感知、识别和检测技术方面面临很大挑战。例如，自动驾驶车辆需要获得非常准确的车辆位置信息，甚至要达到厘米级别，但传统GPS定位精确度无法满足此类需求。另外，如何监测监视员和车辆的状态以及识别高速行驶车辆身份信息仍然面临挑战。还有，原有的单一通信技术无法满足智能交通系统的多样化需求，难以保证高速移动的车辆的通信质量、传输的高效率、避免信道冲突、通信低延迟。面对庞大的非结构化数据，数据中心面临的重大挑战是对这些数据的采集、预处理、存储、查询等操作要求具有很强的时效性和动态性。同时，通过对交通数据的分析和挖掘，包括智能调度、交通状况预测分析、自动检测和预警等，智能决策支持面临极大的挑战。

(2) 法律和机制方面，物流网具有跨行业、领域和部门等特点。例如在车辆运行中涉及交通运输、公共安全、环保等诸多领域，各个领域及业务之间存在行业障碍和资源共享困难等问题，并且每一个领域内部的工作规则和要求都不相同。根据互联网、交通运输以及相关业务制定出一套满足各种需求的运行机制是智能交通发展的一项挑战。

1.1.5 我国智能交通发展现状及趋势

在我国，国务院于2006年颁布《国家中长期科学和技术发展规划纲要(2006—2020年)》，将"智能交通管理系统"确定为优先主题。国家发展改革委和交通运输部于2016年联合发布了《推进"互联网+"便捷交通促进智能交通发展的实施方案》。这是国内首次提出智能交通（ITS）的总体框架和实施方案。2017年，国务院印发《"十三五"现代综合交通运输体系发展规划》，提出了综合交通基础设施网络中长期的发展目标和任务。同年，国务院印发《新一代人工智能发展规划》，对轨道交通智能化发展从强化关键共性技术和基础平台研究、研究智能运载工具、加快推进智能交通技术应用等方面提出了要求。

近年来，我国各地政府大力推进智能交通建设，建设了各类道路交通管理设施、智能化新型装备和交通管理应用系统。这些现代化交通管理设施、装备和应用系统大大提升了城市道路交通管理能力，在确保城市道路交通安全和畅通方面发挥了明显作用。我国交通已经发展到"网络化运行"和"在线式服务"的新时代。公众对交通出行的品质要求也从"走得了、走得安全"发展到"走得便捷、走得舒适、走得更智慧"。交通强国战略总目标是构建"安全可靠、便捷高效、绿色智能、开放共享"的现代化综合交通系统。我国的阶段目标有两个，一是2030年前后进入交通强国行列，二是2045年前后进入交通强国前列。

智能交通首先强调，大数据的运用就是基于大数据共享平台。这里强调了"共享"，实现深度分析、智能决策、精准管理。然后是"服务"，主要是要实现交通一体化。提高交通运输效率、质量、服务水平的关键是一体化。提高交通运输服务的质量、效率和获得感，我国智能交通发展的基本思路如图1-3所示。

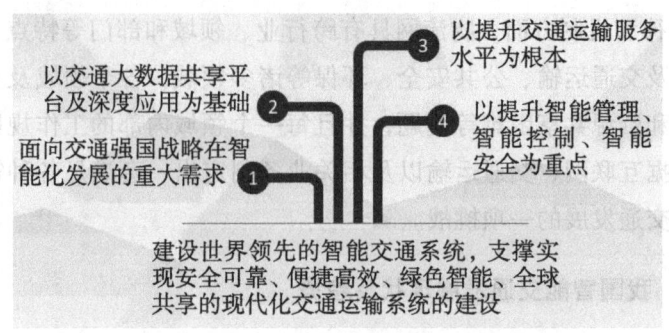

图1-3 我国智能交通发展的基本思路

　　智能交通是破解交通拥堵、提高安全水平、减少排放的重要手段。要发挥中国智能交通的相对优势,实现赶超:我国具有超大规模的市场需求;在大数据、移动通信(5G、北斗)、人工智能研发应用等领域具有优势,走在世界前列;也有鼓励创新的国家政策和集中力量办大事的制度优势。比如,通过构建智能交通安全交通体系减少事故,为2030年道路交通死亡率降低至0.5作出贡献。智能交通引领就是要推进交通大数据共享平台即交通云的应用,要建立出行平台,利用人脸识别、无感支付等新技术实现门到门、多样化、个性化的智能服务。要全面提升智能交通管理水平,建设综合运输智能平台、城市智能公交系统,优化交通决策调度指挥和运营管理。当然,各个领域,如公路、铁路,港口、民航都在建立自己的体系。要推进车路协同技术的研发,使自动驾驶技术达到世界先进水平。这就需要发挥国家整体的优势,采取聪明的路和智慧的车优势互补技术路线,加快智能交通发展速度。2030年要实现高速公路、长途客运、城市公共交通领域自动驾驶。

　　当然,我国智能交通发展还存在着一些问题,主要表现在:发展智能交通的理念有待提升,对于公众出行、货物运输服务及交通安全的关注需要进一步加强,自主创新能力相对薄弱,市场化推进机制比较缺乏,智能交通的产业链、价值链还没有真正形成等。未来,我国智能交通系统将在自主创新的同时,积极借鉴国际智能交通领域的成功经验,开展广泛的国际合作交流。通过不懈的努力,我国的智能交通将会更加快速地发展,为公众提供更加便捷、高效、绿色和安全的出行服务,创造更加美好的生活。

1.2 智能铁路概述

面对铁路日益增长的需求对运输能力的挑战，有必要加快发展智能化铁路系统（intelligent railway transportation system，IRTS）。铁路运输生产活动作为铁路部门最基本的工作，直接承担着运送旅客、运输货物、组织列车运行和保证必要运输能力的任务。而保障这些任务安全有序进行，没有一套合理的智能系统是难以做到的。在信息化社会迅速发展的今天，给铁路系统辅以智能化是让铁路尽快适应社会飞速发展的重要手段。

1.2.1 IBM公司与智慧铁路

2009年3月，IBM公司发布《智慧的铁路》白皮书，提出充分发挥铁路的环境和能源优势提高铁路服务速度和安全性等目标。同年6月，IBM全球铁路创新中心正式投入运营。同时，交通诱导系统、智慧公交管理系统、云智慧停车系统、交通信号灯智能控制系统、智能物流系统等智慧交通建设正在缓解拥堵、减少事故、协同指挥、引导预警和智能引导等方面发挥重要作用，不仅为交管部门缓解交通拥挤提供数据和决策支持，从而提高交通效率，为民众出行提供信息引导，减少环境污染；还使民众得到迅捷的交通信息，方便其安排出行路线，从而提高对交通拥堵、交通事件的应变能力。

"智慧铁路"是要利用其更透彻的感知和度量、更全面的互联互通和更深入的智能化来实现智能信息的网络化，进而在整个铁路系统、企业内部以及合作伙伴之间实现信息的互联和共享。在这个基础上，感知和度量可帮助铁路公司收集信息，进而更好地监控运营。而信息整合、复杂的分析可将战略决策与新锐洞察结合起来，帮助铁路系统提高服务质量、服务安全性、服务可靠性并节约成本。

对于具体的问题，"智慧铁路"能提供不同的解决方案，以助力铁路系统不断升级，增强核心竞争力。IBM公司提出的智慧铁路方案，可以通过在列车的关键组件上部署传感器和智能装置自动检测出故障并发出警报，让列车司机可以及时采取预防措施，减少或完全消除引发铁路事故的罪魁祸首。资产管理解决方案可以根据对故障的估计而不是按照规定的时间表开展主动维修。北美和欧洲的许多铁路系统，正在通过轨道设备来研究、监测声音信号、热量和车轮摩擦等，以便更好地保障乘客的生命安全和环境安全，让每位乘客都可以安心乘坐。目前，广州地铁公司正与 IBM 公司合作建立一个由 Maximo 软件支持的资产管理系统，以改善维护程序、监控维护设备，从而降低维护成本，提高安全性与可靠性。总体来看，IBM 智慧铁路的方案如下：

（1）开展物联网及移动互联环境下高速铁路运营全景信息感知与融合系统技术研究。突破高速铁路运营基础设施基本状态、交通工具运行、运输组织、日常调度等多源信息协同处理技术、多模式全网运输态势动态感知与智能解析技术、客运需求规律主动辨识和运营状态主动预警技术，为客运品及服务规划、运营管理、安全保障提供支撑。

（2）综合数据应用服务平台。基于运输对象、基础设施、移动装备、指挥调度系统、自然环境的实时数据构建集大容量实时存储、大数据驱动运算、运输调度管理、灾害事故应急指挥、装备运维指导等功能于一体的高速铁路运营系统综合数据应用服务平台，为保障轨道交通系统全生命周期的高效和安全运营提供支撑。

（3）高速铁路运营基础设施信息大数据中心。建立包含高速铁路运营桥梁结构、隧道、道路基础资料数据、结构时变模型数据、环境与荷载数据、监测数据、检测数据、养护管理数据、灾害数据、加固与性能提升数据以及各类基础设施海量试验数据等的综合信息数据库；研究基于大数据和路网功能保持与提升的基础设施管理、维护决策支持技术；研究高速铁路运营基础设施数据共享与互联互通技术，全面提升道路交通基础设施服役能力和寿命。

（4）高速铁路信息包括各类监测信息与设备等的大量动态数据，目前主要依靠人工进行数据分析，在数据关联性分析及历史数据比较分析方面存在"短板"，特别是现场人员的业务水平参差不齐，使得这些数据尚未得到充分的挖掘利用。因此需要研发智能监测数据分析系统，目的是利用监测系统采集分散的、孤立的、断续的数据，发现关联的、综合的、连续的设备变化规律，用高效率、高水准的计算机实时智能分析替代人工数据分析，最大限度地提高监测数据的利用率。同时自动下载设备运行数据，从中分析出各部件的运行状态和操作事件，通过对运行状态的趋势分析和操作事件的比对，实现设备的故障预警和隐患排查，以满足故障修和状态修的需要。

（5）基于大数据的高速铁路运营基础设施智能化养护。突破轨道、桥梁、隧道等基础设施耐久性、高性能工程材料的循环利用、基于大数据及"互联网+"的建设与养护管理智能化等方面的核心技术，形成新一代高速铁路运营基础设施设计、建设、养护与运维技术体系，显著提升基础设施的服务能力与运输效率。

（6）非结构化数据处理技术。高速铁路运营的非结构化数据分为文本、网页、图形、照片、视频、录音、GIS 数据等。面对这类数据，用于管理结构化数据的关系型数据库的局限性越来越明显。以最典型的文本格式为例，包括文档、表格、网页、日志、电子邮件等，可考虑使用全文索引技术。目前搜索引擎应该是其最主要的一个应用，它可帮助用户从海量的文本信息中快速检索需要的信息，极大地提高查询效率。对于现场作业录音等音频数据的处理，目前有许多研究已可解译音频流数据的内容，将其翻译成文本，然后再利用文本分析技术对这部分数据进行分析；对于照片、视频等数据的处理，因肉眼分析效率过低，可考虑应用图像识别技术对图像进行特征提取和判断匹配，快速搜索图片中的关键信息。对于各类视频监控系统，1 小时的视频监控内容中，可能有用的数据仅仅只有几秒，这就需要优化机器算法，快速完成对数据的"提纯"。

1.2.2　国外智能铁路发展现状分析

根据 IBM 公司发布的《智慧的铁路解决方案》，在北美和欧洲，很多铁路沿线的固定基础设施通过射频识别电子标签（RFID）帮助识别轨道车辆、检测声音信号、热量和车轮摩擦，并且能够对铁路各个区段的车头、车厢、铁轨、隧道、桥梁和车站进行监控。当前，欧美发达国家分别发布了推进信息化与工业化融合的一系列战略规划。我国也发布了"中国制造 2025""互联网+"行动计划、新一代人工智能发展规划等实质性规划和政策。在政策与需求的推动下，智能设备、信息技术被逐步引入工业生产领域。

1. 日本

日本铁路技术研究所（railway technical reseach institute，RTRI）于 2000 年开始了新一代集成多种 IT 技术的铁路系统（CyberRail）的研究。在 CyberRail 系统里，乘客、铁路工作人员以及铁路相关公司可自由传输、收集和处理信息。因此，乘客可随时收到根据个人需求而提供的旅行计划以及个人导航信息，同时铁路公司可不断优化运输计划，以满足乘客的需求和提高列车控制的安全性。

事实上，CyberRail 系统是一个通过铁路运输来增强 ITS 结构的系统，它强调的是通过其强大的信息提供功能，实现铁路运输方式与其他运输方式的无接缝、无障碍的衔接和运输。CyberRail 系统致力于实现两个层次的目标：一是提供实时的多式联运乘客信息服务；二是使铁路在列车计划和列车控制方面变得更灵活从而更具竞争力。CyberRail 系统的基本原理就是利用最新的信息和通信技术，在计算机中记录大量必要和充分的旅行者信息，为乘客沿着运输链提供建议和向导。因此，CyberRail 系统对乘客和铁路公司都具有重大的意义。该系统预计在十年内实现。

在地板上射出灯光"入闸机"，乘客只要在地面上指定的路线走过就能读取手上的 IC 卡。如果 IC 卡余额不足，地面上的路线会变成红色；如果成功通过则路线会变成浅蓝色。三菱电机发表交通专用的新一代入闸机系统，这个入闸机没有任何物理关卡，只在地面显示灯光行人路线。乘客要手持 IC 卡以及专用的卡套，在入闸时 IC 卡套会读取 IC 卡资料，然后向埋藏于地面下的另一个读卡机传送资料，同时检查 IC 卡余额。读卡机因应乘客可否通过闸机，在地面上显示出红色或浅蓝色的灯光，以及行走的方向。交通机构或轨道交通运营企业可在车站甚至车厢内对走过入闸机的乘客进行追踪。对于乘坐轮椅的乘客，以及没有缴费乘客的位置，车站职员都可通过系统找到其位置。此系统的好处是让坐轮椅的乘客、推婴儿车的乘客以及手持大型行李的乘客在入闸时更加方便。三菱电机希望在 2025 年后可将这种技术在实际上应用。

2. 德国

德国联邦政府在高技术战略框架中提出未来工业 4.0 计划，即推动传统工业的数字化发展。其目标也传至铁路市场。为了在铁路运输中发掘工业 4.0 的优点,必须在铁路企业中采取与之相适应的措施,例如状态修;寿命周期成本(LCC)和可靠性、可使用性、可维修性及安全性(RAMS)的监控以及资源利用的最佳化。通过基于传感器直至移动终端的不间断信息获取以及计算机辅助数据处理和智能算法,可以在铁路领域实现工业4.0。

在铁路企业和Zedas公司(过去为计算机软件公司)长期合作框架内实现了资源管理的各种解决方案,如故障发现、采购业务、维修最佳化和资源规划等。铁路企业的目标是高安全性、可使用性、效益和可持续性。维修的关键不单纯是降低维修费,更重要的是提高可使用性。因此,在工业4.0时代必须从庞大的数据中通过智能算法创造有用的信息,即决策基础,从大数据变为智能数据,关键问题是通过各种技术诊断包括基础设施及其部件和机车及其部件,再对自动获取的信息进行分析和处理,借助资源管理软件对资源实施智能管理,从大数据中提取智能数据,提出合理的维修周期、维修材料和工期等,从所获得的信息中找出基础设施和机车的薄弱环节,即容易出故障的地方,进行故障和缺陷分析(SSA)。

经济维修以成本和质量作为先决条件,重要的是预测基础设施和机车的状态与剩余可使用寿命,以便采取有针对性的维修措施,作为维修决策可辅助使用状态-成本指数(ZKI)。它以状态分析和过去经验为基础。

德国成功研制出新一代的智能铁轨。这种铁轨不仅可以精确测定地震波到达铁路的时间和方位,还可分辨出地震、火车、人或动物所引发的不同震频,从而避免人员伤亡。Railion公司是一家德国列车运营商,它致力于开发一种适用于欧洲市场的智能货车系统,以满足今后10~20年欧洲市场运量的增长。通过安装远程信息处理装置,目前该系统已经能够实现实时监测货车与货物,及时发现时刻表错误,自动获取列车车况信息等。

近20年来,西门子公司研发的综合调度与信息系统——Iltis被许多国家的铁路部门采用。2017年初,瑞士西门子公司与瑞士戈内尔格拉特齿轨铁路公司(GGB)共同建成了世界上第一个基于云计算的调度控制系统。与人们熟悉的常规调度系统方案不同,这一系统的调度技术设备及其全部的IT硬件和应用软件都设在西门子公司,后者以远程虚拟形式提供给GGB公司使用。2016年6月,该系统获得瑞士联邦交通署(BAV)的试运行许可。同年8—12月。系统成功完成运营试验，全面达成预期目标。瑞士GGB公司使用的Iltis系统基于云计算，被称为"服务器一样的Iltis"系统。具体来说，GGB公司无须购买过往列车调度控制所需的各种硬件设备和软件系统，而是通过许可服务购买的方式获得在线使用Iltis调度控制系统全部功能的资格。这一系统的最大优势是，GGB公司再也不必为调度相关的软硬件投入巨资，维修维护工作也都由西门子公司直接完成，无需技术人员亲临现场。目前，设在采尔马特（Zermatt）站的调度室现仍由行车值班员监控调度控制系统，其他由GGB公司调度控制使用的所有底层技术和计算功能安装在位于瑞士瓦利塞伦的西门子数据中心。基于云计算的Iltis系统不仅遵循计算机三大原则，而且在提供行车调度功能的同时兼顾可用性与安全性。通过一条冗余专线，采尔马特的Iltis调度室与西门子服务器直接相连，以保护线路免受外部威胁。这也是保证配置正常运行的关键之一。除了在云端操作调度系统之外，调度员也能激活设在采尔马特调度室的备用计算机，从而自主操作GGB连锁系统。

目前，德法高铁装备巨头西门子集团的铁路部门与法国列车制造商阿尔斯通公司合并，组建西门子-阿尔斯通铁路联营公司，研制了一种新的超级快速列车，已在2020年陆续投产。"欧洲高铁双雄"的竞争对手是中国中车。而中国中车是目前全球最大的铁路装备集团。中国中车生产并已经运行的高铁列车速度可以达到每小时350公里。在未来，西门子-阿尔斯通集团与中国中车竞争将更加激烈，目标是"超越中国"。

西门子交通集团公开宣布，新高速列车"Velaro Novo"是西门子5年来的研发成果，具有突破性优势。新高速列车的投资成本比预算降低20%，列车按照"空管"原则设计，没有固定室内设计，可根据客户的想法设置。列车配备更多的智能化技术，可对维修、铁路状况、损坏等情况自动发出预警。目前，新高速列车已开始在德国铁路试验运行。西门子已经瞄准英国、北美、南美和亚洲市场。

2018年7月，力拓公司在西澳大利亚皮尔巴拉（Pilbara）矿区首次使用一列自动驾驶列车安全交付铁矿石，是列车自动驾驶领域的又一重要里程碑。这列自动驾驶列车由3台机车牵引，载有约2.8万吨铁矿石，从力拓公司Tom Price煤矿出发，安全抵达Lambert港。值得注意的是，这列货车是在没有驾驶司机的情况下，行驶超过 280 公里。该车运行全程由位于珀斯的力拓运营中心远程监控。珀斯距离 Lambert 港超过 1500 公里。

对于力拓公司自动驾驶铁路系统（AutoHaul）而言，首次由自动驾驶列车安全交付铁矿石是一个重要的里程碑。AutoHaul 将提供世界上第一个完全自主、长距离、重型铁路运输网络，运行世界上载重最大、长度最长的机器人（列车）。在目前这一段过渡时期，力拓公司正在与司机紧密合作，为自动化带来工作方式的全面革新做好准备。未来，力拓公司在 Pilbara 矿区将持续开行铁矿石运输自动驾驶列车，预计每年将行驶 800 万公里。

除了力拓公司，德国铁路（股份）公司（DB AG，简称"德铁"）也在自动驾驶方面进行了规划和试点。德铁属于较早开展铁路无人驾驶技术的铁路企业之一，认为在铁路干线上应用自动驾驶技术的难点，主要源于线上不同速度列车混跑产生的复杂路况。尽管如此，铁路干线无人驾驶技术依然是可以实现的。

3. 丹麦

丹麦铁路服务公司正在使用的一个无线平台是"一款涵盖数据库、Java 机、通信、门户和设备管理的全面解决方案"，可以由此简化整个流程。在对外服务中，该系统可以提供列车时刻信息，记录乘客人数，并使用信用卡的支付方式售票。

4. 美国

自 1830 年第一条铁路建成通车以来，美国铁路已经走过了很长一段路。美国拥有超过 22 万公里路网，其中绝大部分线路为货运铁路公司私有，而货运铁路行业又由联邦铁路管理局（FRA）管理。2018 年 3 月，FRA 公布了美国货运铁路新一年统计数据，结果表明过去几年是美国铁路安全水平最高的，其中列车事故发生率自 2000 年以来下降了 44%。这一数字背后的含义代表着铁路技术创新的进步。

一直以来，虽然铁路极大地促进了美国的经济发展，但铁路技术并没有较大创新。目前，从无人机、大数据、自动化到手机 App 等一系列先进技术的应用，使美国货运铁路公司极大地提升了运输安全水平。

（1）应用大数据等创新技术。大数据、无人机和超声波等先进技术是铁路用来提升安全水平的技术创新。目前,尽管美国铁路公司已经能够利用现有检测技术识别出 90% 的轨道缺陷,但其仍然还在测试多维超声技术,希望以此识别其余 10% 的轨道缺陷,将安全问题全部排除。大数据技术也有助于在事故发生之前识别出问题。铁路数据库每日都会接收并存储从道旁探测器和轨道网络其他监视设备中收集到的大量数据,这些数据均被用来识别关键的风险因素。铁路公司或者铁路协会可以根据这些风险因素发布检测"综合规律",提供设备风险的解决方法。例如北美铁道协会(AAR)利用大数据发布综合规律,为相关部件制定行业标准,以确保其安全性和完整性。

(2)与世界领先的铁路研究中心合作。位于美国科罗拉多州的运输技术中心(TTCI)是世界领先的铁路研究和设施测试中心,许多美国铁路应用技术都是由 TTCI 开发和测试。TTCI 的安全与应急训练中心(SERTC)每年都会训练成千上万的紧急救援人员,通过面授、网络课堂等形式培训。2017 年,FRA 将年度研究预算的三分之一划拨给 TTCI 用于项目研究。FRA 研究与发展办公室主任表示,TTCI 与铁路公司之间的关系是公私合作的范例,TTCI 系统开发人员可以在铁路公司测试相关组件,以保证其在投入使用之前解决相关运行问题。

(3)开发应急反应程序。在美国,数千急救人员已经注册了一款名为"AskRail"的创新移动应用程序。这款 App 于 2014 年推出,并于近期增添了部分新功能。该 App 旨在列车运行出现紧急情况时提供应急响应,为救援人员提供及时、准确的信息和相关数据,例如列车携带的有害物质类型等。2017 年,新版 AskRail 扩展了所有北美 I 级铁路公司信息整合和完善地图功能,同时增加了法语版本。AskRail 是 I 级铁路公司应急响应培训的一部分,仅供铁路应急培训合格的人员下载使用。铁路公司也可以在它们的线路上向已注册的紧急救援人员提供这款应用信息。

(4)部署 PTC 系统。PTC(主动列车控制系统)是能够在事故发生前自动强制停车的先进系统。美国已计划在 8 万多公里路网部署该系统。实现系统部署需要安装数万个技术部件,还需精确绘制出数万公里铁路的通行权,并进行广泛的培训和测试,以确保系统能够在线路之间实现联网操作。目前,美国铁路行业已经为部署 PTC 投资了超过 80 亿美元,预计在系统完全投入使用之前还将投入 100 多亿美元。尽管实施 PTC 面临众多复杂性和挑战，预计到 2018 年底，美国的 I 级货运铁路公司将会安装所有硬件设备，完成所有员工培训，80% 部署 PTC 的路线投入运行。

（5）增加与安全相关的私人投入。根据 FRA 最新的统计数据，自 2000 年以来，由轨道原因引发的事故率下降了 55%，同期脱轨事故率也降低了 42%。这些数据并不是偶然现象。在过去的 4 年中，美国的货运铁路公司在路网和运营上投入的资金已超过 1000 亿美元。正如 AAR 负责人说的那样："近年来，私人铁路公司在技术和员工培训方面的投入均取得了重大进展，美国铁路运输与以往任何一个时期相比都要更加安全、可靠。"

5. 国外铁路智能化发展趋势

各国铁路的数字化和智能化发展战略主要分为 2020、2025、2035 年三个里程碑节点。在战略内容设计上呈现出如下发展趋势：

（1）自动驾驶成为铁路智能化重要内容，德、法、澳及瑞士铁路均将自动驾驶列为重点任务。

（2）面向全球的铁路运输"门到门"服务、跨多种交通方式的无缝化运输成为未来铁路运输智能化的重要目标。法、德、日及瑞士铁路均将其作为战略目标。

（3）BIM 技术成为基础设施智能化的重要手段，德、韩及瑞士铁路均制定了相应目标。

（4）新一代列车控制与调度系统得到多国铁路高度关注。法、德、英、澳铁路均着力研发集中连锁、移动闭塞、ETCS、列车实时定位等新一代列车控制系统设备，以便实现装备智能化。

（5）绿色低碳成为未来铁路运输的重要指标。法、澳、日及瑞士铁路均制定了相应指标。

国外铁路智能化发展趋势比较参见图 1-4。

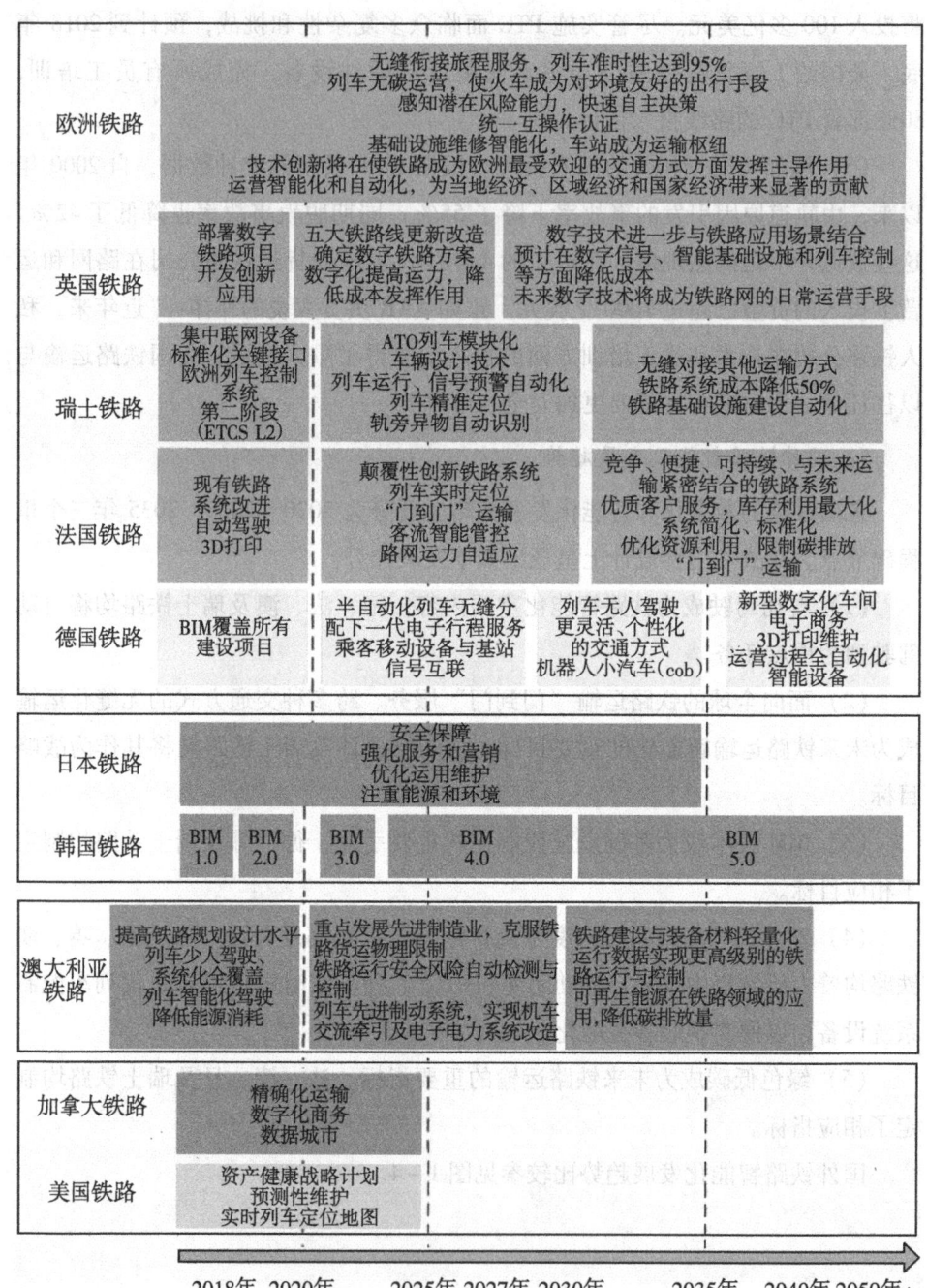

图1-4　国外铁路智能化发展趋势比较

1.2.3 我国智能铁路发展现状分析

1. 我国智能铁路发展情况

我国早在《铁路"十一五"规划》中提出，将大力推进技术装备现代化作为重要指导思想，加快通信信号技术现代化，利用现代化通信技术，建设以光纤数字系统和 GSM-R 为主体，并与其他信息传输方式协调统一的传输体系。建立基于 GSM-R 的中国铁路综合移动通信技术体系；建设高速宽带数字传送网络及接入网，发展铁路专用通信和应急通信。同时，还要建立智能化、网络化的调度通信系统，逐步建成新一代调度集中控制系统（CTC）；发展以主体化机车信号为基础，以实施列车超速防护为重点的列车运行控制系统（CTCS），基本建成计算机连锁系统。

当前，随着云计算、物联网、大数据、人工智能等技术的迅猛发展，我国铁路以安全、快捷、舒适、绿色出行为目标，构建泛在感知、主动适应的智能铁路服务新理念，打造智能车站、智能出行、智能建造等全新的服务模式，以满足旅客出行全过程的多样化、个性化需求。

2. 发展阶段

铁路智能运输系统的核心特征就是系统的智能性。所谓智能是指能有效地获取、处理、再生和利用信息，从而在任意给定的环境下达到预定目标的能力。铁路智能运输系统通常可分为以下三个层次。

（1）初级铁路智能运输系统。初级铁路智能运输系统应用计算机技术、信息处理技术、地理信息技术、数据通信技术等采集、传输、共享来自铁路运输环境中的各类信息，并根据上述信息进行初级的决策和控制。如现有的 TMIS、DMIS、ATIS、PMIS 等，以及正在积极研究开发的铁路地理信息系统等。

（2）中级铁路智能运输系统。中级铁路智能运输系统是指应用系统辨识技术、模式识别技术等对确定环境建立数学模型，从而对未来做出规划和推理。如基于运筹学模型的列车时刻表编制、编组站调车自动化系统、列车速度智能控制等。

（3）高级铁路智能运输系统。高级铁路智能运输系统是在应用数学模型对确定环境进行建模的同时，运用知识模型对非确定对象建模，从而模拟人类的理解能力，完成复杂环境下的决策。如综合调度系统、综合营运管理系统、列车自动驾驶系统等。

我国铁路目前正处于初级铁路智能运输系统的发展阶段，该阶段的任务已部分实现，但仍有许多问题有待解决。针对此种现状，我国铁路智能运输系统下一步需要发展的领域主要有：

（1）制定RITS发展的总体规划和体系框架，为我国RITS的发展提供设计、实施、标准和管理的依据。近期目标是完善和整合已有的信息化建设成果，初步建立基于铁路地理信息系统的全路共享平台，实现对运输资源的统一管理；建成高速宽带的车–地双向数据接入系统，为车–地之间的数据通信提供保障；初步建成全路的行车安全监控系统，为铁路的安全运营提供保障；初步建成基于互联网、手持设备的用户服务系统，为用户提供高质量的服务；初步建成基于无线和先进定位技术的列车调度与指挥系统、物流监测与追踪系统；建成RITS的示范应用系统。远期目标是完成高级铁路智能运输系统阶段的关键任务，达到或超过发达国家的同期水平，其中包括：在推进铁路信息化方面，规划广泛利用现代通信和信息技术等成果，构建技术先进、结构合理、功能完善、管理科学、经济适用、安全可靠、具有中国特色的铁路信息系统。重点抓好运输繁忙铁路干线和新建客运专线的信息化建设，逐步实现调度指挥智能化、客货营销社会化、经营管理现代化，在提高运输效率、扩大运输能力、优化资源配置、保障运输安全、改进服务质量、提升管理水平、提高经济效益等方面发挥突出作用。

（2）建成基于地理信息系统的全路共享数据平台，形成全路共享的运输资源管理系统、安全应急处置信息系统等。建立完善的服务体系和电子商务系统，以多种方式为旅客或者货主提供高质量、全方位的服务；建成涵盖客运调度、货运调度、特种调度等各类调度的综合调度系统，提高调度指挥的科学性和合理性；建成包括客运、货运、集装箱、调车管理的综合营运管理系统，提高铁路运输的效率；建成自动驾驶系统，实现列车在无人或很少人工干预下的自动运行；提供与其他运输方式的ITS的接口；建立与铁路智能化战略相适应的现代管理机制。

第 2 章 智能相关技术及发展

2.1 物联网技术

2.1.1 物联网概念

2005 年，国际电信联盟（ITU）在其发布的《ITU 互联网报告 2005：物联网》中，正式对物联网（internet of things, IOT）进行了定义：物联网是指借助射频识别（RFID）、传感器以及互联网等多种技术，进行物与物、物与人以及所有物品和网络之间的信息共享与连接，从而实现有效识别、定位、监控和管理的智能化网络。

物联网又叫"传感网"，指的是利用射频识别等信息传感设备，把所有物品的信息与互联网实时连接起来，实现智能化管理与识别。物联网为每一个物品分配标识，通过射频识别装置、红外感应器、全球定位系统、激光扫描器等获取物品标识中的信息，从而达到对物品进行识别和对其供应链进行实时跟踪的目的。

物联网由三个要素组成：一是传感设备，即以二维码、射频标签和传感器来识别"物"，国内以低频 RFID 为主；二是传输网络，即通过现有的互联网、广电网络、通信网络或未来的 NGN（next generation network）网络，实现数据的传输与计算，如中国移动积极推进的 M2M（machine-to-machine）业务；三是处理终端，指输入输出的控制终端，手机、电脑、通信基站以及其他移动终端。因此，可以给物联网下一个定义，即通过射频识别、红外感应器、全球定位系统、激光扫描器等信息传感设备，按约定的协议把任何物品与互联网相连接，进行信息交换和通信，以实现智能化识别、定位、跟踪、监控和管理的一种网络。

物联网是继计算机、互联网和移动通信网之后的信息产业新方向，其价值在于通过感知技术实现人与物、物与物之间的沟通。物联网作为新技术时代下的信息产物,在其漫长的演化和发展过程中不断对自身进行完善,在现有网络概念的基础上,将其用户端延伸和扩展到任何物品之间,进行信息交换和通信,从而实现更好地进行"物与物"之间信息的直接交互。

2.1.2 物联网特征

物联网主要具有以下特征:

(1) 全面感知。利用射频识别、二维码、GPS、传感器、网络等感知、捕获、定位的技术,对物体进行动态信息收集和捕获。具有实时性、准确性等特点,并按规定时间周期采集信息,动态更新数据。

(2) 可靠传递。物联网技术的重要基础和核心是网络建设,通过无线、有线及内网、外网间的有效融合,动态进行可靠的信息交互和共享。为保障数据的正确性和及时性,应建立适应各种异构网络的协议。

(3) 智能处理。物联网将传感技术和智能处理技术有效结合,运用云计算、云平台、大数据、模糊识别等先进信息技术,对海量数据进行跨专业、跨系统、跨部门的数据处理、共享和分析,实现智能化的决策和控制。

2.1.3 物联网关键技术

根据物联网的信息传递规律,可以将其分为四层,即感知识别层、网络通信层、数据管理层、应用服务层。物联网四层模型如图 2-1 所示。

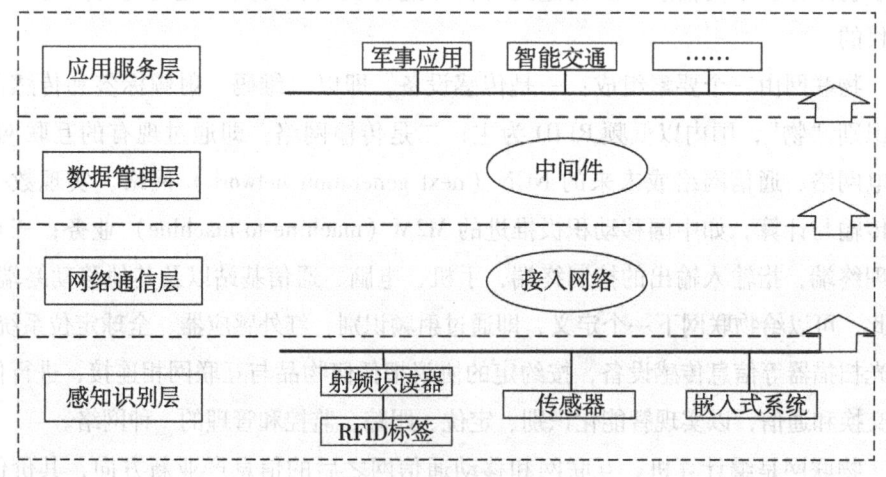

图 2-1 物联网四层模型

物联网在感知识别层的关键技术主要有自动识别技术、传感技术、嵌入式系统技术等。

1. 自动识别技术

自动识别技术是以计算机、光、机、电、通信等技术的发展为基础的一种高度自动化的数据采集技术，可通过应用一定的识别装置自动获取被识别物体的相关信息，并提供给后台的处理系统来完成相关后续处理。它能够帮助人们快速而又准确地进行海量数据的自动采集和输入，在运输、仓储、配送等方面已得到广泛的应用。经过近30年的发展，自动识别技术已经发展成为由条码识别技术、智能卡识别技术、光字符识别技术、射频识别技术、生物识别技术等组成的综合技术，并正在向集成应用的方向发展。

射频识别（radio frequency identification，RFID）技术是近几年发展起来的现代自动识别技术，又称电子标签、无线射频识别，是一种通信技术，一般由电子标签、阅读器和应用软件管理系统等部分组成。它是利用感应、无线电波或微波技术的读写设备对射频标签进行非接触式识读，达到对数据自动采集的目的。可以识别高速运动物体，也可以同时识读多个对象，具有抗恶劣环境、保密性强等特点。电子标签附在被识别的物体上，一般由耦合元件级芯片组成，芯片上有唯一的标识码，具有智能读写及加密通信功能，通过无线电波与阅读器进行数据交换。阅读器是非接触式读取及写入标签数据的设备，主要由无线收发模块、内外天线及控制模块等组成。应用软件管理系统主要完成数据信息的存储及管理、对标签进行读写控制等。RFID系统的基本工作原理：电子标签进入阅读器发出的无线信号区间后，接收阅读器发出射频信号，电子标签内芯片对此信号进行处理和判断，若为读命令，标签根据感应电流获得能量启动并控制电路从存储器中读取相关信息，经处理后通过标签内天线发送给阅读器，阅读器对接收的信号进行解析后发送给中心信息系统进行有关数据处理；若为修改信息的写命令，需要有关控制逻辑引起的标签内部电荷泵提升工作电压，这是为了提供擦写EEPROM时所需要的电压，以便对标签的内容进行改写，若被判断其对应的密码和权限不符，就返回出错信息。RFID技术与互联网、通信等技术相结合，可实现全球范围内物品跟踪与信息共享。

完整的RFID系统包括RFID数据采集端（标签、阅读器、天线）、中间件或者接口、应用系统和管理平台等。RFID应用系统参考架构一般可采取四层结构形式，从下至上依次为阅读器层、边缘层、集成层和应用层。RFID 系统的工作原理：阅读器通过发射天线发送一定频率的射频查询信号，当电子标签进入发射天线工作区域时产生感应电流，标签获得能量后被激活并自动将自身编码等信息通过卡中内置发送天线发送出去；系统接收天线接收到从标签发送来的载波信号，经天线调节器传送到阅读器，阅读器对接收的信号进行调解和解码，然后通过电脑主机、无线 PDA 或发卡器等设备送到后台管理系统进行相应处理和控制，最终发出指令信号控制阅读器完成不同的读写操作，如图 2-2 所示。

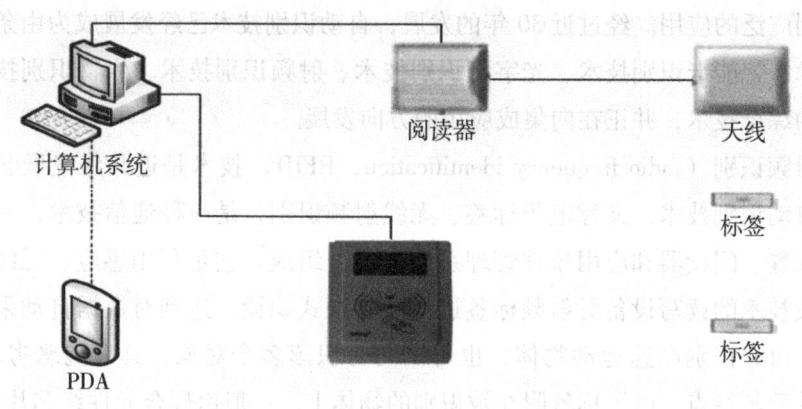

图 2-2　RFID 系统组成

生物识别技术是指利用人类自身生理或行为特征进行身份认定的一种技术。生物特征包括手形、指纹、脸形、虹膜、视网膜、脉搏、耳廓等。行为特征包括签字、声音等。由于人体特征具有不可复制的特性，因此这一技术的安全性较传统意义上的身份验证机制有很大的提高，现已发展了虹膜识别技术、视网膜识别技术、面部识别技术、签名识别技术、声音识别技术、指纹识别技术等六种生物识别技术。无独有偶，人脸识别的克星——"反人脸识别"也问世了。例如，多伦多大学 Parham Aarabi 教授和研究生 Avishek Bose 团队开发了一种算法，可以动态地破坏人脸识别系统。研究人员设计了两个神经网络：第一个用于识别人脸，第二个用于干扰第一个神经网络的识别人脸任务。这两个神经网络不断地相互对抗相互学习。除了禁用面部识别之外，这项新技术还会干扰基于图像搜索、特征识别、情感和种族判断的技术以及其他可以自动提取面部属性的技术。

2. 传感技术

传感技术与计算机技术、通信技术一起被称为信息技术的三大支柱。它是关于从自然信源获取信息，并对之进行处理（变换）和识别的一门多学科交叉的现代科学与工程技术。它涉及传感器应用、信息识别与处理以及产品规划、设计、开发、制造、测试、应用、评价、改进等产品寿命各环节。

传感器是能感受被测量并按照一定规律转换成可用输出信号的器件或装置。从仿生学来讲，如果把计算机看成处理和识别信息的"大脑"，把通信系统看成传递信息的"神经系统"，那么传感器就是"感觉器官"，是人类五官的延伸。它感测到外界的信息后，再通过通信系统反馈给计算机进行加工处理。随着电子技术的不断进步，传统的传感器正逐步实现节点微型化、智能化、信息化、网络化。

3. 嵌入式系统技术

嵌入式系统技术是指在物体上加装芯片，然后将软件固化集成进去，使芯片系统与软件系统一体化，从而实现物体与外界之间的数据沟通功能。嵌入式技术是计算机硬件技术、传感器技术、集成电路技术以及电子应用技术的结合体，它的引入为物联网的物体提供了一定的智能通信能力。

网络通信层将传感器网络技术、移动通信技术和互联网技术融合起来，主要负责高效、可靠以及安全地处理和传递信息。互联网和下一代互联网（IPv6等技术）是物联网技术的核心网络。而处在核心网络边缘的无线通信网络主要提供网络接入服务。它包括无线个域网（蓝牙、Zigbees等通信协议，主要用作个人的电子设备互联以及工业控制等领域）、无线局域网（Wi-Fi等，为一定区域内如家庭、学校、娱乐场所等的用户提供网络接入服务）、无线城域网（WIMAX技术等，为城域范围内的用户提供数据传输服务）以及无线广域网（4G、5G通信技术，在广阔的范围内提供网络服务）等网络，为上层应用服务提供支持。

2.1.4 物联网发展态势

现实社会中物理世界和数字世界是分离的，物理世界的基础设施和信息基础设施是分开建设的。一方面，在社会的发展进步中，我们不断设计和建设新的建筑物、高速公路、机场与公共交通设施，完善物理世界。另一方面，随着社会信息化建设，不断组建宽带网络，建立数据中心，开发应用服务系统。物联网将我们身处的物理世界与数字世界融合在一起，帮助我们获得对物理世界的"透彻的感知能力、全面的认知能力和智慧的处理能力"。这种新的计算模式可以大幅度完善劳动力生产关系、提高生产效率，进一步改善人类社会与地球生态和谐、可持续发展的关系。物联网就像人类的感官系统一样，通过物联网可以感知物理世界的变化，可以看到数以亿计的传感器采集来自于医疗、交通、环境、农业、国防等各行各业的数据。而大数据就相当于人类的大脑，通过综合感知信息和存储的知识作出判断，选择处理问题的最佳方案。

在大数据时代，数据就是新资源，数据中蕴含着巨大的社会价值和经济价值。物联网产生大数据。然而如何从这海量的数据中分析挖掘出我们需要的信息和价值，这就需要用到大数据技术。可以说物联网离不开数据，所有物联网触及的领域都会有大数据的运用。其发展趋势主要有：

（1）信息获取范围大大扩展。物联网不仅降低了信息获取和传递的成本，扩大了信息获取的范围，使观测物质世界的手段和方式得到前所未有的提高，如对海洋生物、气候以及外层空间的信息获取与传递，还可以进行人力无法企及的远程控制，以及对人类社会活动进行智能管理而节省设备等固定成本以及人员劳动成本的投入。智能化管理提高了决策的及时性和准确性，从而达到节能减排的目的，避免资源浪费和损耗。例如，当前智能交通的发展，减少油耗和汽车尾气排放是低碳经济发展的重要体现。

（2）物联网的数据分析是大数据应用的核心。数据分析过程包括数据挖掘、知识发现、智能决策与控制等。物联网通过覆盖全球的传感器、RFID标签等智能设备获取数据不是目的，只有对数据进行梳理、整合、分析、挖掘并获取有价值的知识，为社会和经济发展提供高效服务才是我们真正想要的结果。其中，实时计算强调的是计算的实时性。数据分析除要满足实时计算要求之外，还需要实时响应计算结果。实时计算一般应用于两种场景：一是数据量巨大且不能提前计算出结果，但要求用户响应时间是实时的；二是数据源是实时的、不间断的。

可以说，物联网的血液是大数据，物联网的发展离不开大数据，并依靠大数据提供足够有利的资源。同时，大数据能为物联网提供更大更多的应用场景。随着物联网、互联网、智能终端、云计算平台、移动互联网等技术的联合应用，物联网上的大数据可以帮助人们建立起智能监控、智能分析、智能决策模型等应用功能，深刻地改变我们的生活。

2.1.5 物联网与智能交通的关系

物联网主要包含三层含义：连接——渗透——变革。首先物联网解决了刻画城市交通运行状态的物理连接问题；其次对交通行业管理、交通商业模式、交通产业发展进行了深度渗透，最终推动整个行业出现裂变和变革。

1. 连接——物联网在智能交通领域的应用

传感器网络是物联网的前身。传感器网络大规模应用部署被学术界公开认定的时间是20世纪90年代的海湾战争，传感器被用于感知战场的地形地貌和整体环境数据，为巡航导弹提供精准定位。传感器在交通领域中的应用发展主要经历了以下三个阶段。

第一个阶段是传统的机电一体化时代。这个阶段主要是一些机电设备的安装使用，重点解决的是一个交叉路口或者一条道路交通组织优化的问题。

第二阶段是信息化阶段。这个阶段主要采用了各种各样的技术手段实现信息收集，甚至信息处理和应用发布。这个阶段视角突出，可以逐步实现区域级的城市交通网络管理与组织优化。

第三阶段是随着物联网、云计算、大数据、新一代物联网推动的新技术变革，推动交通领域实现数据驱动的逻辑推理、逻辑判断和决策应用。

智能交通领域的物联网应用出现了一些新的特征和问题：

第一，基于政府垂直管理的需求，建设了大量的物联网设施和设备。比如交通信号机、视频监控摄像头、卡口、地磁等，核心目标是解决人车路协同，实现安全、高效、低碳和舒适的运营。这是目前智能交通领域已经出现的物联网元素。目前的热点应用包含信号控制、基础设施数字化、运输管理事故处理、停车收费应急管理、出行服务交通管理、施工警示安全预防信息服务等。

第二，物联网设施设备或者系统部署，普遍是自上而下建设的一套垂直化系统，因此采集的数据都有碎片化特征。背后的原因就是物联网传感器的建设是由管理驱动而不是由服务驱动。

第三，智能交通是物联网技术创新实践的前沿领域。目前我国智能交通领域物联网还以传感器网络或者传感器的部署作为核心应用。但是传感器只是物联网中的一部分,而物联网的核心不应仅限于获取数据来刻画交通现象、做交通仿真。

第四,物联网普遍存在运营缺位的问题,如何进行物联网投资回收也是值得深刻思考的问题。

2. 渗透——物联网与智能交通行业的深度融合

互联网实现了人与人之间沟通协调的技术目标。物联网实现了人与人、人与物、物与物之间信息交换需求的互联。物联网将会提升整个社会组织运行与管理效率。

十年以前建设数字城市是基于技术刻画一个城市的数字化映像。当前建设数字中国是要通过物联网的部署将城市的物理形态、经济运行状态、交通运行组织状态、政府组织管理状态和民生生活状态都进行数字化刻画,为整个城市的运行与管理提供基础的数字化支撑手段。

截至2020年,全球物联网连接设备数量已经达到300亿件的水平,物联网未来具备了巨大的市场空间。预计到2025年,全球物联网市场可能达到11.1万亿美元左右,相当于中国2017年全国GDP的水平。

从通信技术发展来看,目前物联网已经被应用于相对静态、低速率的应用场景,比如交通领域的智能停车、公共事业领域的智能水表、工业应用的设备状态监控等。面对中高速率的应用场景,目前运营商的网络技术还难以支撑此类需求。

物联网在智能交通应用领域的发展可以分为以下三个阶段:

第一阶段是数据采集。

第二阶段是信息协同。目前很多交警和交通运输管理部门都希望打破过去几十年建设的上百个系统之间的数据孤岛,兑现数据价值,从而开发一些新的业务场景。

第三阶段是智能融合。充分借助物联网发展思路和部署思路,在底层实现物联网技术的开放、共享和统一,继而真正实现未来V2X应用场景。

由此可见,物联网带给智能交通的不仅仅是感知手段,物联网在智能交通中的核心特征有三个:泛在、连接、融合。

3. 变革——物联网技术的发展推动了智能交通行业变革

2010年之前,通信行业和智能交通行业相对割裂,通信行业的盈利模式主要通过个人业务和短信语音。随着4G的部署，特别是NB-IOT部署以后，通信行业和智能交通行业出现了深度融合。2020年5G部署以后，物联网提供了一种人与人、物与物、人与物的全面连接。

5G时代和4G时代的本质差别就是更强的性能、更多的业务应用场景和个性化的网络切片服务。

一方面，随着无人驾驶的出现，车内可能会部署大量设备，这可能会带来物联网设备安全的问题。个人隐私设备安全、多主体协同架构僵化、通信未完全兼容等问题会成为物联网在智能交通领域深度融合的制约因素。

另一方面，我们需要关注的是区块链物联网的深度应用，这可能是未来十年的核心技术。区块链目前主要应用在金融领域。实际上，物联网领域可以为其提供更大的应用场景。首先，可以解决通信兼容问题，实现可溯源的物联网数据管理，防止数据篡改。第二，可以实现智能交通领域的个人隐私保护。第三，可以让物联网变成一种自组织的平面化部署网络，规避昂贵的运营和后期维护成本。

2.2 云计算和大数据分析技术

在物联网时代，最典型的应用就是云计算。云计算是分布式计算、并行计算、效用计算、网络存储、虚拟化、负载均衡等传统计算机和网络技术发展融合的产物。云计算中的"云"指的是存在于互联网服务器集群上的数据资源，硬件资源本地终端只需要发送一条请求信息，服务器端就会利用这些资源进行计算，并把结果返回给终端。可见，云计算强调的是终端的功能，通过具有强大存储和计算能力的服务器为终端提供支持应用服务。服务层是物联网和行业专业技术相结合的产物，实现了不同行业之间、不同系统之间的信息共享，具体应用有智能交通、智能医疗、智能家居等。这些行业将物联网技术引入，实现了行业智能化。

2.2.1 云计算平台

云计算（cloud computing）是一种基于互联网、以数据为中心的数据密集型超级计算模式，通过虚拟化技术将各个服务器的资源链接起来，具有超强的数据存储、数据管理、编程模式、并发控制、系统管理能力。美国国家标准与技术研究院（NIST）定义：云计算是一种按使用量付费的模式，这种模式提供可用的、便捷的、按需的网络访问，进入可配置的计算资源共享池（资源包括网络、服务器、存储、应用软件、服务），这些资源能够被快速提供，只需投入很少的管理工作，或与服务供应商进行很少的交互。云计算本质和云计算含义分析如图2-3、图2-4所示。

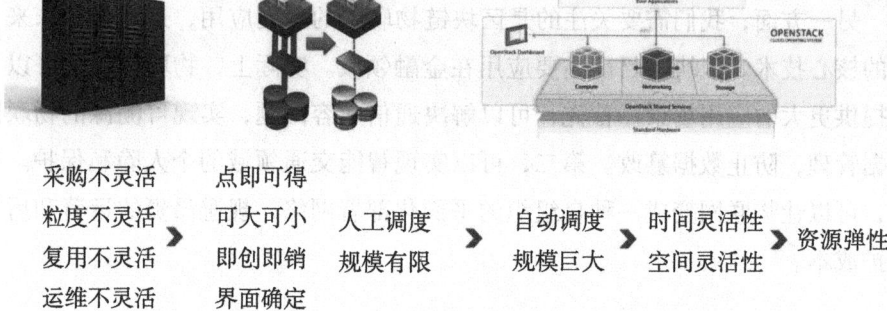

图2-3　云计算本质：资源到架构的全面弹性

图2-4　云计算含义分析

在通用体系方面，云计算平台一般包括云用户端、服务目录、管理系统和部署工具、资源监控、服务器集群等。在服务层次上，云计算主要包括基础设施层、平台层、应用层。在技术层次上，云计算主要包括物理资源（数据库、网络及存储设备、服务器集群等）、虚拟化资源（计算、网络、存储、数据库等资源）、中间件管理（用户、资源、安全、映像等管理）和服务接口（服务接口、注册、查找、访问等）。基于此，借助虚拟化技术、并行编程技术、数据管理技术、分布式资源管理技术，云计算逐步形成了基础设施即服务、平台即服务和软件即服务三种主要的技术应用模式，并为其在社会流通领域的应用奠定了基础。

云计算作为一种新兴的技术平台，在世界范围内尚处于起步阶段。云计算是一种新型的超级计算方式，以数据为中心，是一种数据密集型的超级计算，其关键技术主要包括虚拟化技术、分布式海量数据存储技术、海量数据管理技术、编程技术、云计算平台管理技术等。

云计算大致可分两种，一个是私有云，另一个是公有云。还有人把私有云和公有云连接起来称为混合云。其中，私有云把虚拟化和云化的这套软件部署在别人的数据中心里面。使用私有云的用户往往财力雄厚，自己买地建机房，自己买服务器，然后让云厂商部署在自己这里。公有云是把虚拟化和云化软件部署在云厂商数据中心，用户不需要很大的投入，只需注册一个账号就能在一个网页上创建一台虚拟电脑。例如，AWS即亚马孙的公有云，以及国内的阿里云、腾讯云、网易云等。云计算采取的主要技术有：

（1）虚拟化技术。虚拟化技术是指计算机元件在虚拟的基础上而不是真实的基础上运行，可以扩大硬件的容量，简化软件的重新配置过程，减少软件虚拟机相关开销和支持更广泛的操作系统。虚拟化技术可实现软件应用与底层硬件相隔离，包括将单个资源划分为多个虚拟资源的裂分模式，也包括将多个资源整合成一个虚拟资源的聚合模式。虚拟化技术主要应用在CPU、操作系统、服务器等多个方面，是提高服务效率的最佳解决方案。

（2）分布式海量数据存储。云计算系统由大量服务器组成，同时为大量用户服务。因此云计算系统采用分布式存储的方式存储数据，用冗余存储的方式（集群计算、数据冗余和分布式存储）保证数据的可靠性。这种方式可保证分布式数据的高可用、高可靠和经济性，即为同一份数据存储

数智赋能铁路运输发展研究

多个副本。

(3) 海量数据管理技术。云计算需要对分散的海量数据进行处理、分析，因此数据管理技术必须能够高效地管理大量的数据。云计算系统中的数据管理技术主要是 Google 的 Chubby 数据管理技术和 Hadoop 团队开发的开源数据管理模块 HBase。如何在规模巨大的分布式数据中找到特定的数据，如何保证数据安全性和数据访问高效性是云计算数据管理技术必须解决的问题。

(4) 编程方式。云计算提供了分布式计算模式，客观上要求必须有分布式的编程模式。云计算采用了一种思想简洁的分布式并行编程模式 Map-Reduce。Map-Reduce 是一种编程模型和任务调度模型，主要用于数据集的并行运算和并行任务的调度处理。

(5) 云计算平台管理技术。云计算平台管理技术能够使大量的服务器协同工作，方便地进行业务部署和开通，快速发现和修复系统故障，通过自动化、智能化的手段实现大规模系统的可靠运营。

云计算，可以为大数据的运算提供资源层的灵活性，也可以将大数据放到它的 PaaS 平台上，是一个非常重要的通用性应用服务。因为大数据平台能够使许多台机器一起干一件事，这件事不是普通几个人能开发出来的，需要借助成百上千人的力量才能完成。

2.2.2 大数据技术

大数据（big data）通常是指所涉及的资料量规模巨大到无法通过目前主流软件工具进行分析，而需结合其所在行业特征，研发合适的软件工具才能够在合理时间内被获取、管理、处理、整理成为对经营决策有积极意义的信息。大数据具有体量大、多样性、价值密度低、速度快的特征。大数据同过去的海量数据有区别，其基本特征可以用 4 个 V 来总结：volume、variety、value 和 velocity，即体量大、多样性、价值密度低、速度快。从 TB 级别跃升到 PB 级别，数据体量巨大。数据类型繁多，具有多样性，如网络日志、视频、图片、地理位置信息等。由于信息体量庞大，种类多样，因此其价值密度较低。数据信息动态更新，变化速度快。以视频为例，连续不间断监控过程中，可能有用的数据仅仅有一两秒，处理速度快。

1. 大数据特质及其应用优势

对于大数据，引用最多的概念表述是：大数据是指大小超出常规数据库工具获取、存储、管理和分析能力的数据集。笔者认为，这一表述无助于人们真正理解大数据。一方面，否定形式的概念表述本身是不规范、不严谨的。概念应当告诉我们 A 是什么，而不能说 A 不是 B，也不是 C。另一方面，数据库的大小是相对的，这样的定义没有划分出——至少在基本层面上没有划分出大数据与小数据的界限。笔者认为，应当在大数据的定义中清晰地表达出大数据的特质，以此将其与小数据区别开来，以便在基本范畴的层面勾勒出大数据侦查的实现框架。为此，大数据可以界定为：全方位、动态化地反映各类社会活动，有助于对特定事物发展演变或行为方式进行全采样挖掘分析的异构数据集成。根据这一定义，相比小数据，大数据中的数据具有如下特质：

（1）大数据中的数据具有齐全性。数据社会化、一切社会活动皆可数据化是大数据的重要特征或标志。数据是对人类生活和客观世界的测量和记录。过去是我们选择什么东西需要记录，才对它进行记录；在大数据时代，是选择什么东西不需要记录，才取消对它的记录。随着记录范围的不断扩大，可以肯定，人类的数据总量还将呈滚雪球式扩大。基于数据的齐全性对大数据的分析挖掘也突破了传统随机采样统计的局限性，并发展成为一种全采样分析。分析结果的精确性、丰富性和容错性将因而大大提升。

（2）大数据中的数据具有动态性。大数据的动态性，是指数据实时生成主动反馈，甚至自动滚动。一方面，数据不仅能从静态孤立的片段连贯成为轨迹线，还能形成轨迹线集群，将出现断点的蛙跳轨迹关联起来，形成轨迹线交叠、编织的活动面。另一方面，数据不再仅仅是被查询和比对的对象，还成为运算的一部分——借助于机器学习的数据挖掘技术，让数据库随着挖掘、计算的次数增多而自行调整计算参数，让数据"活起来"，以此促进预测功能的实现，弥补侦查滞后性的短板。

（3）大数据中的数据具有异构性。数据异构性，是指大数据中的数据具有多结构性，不仅包括传统信息化中的结构化数据，更有大量的非结构化数据。例如，有关特定个人的数据，既有个人档案数据、资产和银行账户数据、电子商务购物数据等结构化的数据，也有反映其人身形象和行为过程的图像、影像数据、个人病历数据、网上日志数据等非结构化的数据，乃至非电子化的社交数据、情绪化数据、习性数据等。随着大数据的发展，非结构化数据将越来越多且蕴含更丰富的侦查价值。但是，目前由于缺乏对非结构化数据的分析技术，绝大部分非结构化数据未在侦查领域得到应用或应用不充分。

大数据技术的应用优势主要包括以下三个方面：

（1）提高信息集成效率。当前各类信息系统如果主管单位和设备类型不同，则互不联通，呈现"信息孤岛"现象，管理信息碎片化较为严重。而大数据技术能够整合分散数据源中的数据，建立综合的车务生产信息体系。

（2）优化风险控制模型。大数据技术可将许多非结构化数据与传统数据快速整合、关联补充。这有助于车务部门确定设备的运营状态变化规律，并根据变化路径设置风险控制点，逐点进行风险评估，从而形成全新的风险动态研判体系及管理模式。

（3）提高风险预测精度。大数据技术提供的基于预测的应用恰好可将现场大量第一手生产信息充分利用，帮助车务部门更加主动地掌控局面，为风险处置提供客观准确的决策依据。

大数据时代的到来是大势所趋。大数据真正价值在于创造，在于填补无数个还未实现过的空白，在于通过大数据思维去发掘大数据的潜在价值。大数据实时处理要求实时性、持续性，利用 Hadoop 平台、Flume、Kafka 等开源技术，进行数据实时存储、实时计算、实时分析等，为挖掘数据价值、完成价值交付、与其他在线生产系统进行数据对接提供基础。大数据实时处理架构以京东商城为例，通过在线实时计算集群、缓存集群来完成对物流数据的实时计算，以支持在线服务，支撑报表应用、分析应用、推荐应用等功能；通过更新日志系统、企业消息总线，最后在企业数据仓库进行财务、采销等数据推送以及数据挖掘分析，从而完成离线计算，如图 2-5 所示。

2. 大数据应用流程

大数据分析包括以下几个关键环节和步骤：

①数据采集。不断优化和完善综合管理平台建设，应用较为成熟的安全信息化设备，在相关平台上实时采集不同领域、不同结构化的信息数据。

②数据预处理。通过数据提取、筛选、转换、加载等各类基础信息的操作，对采集的数据初步进行组织和梳理。

③数据分析及挖掘。设计智能模型和算法，将实时的设备、人员和外部环境、管理等大数据进行加工分析，将相关信息等数据汇入分析模型，与历史信

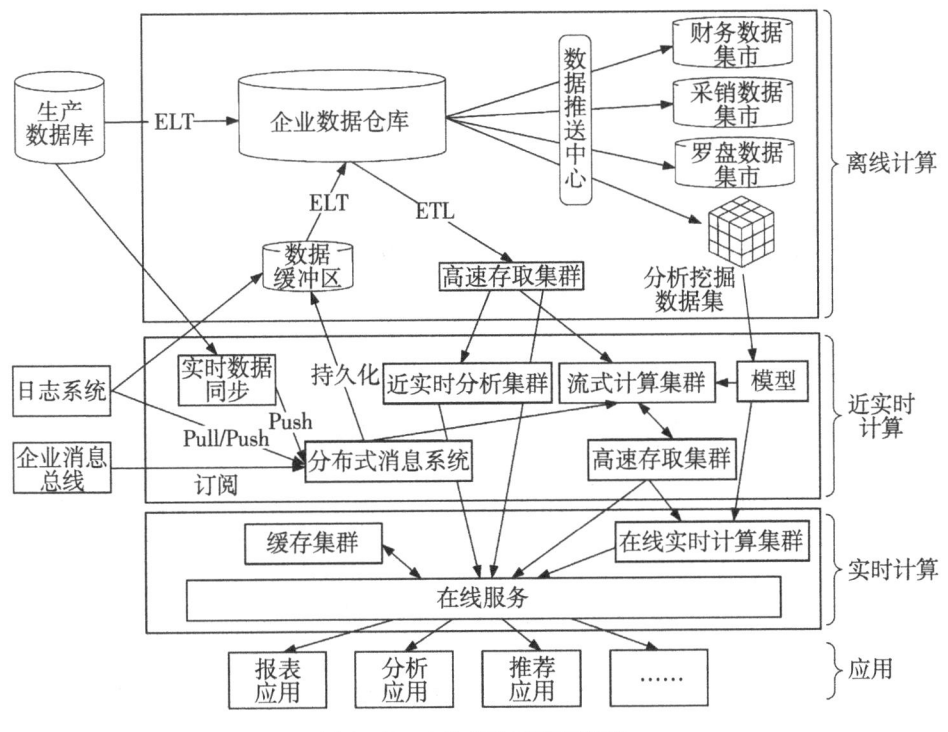

图 2-5 大数据实时处理架构

息进行对比分析,从大量的随机的有噪声的实际应用数据中发现隐含的、规律性的、事先未知但又潜在有用的并且最终可以被理解的信息和知识。数据挖掘流程如图 2-6 所示。

④数据展现和应用。运用定性或定量的统计分析方法寻找到隐含在海量数据中的潜在规律、关键因素、数据间的复杂关联,通过揭示数据内部蕴藏的知识。探寻因果的一种途径是,充分利用大数据大样本的特点,通过广泛的比较发现差异,进而探寻因果。

⑤管理决策。大数据的价值在于为使用者提供更专业的数据分析能力,其最终目标是为使用者提供高效的支持决策。可通过数据分析实现数据的有效利用,动态掌握现场生产和安全管理现状,实现对安全、营销、现代物流、运力资源以及收益管理等的有效识别、研判和预警,并推断相关发展趋势,预测未来状态,进而确定控制的优先顺序和控制措施,提供铁路运营管理的决策支持。

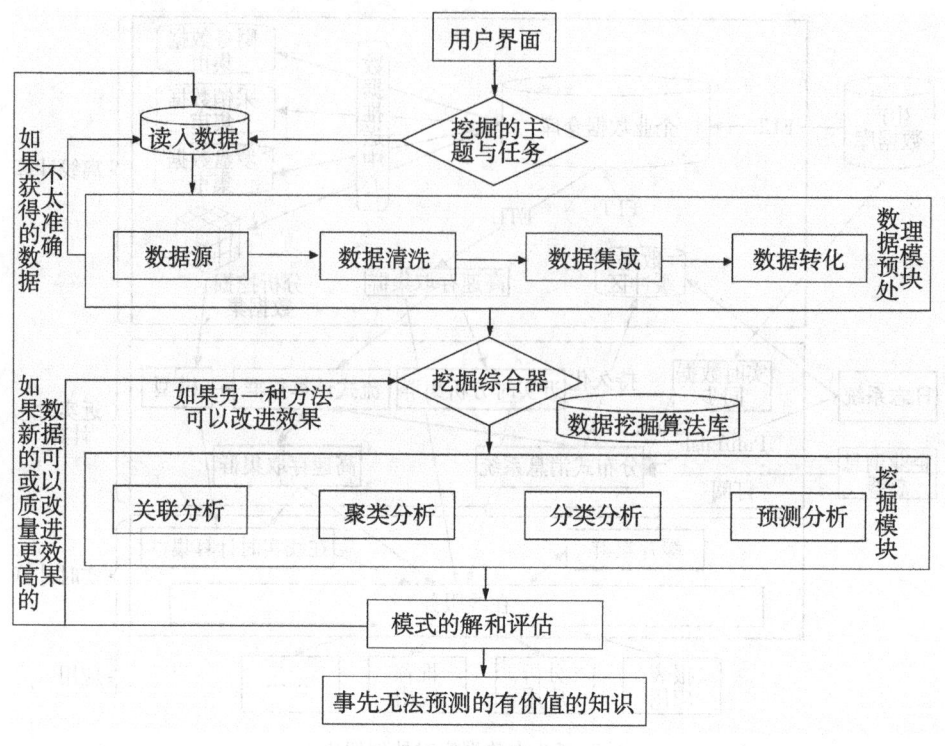

图 2-6　数据挖掘流程

3. 大数据与统计学的关系

目前的大数据发展格局中，新的数据观主要体现在数据的聚集和让数据说话两个方面。在大数据时代，如何获取数据进而开展研究成为一个重要的议题，传统的方式是基于研究目的进而通过抽样的方式来获取用于推断总体特征的数据，而如今的数据获取可以说是将数据聚集到一起的资源共享，即打破现存的数据孤岛、信息孤岛问题。

大数据分析不是某一个学科可以完全独立承担的。真正做好大数据分析，需要培养团队协作意识，而统计学正是大数据分析"团队"一员，且是重要一员。在大数据时代，将统计学与大数据有机结合，才是统计学未来发展的不二之路。从统计学的发展过程可以看出，统计学产生于应用，在应用过程中发展。它的生命力在于应用。然而，大数据的产生使统计学的定义、思维方式、作用都不同于传统统计学。毫无疑问，随着大数据时代的来临，统计学的发展进入了一个新的阶段，具体可以从下面几个角度再次审视统计学理论：

（1）改变总体、个体及样本的定义方式。传统的统计分析是先有总体再有数据，而大数据是先有数据再有总体。因此，这就需要我们改变总体与个体的定义方式。与此对应，如果要从大数据库中提取样本数据，那么样本的定义方式也需要改变。

（2）转变抽样调查的功能以拓展其应用空间。对于传统统计学来说，抽样调查是收集数据最重要的方式。现在进入了大数据时代，抽样调查也要适当转变其功能以便进一步拓展其应用空间。首先可以将互联网数据作为补充资源对统计机构的数据进行实时更新。同时可以把抽样调查作为数据挖掘、快速进行探测性分析的工具。

（3）使结构化数据与非结构化数据对接。在大数据时代，数据的概念从结构化数据扩展为结构化数据和非结构化数据。因此，如何有针对性地收集所需的结构化数据，并从大量非结构化数据中挖掘出有价值的信息，这也是值得统计学思考的一个重要问题。

（4）采用新的梳理与分类方法处理大数据。传统的数据梳理与分类是按照预先设定的方案进行的，而对于现今海量的数据，创新与发展数据的梳理与分类方法，是有效开展大数据分析的重要前提。这就需要从数据本身和观察数据分布特征入手。

（5）不确定性的来源和表现产生差异。大数据时代的不确定性取决于数据来源的多样性与混杂性，以及总体的多变性，不同于传统统计学中同类个体之间的差异性。

（6）相关关系分析与因果关系分析并重。如果只关注相关关系而不关注因果关系，那么数据分析的深度只有一半；如果知道了因果关系，则可利用相关关系来进行科学决策。

（7）结合多种统计方法全面驾驭大数据。将归纳法与演绎法完美结合，我们既可以从大数据的偶然性中发现必然性，又可以利用全面数据的必然性去观察、认识和驾驭偶然性。

（8）统计思维与现代信息技术相结合。由于存在计算能力问题，这就要求我们在不断创新与发展统计技术的同时，还要紧紧依靠现代信息技术，特别是云计算技术。

需要明确的是，在这些获取到的数据中不仅可以得到真结果也可以得到伪结果。伪结果的产生往往是因为存在着一些"虚数据"和"假数据"。"虚数据"就是类似于刷评论产生的数据。随着智能产品的大规模普及,某些行业或企业人为产生的"虚数据"占有相当大的比例。"假数据"就是像假新闻、谣言等的数据。它们影响了居民的日常工作和生活,进行舆情分析时,其分析结果将会导致较大的系统偏差。"让数据说话",更准确地说,应该是让"真实的数据说真话"。数据分析就是不断求真持续务实的过程。

4. 大数据应用面临的挑战

大数据使得原来碎片化的需求变得清晰,实现了一定程度的可预见。当然,大数据也面临一些挑战,主要体现在以下几个方面:

(1) 投资金额巨大。企业在建设产品生命周期管理平台以便链接不同的 IT 系统的过程中,投资花费很大,除此还有开发接口和协议的投资,巨额的资金投入使一般企业难以承受。大数据的挖掘,还需要计算机、信息系统相关专业的辅助才能完成,而目前对相关技术的了解并不深入。

(2) 大数据获取困难。数据获取是基础工程,但是需要供应链上下游企业共享数据。企业间的信任机制不完善导致共享数据难以实现。相对而言,较容易获取的是物流服务的大数据,单个企业就可以实现。例如中储南京智慧物流有限公司已经开始将中储几十年的数据进行大数据处理,并且取得了积极进展。

(3) 缺乏正确的激励制度。供应链中的数据共享需要激励机制,改变一些企业将客户数据视为自有财产的观念。但是现有激励机制没有进行合理化和标准化的建设,企业间的信任机制也不完善,这使得信息共享成为一大难题。

(4) 消费者隐私问题。供应链企业可以通过产品传感器数据来形成目标精准的售后服务或交叉销售。例如一汽大众公司在客户去 4S 店对汽车进行维修保养时,对客户汽车各方面的数据进行收集、记录和分析,从而在客户汽车下次遇到问题时,提出精准的、超出客户预期的解决方案。但大数据技术只有在消费者不反对供应商监测其产品使用行为时才能运用,因此与用户达成数据透明化协议非常重要。

如今,根据发展趋势,有学者对大数据进行了重新分类:点数据、条数据和块数据。点数据是指离散系统的孤立数据,主要特征是量大、分散化和孤立化。例如中国铁路广州局集团公司售票数据即为企业点数据。条数据是指单维度下的数据集合,表现为数据孤岛或数据烟囱。例如全国铁路各路局的客票销售数据,主要特征是单领域、数据垄断、源自事务。块数据要求共享共用和互联互通。特定平台上的关联聚合,具有开放性、关联性、多维性、强活性以及主体性。目前,还有一种"暗数据"的说法,就是指企业已收集或付费购买以及存储在各种系统但实际上并未使用、分析和访问的数据。这种数据对关联度的分析也至关重要。苹果公司花费2亿美元收购了数据公司Lattice Data。Lattice Data公司的主要业务是处理暗数据,采用机器学习的方法将暗数据转化为结构化、标签化和分类化的信息,并将其应用于人工智能等方面。

2.3 信息传输技术

2.3.1 光纤通信技术

光纤通信技术是以电子通信技术为基础,结合光子技术和电子通信技术而形成的先进的通信技术手段。20世纪70年代初,我国就开始了对光纤通信的研究。随着技术的进步以及市场需求的增大,通信行业的发展与运行环境的变化促进了光纤通信的发展。光纤通信的诞生和发展是电信史上一场非常重要的革命,它改变了传统的通信方式,满足了未来的市场需求和技术发展。光纤通信使得高速率和大容量的通信成为可能,同时不受各种电磁的干扰,有利于资源的合理利用。

1. 光纤通信的发展情况

光纤通信的发展十分迅速。纵观我国光纤通信的发展现状,光纤可分为以下几种类型。

(1)普通单模光纤。光纤可分为单模光纤和多模光纤。日常生活中常见的光纤是普通单模光纤。顾名思义,单模光纤只能传输一种模式的光,并且对光源的谱宽和稳定性均具有较高的要求。随着光通信技术的进步,符合G653规定的单模光纤和符合TUTG64规定的截止波长的单模光纤对G652.A光纤的性能进行了进一步的优化和提高。

(2)接入网光缆。光纤接入网是指以光纤为主要媒质来实现信息传送的接入网,它具有分支多、分差频繁、距离短等特点。光纤接入将逐渐替代原有的电缆,成为通信接入网未来的发展方向。由于管道内径的限制,通常情况下,会通过增加管内的光纤芯数量和光纤的集装密度两种方式来增加网络容量。

（3）室内光缆。室内光缆是指对光传输载体采用一定的技术手段进行处理而形成的线绳，它需要同时支持数据、语音和视频等信号的传输。室内光缆主要分为两大部分，分别是综合布线的光缆与局内光缆，综合布线的光缆主要供用户使用，一般放置在室内的用户端。而局内光缆则通常放置在中心局或者其他各类的电信机房内。室内光缆由于受到建筑物的限制以及材料多样化等影响，相对较为复杂。室内光缆的传输速率很高，且信号稳定，具有一定的抗干扰性。

（4）通信光缆。通信光缆是电力系统中最理想的通信线路，它包括多根光纤芯、缆芯和外保护层。通信光缆传输信号主要依赖光波，在数据信息传输方面具有一定的优越性。

（5）塑料光纤。塑料光纤由于其低廉的成本、较快的传输速率，而成为优质的短距离信息传输介质，在我国得到了广泛的应用。塑料光纤的传输主要利用了光的全反射原理和光在塑料纤维内的跳跃，在数据传输系统领域具有庞大的潜在市场。塑料光纤可应用于海底。海底光纤使用绝缘材料来包裹导线，并在其两端采用激光器，从而节约了成本。

2. 光纤通信的发展趋势

光纤通信技术是现代化信息时代的基础，未来的发展趋势十分可观。其涉及的可发展趋势可从以下几个方面进行探讨。

（1）超大容量与超长距离。波分复用技术（wavelength-division multiplexing，WDM）通过增加单根光纤中传输的信道数量来提高光纤传输系统的传输容量。目前，大量应用的波分复用系统的传输速率已高达 1.6Tbit/s。时分复用技术（OTDM）通过提高单个信道的传输速率来提高传输容量。目前，其单信道速率最高可达 640Gbit/s。然而，仅仅通过波分复用技术或时分复用技术很难实现对光纤通信的传输速率和传输容量的进一步提高，因此必须同时结合波分复用技术和时分复用技术，只有这样才能进一步提高光纤通信的传输速率和容量。

（2）光网络智能化。我国光纤通信技术一个关键的研发方向就是光网络智能化。随着计算机技术的迅猛发展，将实现网络技术和通信技术的完美结合。现代化的光网络不仅能够实现信息数据的传输，结合计算机的控制技术、自动发现功能和完善的自我保护修复能力，而且能够形成真正的智能化的光网络。

（3）全光网络。全光网络指的是用光节点代替传统的电节点，使信号只有在进出网络的时候才需要进行电光和光电的转换,而在网络的整个传输和交换过程中,所有的节点将全部以光的形式存在。全光网络解决了传统通信传输过程中面临的断电问题,提高了网络资源的利用率。全光网络是管线技术发展的最理想阶段,是今后光纤通信网络的发展目标。

2.3.2 无线网络技术

物联网要对世界上所有物体做到有址可循,有效地将物理世界同信息世界连接在一起。各种移动设备之间的直接相连固然重要,而高速、便捷、可靠、范围广、传输速度快的无线网络也具有重要的意义和作用。无线网络解决了有线设备对接入设备的位置限制,节省了电缆、光纤等有线设施的成本。

无线网络是采用无线通信技术实现的网络。无线网络既包括允许用户建立远距离无线连接的全球语音和数据网络,也包括为近距离无线连接进行优化的红外线技术及射频技术。无线网络与有线网络的用途十分类似,但最大的不同在于传输媒介的不同,利用无线电技术取代网线,可以和有线网络互为备份。

主流应用的无线网络分为通过公众移动通信网实现的无线网络(如4G、3G或 GPRS)和无线局域网(Wi-Fi)两种方式。GPRS 手机上网方式,是一种借助移动电话网络接入 Internet 的无线上网方式,即只要你所在城市开通了 GPRS 上网业务,你在任何一个角落都可以通过笔记本电脑上网。

通过无线网络技术,可以非常方便地在无线信号覆盖范围内使用手机、平板电脑、笔记本等设备上网。无线网络技术降低了传输通信的成本,使我们的通信费用更加低廉。无线网络的基本元素组成有无线网络用户、无线连接和基站。

1. 网络分类

基于元素,按无线网络的覆盖范围和带宽从小到大的顺序,通常将无线网络划分为四大类,即无线个人区域网、无线区域网、无线城域网和无线广域网。

2. 应用协议

(1) DHCP 协议。动态主机配置协议(DHCP)能自动从 DHCP 服务器中获取租用 IP 地址,使笔记本电脑用户在网络中断时自动获得新的 IP 地址以便继续工作,从而享受无缝漫游。

(2) CSMA/CD 协议。有线以太局域网在 MAC 层的标准协议是 CSMA/CD,

即载波侦听多点接入/冲突检测。但由于无线产品的适配器不易检测信道是否存在冲突，因此IEEE802.11定义了一种新的协议，即载波侦听多点接入/冲突避免（CSMA/CA）协议。一方面载波侦听查看介质是否空闲，另一方面通过随机的时间等待使信号冲突发生的概率减到最小，当介质被侦听到空闲时，则优先发送。不仅如此，为了使系统更加稳固，IEEE802.11还提供了带确认帧ACK的CSMA/CA协议。

3. 网络优化

无线网络优化是通过对现已运行的网络进行话务数据分析、现场测试数据采集、参数分析、硬件检查等，找出影响网络质量的原因，并且通过参数的修改、网络结构的调整、设备配置的调整和采取某些技术手段（采用MRP的规划办法等），确保系统高质量运行，使现有网络资源获得最佳效益，以最经济的投入获得最大的收益。

网络优化的方法很多，在网络优化的初期，常通过对OMC-R数据的分析和路测的结果制定网络调整的方案。在实际优化中，尤其以分析OMC-R话务统计报告，并辅以七号信令仪表进行A接口或Abis接口跟踪分析，作为网络优化最常用的手段。

2.3.3 移动通信网络技术

美国贝尔实验室于1982年发明了高级移动电话系统（advanced mobile phone system，AMPS），提出了"蜂窝单元"，即AMPS将地理区域分为很多蜂窝单元，实现了统一频率的多次使用，又避免了频率冲突，充分利用了有限的无线资源。蜂窝单元使移动通信系统呈级数的容量增长，为移动通信技术的发展奠定了基础。在过去的10年中，世界电信发生了巨大的变化，移动通信特别是蜂窝小区的迅速发展，使用户彻底摆脱终端设备的束缚，实现完整的个人移动性、可靠的传输手段和接续方式。进入21世纪，移动通信已演变成社会发展和进步必不可少的工具。

国际电信标准分为1G、2G、3G、4G、5G。从2G、3G、4G到正在推广应用的5G，每一代网络都有对应的技术标准和规范。国际组织3GPP（the 3rd generation partnership project），旨在为通信系统制定全球适用技术规范和技术报告。

通常，每个国家或地区都有权利向 3GPP 提交自己制定的标准，然后开会投票和讨论，最后形成全球通用且都得遵守的通信协议标准。

在 2G/3G 时代中，无线通信的核心专利一直掌握在高通手中。2G 时代，高通掌控专利以及 GSM 技术，中国企业付出了高昂的专利使用费。3G 时代，中国企业提出的 3G 方案 TD-SCDMA，虽然不是那么成熟，但在当时同美国方案 CDMA2000（电信）、欧盟方案 WCDMA（联通）形成了三足鼎立之势，但明显水平上还有差距。步入 4G 时代，中国企业通信技术终于可以与高通专利技术比肩。简单来说，5G 网络是 4G 网络的真正升级，它在 4G 网络的基础上带来更高网速的提升。此外，5G 网络不仅传输速率更高，而且在传输中呈现出低时延、高可靠、低功耗的特点。低功耗能更好地支持未来的物联网应用。

5G 对于第四次工业革命意义重大。高性能的无线网络连接工厂内的海量传感器、机器人和信息系统，连接产生海量数据，优质数据不断"喂食"人工智能，并将分析、决策反馈至工厂。同时，5G 广泛覆盖的物联网络覆盖全球，连接广泛分布或跨区域的商品、客户和供应商等，保持对整个产品生命周期的全连接。总之，未来的工厂是数字虚拟和物理现实相融合，ICT 技术与现代制造业相融合，以提高工业生产的灵活性、可追溯性、多功能性和生产效率，为制造业开辟新的商业模式。工厂内部和外部之间的界限也越来越模糊，工厂不再是独立的封闭实体，而是庞大的价值链和生态系统的一部分。这就是所谓的"虚拟工厂"。新空口（NR）、网络切片和边缘计算是驱动第四次工业革命的三大关键性 5G 技术。

2.4 智能视频监控和无人机监测技术

2.4.1 智能视频监控技术

智能视频监控技术来源于计算机视觉（computer vision，CV）技术，作为人工智能（artificial intelligence，AI）研究的一个分支，是一项新兴的安防技术，有着广阔的发展前景。智能视频监控技术是指利用计算机视觉技术，在不需要人为干预的情况下，通过对视频序列进行实时自动分析，实现对目标的定位、识别和跟踪，并在此基础上进行行为分析，以达到完成日常管理和预警异常情况的目的。基本智能视频监控系统主要由视频数据采集、视频数据编码、视频数据传输及视频数据分析处理和异常行为报警等部分组成。智能视频监控作为安全防护系统的重要组成部分，广泛应用于各种公共场所和大型活动。

传统的视频监控系统与设备虽然在功能和性能上得到了极大的提高，但是仍然受到了一些固有因素的限制，从而导致整个系统在安全性和实用性方面仍然没有达到人们期望。为解决传统视频监控系统效率低下的问题，人们尝试把计算机视觉中的相关技术引入到视频监控中，从而发展了新型视频监控技术——智能视频监控。所谓智能视频监控，就是指采用智能视频分析算法，利用计算机视觉技术对视野范围内的目标进行行为分析和内容提取，当发现符合某种规则的行为（如越界、游荡、滞留等）发生时，自动发出提示信号，采取特定对应措施（如声光报警、移动监测并记录）或通知监控人员进行人工干预等。作为智能视频监控的关键技术，智能视频分析技术可分为动态视频目标检测定位、动态视频目标跟踪、动态视频目标分类识别、行为理解与描述、异常事件分析等。

在目前的铁路系统中，数字影像监控技术已经得到了广泛应用。但随着影像监控网络的不断扩展，摄像头的数量以及所获得的视像数据也呈几何级数增加。在这种情况下，依赖人工监控来处理海量视像信息面临巨大的压力。智能视频监控可通过不同的分类方法对视频中所出现的各种场景、任务和具体条件进行检测，比方说面部识别、虚拟警戒线、背景变化适应等，按照监控人员所需要知道的画面并在影像数据中自动觉察并分类不同的状况，方便视频检查人员根据不同的需要去搜索有用的画面。智能视频监控还可应用于路轨、车站、隧道等高速铁路系统的敏感地带，有效防止任何可疑的人和事物在不知情的情况下进入这些铁路重地，防止潜在危险的发生。

目前，铁路综合视频监控系统实时监视和视频回放功能的变化主要体现在：增加全屏显示功能；明确图像抓拍功能；增加网页浏览功能；明确单/多画面的切换浏览功能。在视频存储方面，增加了云存储功能；增加了实际存储时长查询功能；增加了存储缺失自动告警功能；增加了实际存储时长不足自动警告功能等。视频分析主要包括四类：

（1）检测类。主要基于检测算法和适当的语义翻译，如入侵检测、丢包检测等。

（2）跟踪类。主要以目标轨迹为主线，作为信息载体、轨迹拟合等。

（3）识别类。通过模式识别进行高级语义分析，如人脸识别、车牌识别、指纹识别等。

（4）其他应用形态。如图像增强、图像3D重构、智能交互等。

2.4.2 无人机监测技术

无人驾驶飞机简称"无人机"（UAV），主要是利用无线电遥控设备和自备的程序控制装置操纵的不载人飞机。无人机的设计概念最早应用于军工领域。由于军工设备具有较强的技术保密和行业垄断性质，民营企业和资本很难获得准入。随着世界范围内军民融合战略的实施和推进，近几年无人机技术在民用领域的应用获得长足发展。

根据无人机应用领域，可分为消费级无人机和工业级无人机。消费级无人机主要应用于个人航拍，工业级无人机广泛应用于农业植保、国土勘测、安防和电力巡检等领域。

1. 关键技术

（1）动力技术。续航能力是目前制约无人机发展的重大障碍。消费级多旋翼无人机续航时间基本在20分钟左右，用户外出飞行不得不携带多块电池备用，造成使用作业的极大不便。无人机必须在动力方面实现突破才能走上新的革命性高度。

（2）导航技术。无人机必须准确地知道自己"在哪儿""去哪儿"。这几乎类似于人类"从哪里来，到哪里去"的哲学问题，是无人机在任何发展阶段都绕不开的问题。无人机目前主要通过遥控器进行飞行控制，操作人员需要专业训练，具有一定的局限性。随着新技术的发展，无人机应简化对操作人员的要求，提升用户体验。其中，手势交互是一种未来人机交互的趋势，目前在精确度上存在挑战。

（3）脑机接口技术。近年来，科研人员在多个领域运用到了脑机接口技术（brain computer interface，BCI）。科研人员运用该技术制作新型玩具，为残疾人制作义肢。作为安全性要求较高的飞行器，这种脑机接口技术目前还不成熟。它可作为一种验证性质的技术，但离实际应用还有很长的距离。

(4) 通信技术。

①4G/5G 通信技术。2015 年，中国移动开发了 4G "超级空战队"设备，能支持航拍影像即拍即传。5G 的速度比现在的 LTE 网络标准连接速度快 250 倍，5G 是无线通信行业的一个新的里程碑。

②Wi-Fi 通信技术。2013 年，德国的卡尔斯鲁厄理工学院开发了一项新的无线广域网技术，打破了最快的 Wi-Fi 网络速度纪录，它可以让 1 公里以外的用户每秒钟下载 40GB。由于这种设备的传输距离比普通 Wi-Fi 路由器的覆盖范围广得多，因此这种设备很适合应用于无人机航拍图传或光纤布设不方便的农村地区。

(5) 类脑芯片技术。目前，包括 IBM 在内的多家科技公司都在模拟人的大脑，开发神经元芯片。而一旦类脑芯片被应用于无人机，其自主反应、自动识别有望变得轻而易举。

(6) 平台技术。

①"Dronecode"无人机开源系统。2014 年 10 月，著名开源基金会 Linux 推出了名为"Dronecode"的无人机开源系统合作项目，将 3DRoboTIcs、英特尔、高通、百度等科技巨头纳入项目组，旨在为无人机开发者提供所需要的资源、工具和技术支持，加快无人机和机器人领域的发展。

②Ubuntu 15.04 操作系统。Ubuntu 15.04 的物联网版本是 Ubuntu 目前最小且最安全的版本，非常精简，适合科技专业人士与开发者使用，还能够在无人机等领域使用。

③Airware 企业级无人机系统。Airware 公司旨在通过标准化的无人机软件系统帮助企业迅速、高效地完成商用无人飞行器的部署及管理。

(7) 空管技术。初创公司 Skyward 在研发一个无人机交通控制系统，这个系统将让数千无人机在城市上空飞行而不会互相碰撞。Skyward 正在跟 FAA 和全球三大无人机制造商（中国的大疆、美国的 3DRoboTIcs 和法国的 Parrot）合作以证明大量的无人机可以在拥挤的空域安全地共存。

2. 无人机的市场化应用与问题

由于无人机的经济性、安全性、易操作性，很多民用领域对无人机都有着旺盛的需求。小型无人机可广泛应用于防灾减灾、搜索营救、核辐射探测、交通监管、资源勘探、国土资源监测、边防巡逻、气象探测、农作物估产等领域。

无人机具备市场竞争优势，未来需求巨大。

对大多数人来说，无人机是一种高科技玩具，在球场、游乐场都会见到。但对美国铁路企业来说，无人机则是一种工具。2014 年以来，美国的铁路公司就一直在使用无人机技术对铁路基础设施进行检测。例如，2016 年，美国联合太平洋铁路公司（UP）在其整个路网系统中部署了 14 架无人机用于桥梁检测以及灾后路网恢复。

然而，就像所有新技术一样，美国的铁路公司很快就发现了无人机应用的局限性。UP 公司运营安全部门一名具有 25 年经验的铁路专业人士表示，他的团队曾在奥马哈以北 20 英里的内布拉斯加州布莱尔地区一座铁路桥上，利用无人机在桥下进行飞行检测时，由于失去了 GPS 信号，操控人员无法定位无人机，致使其一直飞往密苏里河深处。

大型钢结构基础设施有时会隔离无人机、操控人员和 GPS 之间的信号，使得检查效率降低。为了解决信号隔离问题，UP 公司与一家开发 PNT 技术的团队合作，使无人机能够在没有 GPS 信号覆盖的地方进行检测，例如在大型钢架桥梁的内部或下方，或者需要长时间滞留在铁路涵洞或隧道里的情况。开发 PNT 技术只是 UP 公司改变基础设施检测方式的第一步。未来，UP 公司还将利用无人机对 1.8 万座桥梁进行安全检查。

就无人机在铁路行业的应用来讲，它不仅提升了检测效率，而且在一定程度上保障了工人安全。至于其在安全生产监控环节的应用对于工人的影响还有待观察，未来它将会怎样发展，这就如同 FAA 无人机综合办公室的负责人所说的那样：" 虽然目前还不清楚无人机是否对大多数人来说都存在积极正面的影响，但是我们每天都能看到无人机的各种创新应用，它的确在逐渐渗透到各个行业。"

目前，中国铁路广州局等单位已经针对接触网和跨越线等重点设备开始利用无人机进行巡视检查。

2.5 仿真与 CPS 信息—物理融合技术

2.5.1 仿真技术

仿真是对现实系统的某一层次抽象属性的模仿。人们利用这样的模型进行试验，从中得到所需的信息，然后帮助人们对现实世界某一层次的问题作出决策。仿真是一个相对的概念，任何逼真的仿真都只能是对真实系统某些属性的逼近。仿真是有层次的，既要针对客观系统的问题，又要针对提出处理者的需求层次，否则很难评价一个仿真系统的优劣。

仿真技术是一门多学科的综合性技术，它以控制论、系统论、相似原理和信息技术为基础，以计算机和专用设备为工具，利用系统模型对实际的或设想的系统进行动态试验。例如，汽车或飞机的驾驶训练模拟器，就是应用仿真技术的成果。

仿真技术的特点包括：便于参数控制；时间短、代价小；可在真实系统建立起来之前，预测其行为效果，从而从不同结构或不同参数的模型结果中选择最佳模型；对于缺少解析表示的系统，或虽有解析表示但无法精确求解的系统，可通过仿真获得系统运行的数值结果；对于随机性系统，可通过大量重复试验获得其平均意义上的特性指标。

使用仿真技术可以解决以下几类问题：系统难以用数学公式表达，或者没有建立和求解数据模型的有效方法；虽然可以用解析的方法解决问题，但数学的分析与计算过于复杂，仿真可以提供简单可行的求解方法；希望能在较短的时间内观察到系统发展的全过程，以估计某些参数对系统行为的影响；难以在实际环境中进行试验和观察时，仿真则是唯一可行的方法，例如对铁路脱轨事故的研究等；需要对系统或过程进行长期运行比较，从大量方案中寻找最优方案或可行方案。

仿真系统主要是指建立仿真模型和进行仿真实验的方法，可分为两大类：连续系统的仿真方法和离散事件系统的仿真方法。人们有时将建立数学模型的方法也列入仿真方法，这是因为对于连续系统虽已有一套理论建模和实验建模的方法，但在进行系统仿真时，常常先用经过假设获得的近似模型来检验假设是否正确，必要时再修改模型使它更接近于真实系统。对于离散事件系统，建立它的数学模型就是仿真的一部分。

仿真技术得以发展的主要原因在于它所带来的巨大社会经济效益。20世纪50至60年代，仿真主要应用于航空、航天、电力、化工以及其他工业过程控制等技术领域。在航空工业方面，仿真技术使大型客机的设计和研制周期缩短20%。利用飞行仿真器在地面训练飞行员，不仅节省大量燃料和经费（其经费仅为空中飞行训练的十分之一），而且不受气象条件和场地的限制。此外，在飞行仿真器上可以设置一些在空中训练时无法设置的故障，培养飞行员应对故障的能力。训练仿真器所特有的安全性也是仿真技术的一个重要优点。在航天工业方面，采用仿真实验代替实弹试验可使实弹试验的次数减少80%。在电力工业方面，采用仿真系统对核电站进行调试、维护和排除故障，一年即可收回建造仿真系统的成本。现代仿真技术不仅应用于传统的工程领域，而且日益广泛应用于社会、经济、生物等领域，如交通控制、城市规划、资源利用、环境污染防治、生产管理、市场预测、世界经济的分析和预测、人口控制等。对于社会、经济等系统，很难在真实的系统上进行实验。因此，利用仿真技术来研究这些系统就具有重要的意义。

信息处理技术和网络技术的发展，实际上已经完全改变了仿真的概念。将先进的仿真技术与网络技术相结合，由真实装备和计算机仿真系统综合组成仿真环境。

2.5.2 CPS 信息—物理融合技术

信息—物理融合系统（cyber-physical systems，CPS）是一个综合计算、网络和物理环境的多维复杂系统，通过3C（computation，communication，control）技术的有机融合与深度协作，实现大型工程系统的实时感知、动态控制和信息服务。CPS 实现计算、通信与物理系统的一体化设计，可使系统更加可靠、高效、实时协同，具有重要而广泛的应用前景。近年来，CPS 不仅已成为国内外学术界和科技界研究开发的重要方向，预计也将成为企业界优先发展的产业领域。开展 CPS 研究与应用对于加快我国培育推进工业化与信息化融合具有重要意义。

CPS 是物理过程和计算过程的集成系统，通过 CPS 系统包含的数字世界和机械设备与物理世界进行交互。这种交互的主体既包括人类也包括在人的意图指导下的系统。而作用的客体包括真实世界的各方面，如自然环境、建筑、机器，同时也包括人类自身等。这种融合方式与物联网的感知模式不同，CPS 不仅包括感知，更重要的是具有信息世界与物理世界进程的同步性和交互性，同时强调精准控制。

CPS 是一个分布式异构系统，不仅包含了许多功能不同的子系统，这些子系统之间结构和功能各异，分布在不同的地理范围内。各个子系统之间要通过有线或无线的通信方式相互协调工作。CPS 系统把计算与通信深深地嵌入实物过程，使之与实物过程密切互动，从而给实物系统添加新的能力。这种 CPS 系统小如心脏起搏器，大如国家电网。由于计算机增强（computer-augmented）的装置无处不在，CPS 系统具有巨大的经济影响力。

CPS 具有自适应性、自主性、高效性、功能性、可靠性、安全性等特点和要求。物理构建和软件构建必须能够在不关机或停机的状态下动态加入系统，同时保证满足系统需求和服务质量。比如一个超市安防系统，在加入传感器、摄像头、监视器等物理节点或者进行软件升级的过程中无须关掉整个系统或者停机就可以动态升级。CPS 应该是一个智能的有自主行为的系统，不仅能够从环境中获取数据，进行数据融合，提取有效信息，而且能够根据系统规则通过效应器作用于环境。

CPS 的研发符合国家重大战略需求，它涵盖了社会发展的各个方面。CPS 的研究与应用将会改变人类与自然物理世界的交互方式，在健康医疗设备与辅助生活、智能交通控制与安全、先进汽车系统、能源储备、环境监控、航空电子、防御系统、基础设施建设、加工制造与工业过程控制、智能建筑等领域，减少国家能源依赖。目前，很难估计 CPS 为未来生活带来的积极的、潜在的价值，但 CPS 的价值显然是巨大的。

目前，有关学者将 CPS 分为五个大的研究方向，即"感""联""知""控""安全"。感，就是如何获得物理世界进程中的各种数据。这个研究方向是 CPS 后续研究方向的基石，关注感知的硬件、方向、模式等方面。联，就是将采集到的信息通过现有的多种不同结构的网络从感知设备传递到计算处理设备上。这个研究方向关注的是准确、高效、低能耗的通信模式。知，就是处理数据尤其是各个方面采集到的海量数据，要求系统做到"全面观察、准确理解、深刻推理"。这个研究方向主要是对数据进行有效的整理查询与计算。控，这个方向是 CPS 与众不同的特点，即不仅要获取整理数据，还要通过对数据的计算处理最终控制物理世界进程，形成融合控制，达到闭环控制。安全，即保证系统信息完整、稳定、可信，并且不受攻击。

2.6 GIS 地理信息和卫星定位及遥感技术

2.6.1 GIS 地理信息系统

地理信息系统（geographic information system 或 geo-information system，GIS）是一门集计算机科学、地理学、环境科学、空间科学、信息科学和管理科学于一体的边缘学科，是在计算机硬件、软件系统的支持下，以地理数据库为基础，采集、存储、管理、分析和描述整个或部分地球表面与空间和地理分布有关的数据，为地理研究和地理决策服务的空间信息系统，也称为资源与环境信息系统。

数据也是 GIS 系统的灵魂和生命。数据组织和处理是 GIS 应用系统建设中的关键环节，涉及许多问题，如应该选择何种比例尺的数据，已有数据现势性如何，数据格式是否能被已有的 GIS 软件集成，应采用何种方法进行数据处理和集成，采用何种方法进行数据更新和维护等。

地理信息有多种来源和不同特点，地理信息系统要具有对各种信息处理的功能。从野外调查、地图、遥感、环境监测和社会经济统计多种途径获取地理信息，由信息的采集机构或器件采集并转换成计算机系统组织的数据。这些数据根据数据库组织原理和技术，组成地理数据库。地理数据库是系统的核心部分。库中各种地理数据通常以多边形（矢量）方式和网格（光栅）方式进行组织。多边形作为区域的基本单元可以是某一级行政、经济区划单位，或某一地理要素的类型轮廓，它是由地理要素的专题信息（如类型代码）和几何信息（多边形边界的 x、y 坐标值及其拓扑信息）构成。网格方式是指对某一区域按地理坐标或平面坐标建立规则的网格，并对每个网格单元按行、列顺序赋予不同地理要素代码，构成矩阵数据格式。为了实现数据资源的共享和互换，地理数据库必须做到数据规范化和标准化，并有效地对各种地理数据文件进行管理，实现对数据的监控、维护、更新、修改和检索。地理数据通过软件的处理进行分析计算，并加以显示。显示的方式有地理图、统计表和其他形式。GIS 运行流程如图 2-7 所示。

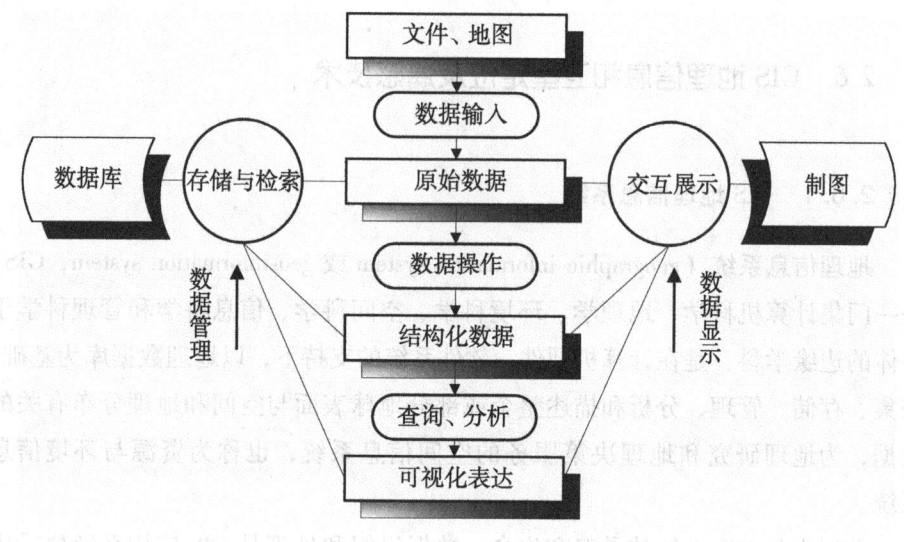

图 2-7　GIS 运行流程

　　GIS 技术不断得到新的发展，主要体现在两个方面：一是技术的综合，二是软件技术的分化。前者得到了广泛应用，这体现在 GIS 与其他信息技术的综合应用。例如，GIS 与 CAD 的结合，GIS 与遥感技术的结合，GIS 与 GPS 的结合，GIS 与 Internet 的结合，GIS 与虚拟现实技术的结合等。GIS 系统部署在云计算平台上可以提供很多好处。例如，可以简化 GIS 系统部署和管理，降低构建 GIS 系统的投资和运营成本，缩短 GIS 系统的构建周期，提高 GIS 程序和基础设施的灵活性。

　　在交通运输行业，GIS 应用和开发必不可少。交通部门通过将类似 ArcGIS 的软件以应用云的方式进行部署，一方面可以避免行业内重复投资；另一方面也可以吸引更多的开发者基于该平台进行应用开发，不断丰富平台上的应用。与 GIS 相关的应用很多。以交通地图动态更新服务为例，传统的通过测绘实现地图更新的服务，每次更新可能需要一两年的时间，而利用浮动车数据可以实现新增道路发现、道路拓宽、道路限行等信息及时动态更新，地图更新速度可以做到比测绘局更快、更准确。

　　2017 年，JR 西日本利用 GIS（地理信息系统）技术，对管内所有铁路线路的空间基础数据进行更新整备，将高精度航空照片、电子线路平面图系统（GIS-W），以及记载了线路中心线、站场等信息的线路概要图系统进行数据一体化融合，构筑起综合性的电子地图数据平台。平台以线路里程为关键字，统一管理包括线路、隧道、桥梁、站场、电气、地震仪、雨量计、通信信号等在内的各种铁路设施设备的空间位置，甚至连经纬度也都包含其中，在整合各种数据形成西日本铁路空间基础数据库的基础上，该平台还结合车载数据库、信号机、弯道等位置信息建立起新的铁路信号安全系统。

为了在系统平台中配置基础设施数据，JR 西日本首先对原有的线路平面图空间结构进行一些处理，包括：按照道岔设置节点；对所有线路的中心线图进行分割，设立道岔 ID 标志及道岔的定位、方位、列车可否通过等信息，而没有道岔的线路区段则在终点设置 ID。通过这种形式，道岔点间或道岔-线路终点间的线路区段被逐一标识，各个线路区段的上下行方向与位置关系也被明确。经统计，JR 西日本管内的所有线路一共被分为 68 个线区、13 092 个线路段、10 740 个节点。接着，JR 西日本通过逻辑检查、目视检查等方式确保每段线路中相应设施设备的位置、属性信息精确无误，再将所有线路平面图通过航空高精度测量的方式实现全部图片化，以航空测量图的形式对线路平面图统一进行空间定位，形成结构化的线路平面图及相应摘要元素，并在此基础上形成大量线路概要图。最后，将 GIS-W 系统数据导入线路概要图系统，将前者中带有经纬度、里程标的全部空间地理位置信息与后者中的所有图像、信息对应起来。平台中，线路概要图系统的顶层可视化界面由主菜单、结构树、概要图、放大图等部分组成，可与 GIS-W 系统下各个线路的区段图互相参照，以便清晰了解有关线区的实际地形地貌和现场实际情况。

由于铁路系统庞大、专业众多，不同业务部门下的工作人员可根据自己的需要在平台中查看同一区域的航空测量图、线路平面图，以及地图等不同图像；更可利用平台生成针对本部门业务需要的线路概要图，并对这些图像进行编辑，在图上自由写画或记录作业报告等。

2.6.2 卫星定位系统

1. 全球定位系统（GPS）

全球定位系统（global positioning system，GPS）是一个由覆盖全球的 24 颗卫星组成的卫星系统。这个系统可以保证在任意时刻，地球上任意一点都可以同时观测到 4 颗卫星，以保证卫星可以采集到该观测点的经纬度和高度，以便实现导航、定位、授时等功能。这项技术可以用来引导飞机、船舶、车辆以及个人安全、准确地沿着选定的路线到达目的地。

全球定位系统（GPS）是20世纪70年代由美国陆海空三军联合研制的新一代空间卫星导航定位系统。其主要目的是为陆海空三大领域提供实时、全天候和全球性的导航服务，并用于情报收集、核爆监测和应急通信等军事目的，是美国独霸全球战略的重要组成部分。经过20余年的研究实验，耗资300亿美元，到1994年3月，全球覆盖率高达98%的24颗GPS卫星星座已布设完成。

GPS全球卫星定位系统由三部分组成：空间部分——GPS星座；地面控制部分——地面监控系统；用户设备部分——GPS信号接收机。GPS定位技术具有高精度、高效率和低成本的优点，使其在各类大地测量控制网的加强改造和建立以及在公路工程测量和大型构造物的变形测量中得到了较为广泛的应用。

2. 北斗卫星导航系统

中国北斗卫星导航系统（beidou navigation satellite system，BDS）是我国自行研制的全球卫星导航系统，是继美国全球定位系统（GPS）、俄罗斯格洛纳斯卫星导航系统（GLONASS）之后第三个成熟的卫星导航系统。北斗卫星导航系统（BDS）、美国GPS、俄罗斯GLONASS和欧盟GALILEO，是联合国卫星导航委员会已认定的供应商。

北斗卫星导航系统由空间段、地面段和用户段三部分组成。空间段包括5颗静止轨道卫星和30颗非静止轨道卫星。地面段包括主控站、注入站和监测站等若干个地面站。用户段包括北斗兼容其他卫星导航系统的芯片、模块、天线等基础产品，以及终端产品、应用系统与应用服务等。

北斗卫星导航系统卫星数量少、投资少、用户设备简单且廉价，能实现一定区域的导航定位和通信等多种用途，可满足当前我国海陆空运输导航定位的需求。其缺点是不能覆盖两极地区，赤道附近定位精度差，只能二维主动式定位，且需提供用户高程数据，用户数量受到一定限制。该系统并不排斥我国民用市场对GPS的广泛使用，相反，在此基础上还将建立我国的GPS广域差分系统，可以使利用SA干扰的GPS民用码接收机的定位精度由百米级修正到数米级，能够更好地促进GPS在民间的应用。

2.6.3 遥感技术

遥感技术是根据电磁波理论，运用各种传感仪器对远距离目标所辐射和反射的电磁波信息进行收集、处理、成像，从而对地面各种景物进行探测和识别的一种综合技术。通过遥感技术，可查询到高分一号、高分二号、资源三号等国产高分辨率遥感影像。

遥感技术是从人造卫星、飞机或其他飞行器上收集地物目标的电磁辐射信息，判认地球环境和资源的技术。它是20世纪60年代在航空摄影和判读的基础上随航天技术和电子计算机技术的发展而逐渐形成的综合性感测技术。任何物体都有不同的电磁波反射或辐射特征。航空航天遥感就是利用安装在飞行器上的遥感器感测地物目标的电磁辐射特征，并将特征记录下来，供识别和判断。

把遥感器放在高空气球、飞机等航空器上进行遥感，称为航空遥感。把遥感器装在航天器上进行遥感，称为航天遥感。完成遥感任务的整套仪器设备称为遥感系统。航空和航天遥感能从不同高度、大范围、快速和多谱段地进行感测，获取大量信息。航天遥感还能周期性地得到实时地物信息。因此航空和航天遥感技术在国民经济和军事的很多方面获得广泛的应用。例如应用于气象观测、资源考察、地图测绘和军事侦察等。

遥感技术是从远距离感知目标反射或自身辐射的电磁波、可见光、红外线，对目标进行探测和识别的技术。例如航空摄影就是一种遥感技术。人造地球卫星发射成功，大大推动了遥感技术的发展。现代遥感技术主要包括信息的获取、传输、存储和处理等环节。完成上述功能的全套系统称为遥感系统，其核心组成部分是获取信息的遥感器。遥感器的种类很多，主要有照相机、电视摄像机、多光谱扫描仪、成像光谱仪、微波辐射计、合成孔径雷达等。传输设备用于将遥感信息从远距离平台（如卫星）传回地面站。信息处理设备包括彩色合成仪、图像判读仪和数字图像处理机等。

遥感技术的应用与发展趋势如下：

(1) 进行地面、航空、航天多层次遥感，建立地球环境卫星观测网。

(2) 传感器向电磁波谱全波段覆盖。

(3) 图像信息处理实现光学—电子计算机混合处理，引入其他技术理论方法，实现自动分类和模式识别。

(4) 实现遥感分析解译的定量化与精确化。

(5) 与GIS和GPS形成一体化的技术系统。

2.7 人工智能和自动驾驶技术

2.7.1 人工智能技术

人工智能（artificial intelligence，AI）是指计算机像人一样拥有智能能力，是一个融合计算机科学、统计学、脑神经学和社会科学的前沿综合学科，可以代替人类实现识别、认知、分析和决策等多种功能。

人工智能研究的领域主要有五层，最底层是基础设施建设，包含数据和计算能力两部分。数据越大，人工智能的能力越强。第二层为算法，如卷积神经网络、LSTM序列学习、Q-Learning、深度学习等算法，是机器学习的算法。第三层为重要的技术方向和问题，如计算机视觉、语音工程、自然语言处理等。还有另外一些类似决策系统，如增强学习（reinforcement learning），或一些大数据分析的统计系统，这些都能在机器学习算法上产生。第四层为具体的技术，如图像识别、语音识别、机器翻译等。最顶层为行业的解决方案，如人工智能在金融、医疗、互联网、交通和游戏等上的应用。这是我们所关心的它能带来的价值。

人工智能作为新一轮产业变革的核心驱动力，将催生新的技术、产品、产业、业态、模式，从而引发经济结构的重大变革，实现社会生产力的整体提升。麦肯锡预计，到2025年全球人工智能应用市场规模总值将达到1270亿美元，人工智能将是众多智能产业发展的突破点。

未来的人工智能产业生态，主要分为核心业态、关联业态、衍生业态三个层次。核心业态主要包括智能基础设施建设、智能信息及数据、智能技术服务、智能产品四个方面。

人工智能是一门具有较高综合性和交叉性的学科。人工智能就是探索研究用各种机器模拟人类智能的途径，使人类的智能得以物化与延伸的一门学科。它借鉴仿生学思想，用数学语言抽象描述知识，用以模仿生物体系和人类的智能机制。主要的方法有神经网络、进化计算和粒度计算三种。

神经网络是在生物神经网络研究的基础上模拟人类的形象直觉思维，根据生物神经元和神经网络的特点，简化、归纳、提炼总结出来的一类并行处理网络。神经网络的功能主要有联想记忆、分类聚类和优化计算等。虽然神经网络具有结构复杂、可解释性差、训练时间长等缺点，但由于其对噪声数据的高承受能力和低错误率的优点，以及各种网络训练算法如网络剪枝算法和规则提取算法的不断提出与完善，神经网络在数据挖掘中的应用越来越受广大使用者青睐。

进化计算是模拟生物进化理论而发展起来的一种通用的问题求解方法。因为它来源于自然界的生物进化，所以它具有自然界生物所共有的极强的适应性特点，这使得它能够解决那些难以用传统方法解决的复杂问题。它采用了多点并行搜索的方式，通过选择、交叉和变异等进化操作，反复迭代，在个体的适应度值的指导下，使每代进化的结果都优于上一代，如此逐代进化，直至产生全局最优解或全局近优解。其中最具代表性的就是遗传算法，它是基于自然界的生物遗传进化机理而演化出来的一种自适应优化算法。

粒度计算起源于1990年，当时我国著名学者张钹和张铃进行了关于粒度问题的讨论，指出"人类智能的一个公认的特点，就是人们能从极不相同的粒度（granularity）上观察和分析同一问题。人们不仅能在不同粒度的世界上进行问题的求解，而且能够很快地从一个粒度世界跳到另一个粒度世界，往返自如，毫无困难。这种处理不同粒度世界的能力，正是人类问题求解的强有力的表现"。随后，Zadeh讨论模糊信息粒度理论时，提出人类认知的三个主要概念，即粒度（包括将全体分解为部分）、组织（包括从部分集成全体）和因果（包括因果的关联），并进一步提出了粒度计算。他认为，粒度计算是一把大伞，它覆盖了所有有关粒度的理论、方法论、技术和工具的研究。目前主要有模糊集理论、粗糙集理论和商空间理论三种。

2.7.2 自动驾驶技术

智能驾驶最直观的定义，就是类比人类驾驶，用传感器如雷达、摄像头替代人眼，用算法芯片替代人脑，再用电子控制替代人的手脚，最终实现由智能电脑控制汽车，实现智能驾驶。国际汽车工程师协会（SAE）从驾驶操作、环境监测、回退性能、系统接管四个方面把车辆智能化分为 L0 – L5 六个等级（表2-1）。

表2-1 汽车智能化等级

分级	名称	定义	驾驶操作	环境监测	回退性能	系统接管
人类驾驶员监控环境信息						
0	无自动化	一切靠自己	人类	人类	人类	无
1	辅助驾驶	根据环境信息，能够为驾驶员提供在汽车转向、加速和刹车方面的提醒	人机	人类	人类	特定路况
2	部分自动化	根据汽车所处的环境状态，能够辅助驾驶员在汽车转向、加速和刹车等方面进行辅助支援	机器	人类	人类	部分路况
自动驾驶系统监控环境信息						
3	带条件自动化	综合辅助功能、环境感知，如道路形状、天气、交通等。在自动驾驶无法应对时，有足够的空间将控制权交还	机器	机器	人类	某些况路
4	高度自动化	增加回退系统，即系统性的失效发生时能够最小化风险，打双闪、停在路边等	机器	机器	机器	大部分路况
5	完全自动化	车辆智能化，达到人类驾驶水平，可以处理所有的工况	机器	机器	机器	全部路况

L1 的典型代表是以色列公司 Mobileye。它通过一个摄像头以及后面的芯片，为汽车赋予了 L1 功能。

L2 的典型代表是特斯拉。尽管它号称汽车具备了 L5 的硬件基础，但是在驾驶特斯拉的时候，双手千万别离开方向盘，因为如果这时出了事故，责任全在驾驶员身上。

L3 的典型代表是奥迪 A8。但有业界人士并不认同 A8 的 L3 能力，因为 A8 只实现了某些特定场景下的 L3 级功能。

L4 的代表是 Waymo，目前已经在试运营。

L5 将完全具备甚至超过人类的驾驶能力，在任何情况下都能够接管车辆，处理任何路况，完成驾驶任务。

（1）自动驾驶汽车技术。自动驾驶汽车（autonomous vehicles 或 self-piloting automobile），又称无人驾驶汽车、电脑驾驶汽车或轮式移动机器人，是一种通过电脑系统实现无人驾驶的智能汽车。在 20 世纪已有数十年的历史，21 世纪初呈现出接近实用化的趋势。

汽车自动驾驶技术通过视频摄像头、雷达传感器以及激光测距器来了解周围的交通状况，并通过一个详尽的地图（通过有人驾驶汽车采集的地图）对前方的道路进行导航。

路径规划技术在于为智能车提供最优的行驶路线。在智能车行驶过程中，行驶路线确定、障碍物躲避、路口转向等都需要通过路径规划技术完成。该技术根据适用范围不同，通常可分为全局路径规划和局部路径规划。全局路径规划用于对智能车周围环境已知的情况，这需要有已经建立好的地图数据。全局路径规划可以根据地图数据规划出一条全局路径，但因为该路径是基于地图数据的，无法体现出实时的障碍物、道路边界等局部数据，需要使用局部导航技术加以辅助。局部导航技术通过传感器感知车辆周围的局部环境信息，在全局路径的指导下，完成对局部路线的行驶规划。常用的路径规划算法包括了栅格法、人工势场法、VFH 类方法、神经网络法等。

决策控制技术相当于智能车的大脑，它通过综合分析环境感知系统提供的信息，对当前的车辆行为进行决策。决策技术还需要考虑车辆的机械特性、动力特性，从而制定出合理的控制策略。常用的决策技术有机器学习、神经网络、贝叶斯网络、模逻辑等。根据决策技术的不同，控制系统可分为反射式、反应式和综合式三种。反射式可以仅通过硬件电路实现，是一种非常简单的控制方式，因为其逻辑简单、反应迅速，所以常用于处理突发事件。反应式是一个闭环反馈过程，通过不断感知外界环境并逐渐调整车辆自身状态，以达到目标。综合式通过对系统进行层次划分，对数据进行逐层处理，并在处理过程中对数据进行不断挖掘和学习，以获得最优控制方法。

（2）轨道交通自动驾驶。随着人工智能逐步渗透到轨道交通领域，技术的融合、软硬件的协同将成为发展趋势。根据国际公共交通协会（UITP）发布的标准规范，将轨道交通列车驾驶控制技术分为以下 4 种不同的等级。

第一等级（GoA1 级）是非自动驾驶（NTO）模式，即由司机在自动列车保护系统下人工负责控制列车启动、运行、停止、开关车门等操作，以及对突发情况进行处理。

第二等级（GoA2级）是半自动驾驶（STO）模式，即由司机负责控制列车从站台发车以及处理突发情况等操作事项，而列车的启动、运行和停止则是自动完成的。

第三等级（GoA3级）是有人值守的全自动驾驶（DTO）模式，列车需配备一名随车人员进行全程监督，由系统或司机负责关门和从站台发车。

第四等级（GoA4级）是无人值守的全自动驾驶（UTO）模式，即列车的唤醒、启动、停止、开关车门以及应对突发情况等全部实现自动化，无须配备随车工作人员。

不难看出，列车驾驶控制技术经历了从非自动驾驶（NTO）、半自动驾驶（STO）到自动驾驶（ATO）的发展过程。按照标准规范的定义，轨道交通列车自动驾驶（ATO）模式包括两个等级，即第三等级DTO和第四等级UTO。

目前，国内大多数轨道交通列车的驾驶控制技术属于第二等级STO模式，它们广泛应用基于通信列车控制（CBTC）的信号系统。近年来，诸如上海地铁10号线、北京地铁燕房线等全自动无人驾驶模式也在国内初露锋芒，它是一种基于CBTC信号系统的FAO模式。纵观国外轨道交通技术发展历程，列车全自动驾驶技术经过40多年的发展和使用验证，包括DTO和UTO在内的自动驾驶技术已经相当成熟，成为世界城市轨道交通今后发展的主要方向。

目前我国出现的冠以"自动化、无人化"美名的列车自动驾驶系统，实质还是基于"车-地-车"的通信和控制架构，两列运行的车辆间无法进行信息交互，仍需由地面控制中心及轨旁设备发送指挥、控制、监督等各种指令。

与其相反，列车自主驾驶则是一种高级的智能化系统，它像智能机器人一样有视觉，会思考，能自行判断做决定。这就是国产新科技——列车自主运行系统（TACS）。

首先，如今的列车自动驾驶主要依靠地面控制室来实现列车自动化运行的功能，即由控制室工作人员借助计算机、轨旁装置等包括连锁、移动授权控制器在内的信号系统对列车运行进行全方位控制。也就是说，列车能够行进多远仍然受地面控制。而对于列车自主驾驶而言，它除了具备自动驾驶功能之外，还额外给列车配备了诸如传感器、控制器、高速定位仪、高清晰相机等设备，它们就像给列车装上了"大脑"和"眼睛"一样。也就是说，列车有了获取运行环境以及独立思考决断的能力，列车在整个运行过程中始终扮演一个主导者的角色，无须工作人员参与，真正做到了自动化和无人化。

其次，TACS 系统对车辆和信号车载设备进行了深度融合，大大提升了行车承载主体——列车的智能化水平。信号车载设备和车辆之间通过列车上统一的以太网平台互相提供更为丰富的状态、控制信息，这不但减少了硬件接口，而且通过开放的信息交互，信号系统和牵引、制动系统更为紧密结合，使列车控制过程更为精确，从而提高了运营组织的灵活性。

同时，基于车车通信的列车追踪，TACS 系统中后车可通过直接与前车通信来获取前车更多信息，生成平稳的追踪速度曲线，提高乘坐舒适度。

再次，"自主驾驶"的工作模式可以有效地提高列车的运行速度。对同一条线路它可以比"自动驾驶"模式进一步提高发车频次，缩短列车运行间隔时间，改善上下班、节假日高峰时段拥挤及等候状况。

除此之外，"自主驾驶"工作模式还摆脱了"自动驾驶"模式高度依赖地面设施的局面，可将地面设施投资减少到最低程度，有利于旧线改造和节省新线建设、运行和维护的成本，甚至可以降低车票价格。

2.8　其他先进技术

2.8.1　建筑信息化模型

建筑信息化模型（building information modeling，BIM），是指把工程项目中从设计、生产、施工到运维等各个环节信息链接在一起，通过三维数字技术模拟建筑所具有的真实信息，为工程设计和施工提供相互协调、内部一致的数字化模型，从而实现设计、施工、运维一体化。这样可以有效提升协同效率，还能确保建筑在全生命周期中按时、保质、安全、高效、节约完成，并且具全流程数据可追溯性。

BIM 三维技术是当前建筑工程领域中先进的应用技术之一，也是轨道交通工程未来发展不可或缺的重要支撑。

BIM 不是简单地将数字信息进行集成，而是一种数字信息的应用，还是可以用于设计、建造、管理的数字化方法。这种方法支持建筑工程的集成管理环境，可以在建筑工程整个建设进程中显著提高效率，大量减少风险。

BIM 就是利用创建好的 BIM 模型提升设计质量，减少设计错误，获取、分析工程量成本数据，并为施工建造全过程提供技术支撑。

2.8.2 区块链技术

区块链的概念最早可以追溯到 2008 年末。化名为"中本聪"的神秘人士在论坛中发表了一篇论文《比特币：一种点对点的电子现金系统》，首次提出了"区块链"的概念。2009 年 1 月 3 日，区块链的第一个区块诞生，这个区块被称为"创始区块"。

区块链本质上是一个分布式的公共账本，将各个区块连成一个链条。我们可以将其定义为一个系统，它让一组互联的电脑安全地共同维护一份账本，每台计算机就是一个数据库（服务器），中间无须第三方服务器。所以，区块链不是一种特定的软件，就像"数据库"这三个字表现的意思一样，它是一种特定技术的设计思想。就像 TCP/IP 协议和普通人之间的关系，普通人完全不需要知道什么是互联网底层的 TCP/IP 协议，只要享受互联网提供的服务就行。

相比于传统的中心化方案，区块链技术主要有以下三个特征：

（1）区块链的核心思想是去中心化。在区块链系统中，任意节点之间的权利和义务都是均等的，所有的节点都有能力去用计算能力投票，从而保证了得到承认的结果是过半数节点公认的结果。

（2）区块链最大的颠覆性在于信用的建立。理论上说，区块链技术可以让微信支付和支付宝不再有存在价值。《经济学人》对区块链做了一个形象的比喻：简单地说，它是"一台创造信任的机器"。区块链让人们在互不信任且没有中立中央机构的情况下，能够做到互相协作；未来都不需要打击假币和金融诈骗了。

（3）区块链的集体维护可以降低成本。在中心化网络体系下，系统的维护和经营依赖于数据中心等平台的运维和经营，成本不可省略。区块链的节点是任何人都可以参与的，每一个节点在参与记录的同时也在验证其他节点记录结果的正确性，维护效率提高，成本降低。

区块链虽然是一个分布式的公共账本，貌似很简单，但它可能会给人类社会带来革命性的改变。

(1) 机器信任。区块链技术不可篡改的特性从根本上改变了中心化的信用创建方式,通过数学原理而非中心化信用机构来低成本地建立信用。过去网络上流行"怎么证明我妈是我妈"的新闻,这其实是一个用区块链就能解决的问题。过去,我们的出生证、房产证、婚姻证等,需要一个中心节点比如政府背书才能被承认。但一旦跨国,你就会遇到无穷的麻烦,跨国以后合同和证书可能就失效了,因为缺少全球性的中心节点。但我们的出生证、房产证、婚姻证都可以在区块链上公证,变成全球都信任的东西,当然也就可以轻松证明"我妈是我妈"。

人是善变的,而机器不会撒谎。区块链有望带领我们从个人信任、制度信任进入到机器信任的时代。

今天,互联网也是新一代"大型合作网络",互联网上的领袖就是超级信任节点,他们的信任靠的是长时间的积累。机器信任其实是无须信任的信任。区块链技术则用代码构建了一个最低成本的信任方式——机器信任。我们不需要相信语言和故事,只需要知道哪些区块链上的代码会执行,也不需要担心制度会被腐败掉,就可以做到互相协作,低成本构建大型合作网络。

(2) 价值传递。传统的互联网不是为传递价值而生的。互联网上信息的传输,本质是信息的拷贝。而现实中的货币流通要依靠中心化的组织背书来维护运行。比如微信支付、支付宝、银联等。但现在有哪家公司能活 1000 年以上?因此,依靠中心化的方式实现价值传递,弊病很多。而区块链是第一个能够实现价值传递的网络,区块链技术有望带领人类从信息互联网过渡到价值互联网的伟大时代。

互联网的出现使信息传播手段实现了飞跃,信息实现了高效流动,但互联网价值传递的效率依然很低。当前互联网上的电子货币本质上依然是传统的纸币,跨国支付也依然是个大问题。而区块链的诞生正是人类构建价值传输网络的开始。它将使人们能够在网上像传递信息一样方便、低成本地传递价值,这些价值可以表现为资金、资产或其他形式。对于价值传递,价值流动越快,社会就越有活力。因为价值互联网,人类社会也必将迎来一场更完美的革命。

(3) 智能合约。区块链的智能合约是条款以计算机语言而非法律语言记录的智能合同。智能合约让我们可以与真实世界的资产进行交互。当一个预先编好的条件被触发时，智能合约执行相应的合同条款。一个典型案例：爷爷生前立下一份遗嘱，声称在其去世后且孙子年满18周岁时将自己名下的财产转移给孙子。若将此遗嘱记录在区块链上，那么区块链就会自动检索计算其孙子的年龄，当孙子年满18周岁的条件成立之后，区块链在政府的公共数据库等地方检索是否存在爷爷的一份离世证明。如果这两个条件同时符合，那么这笔资产将会不受任何约束地自动转移到孙子的账户。这种转移不会受到国界、外界阻挠等各种因素的制约，并且会自动强制执行。

目前，全球首个区块链机器人攻克"信息孤岛"协同瓶颈。数字化时代，备受关注的"信息孤岛"协同难题被全球首个区块链机器人解决。在2018年4月于福州召开的首届数字中国建设峰会上，哈尔滨工程大学电子政务建模仿真国家工程实验室和价值链技术（深圳）有限公司联合研发的具有自主知识产权的全球首个区块链机器人正式亮相，为机器人家族再添新成员，为数字中国建设提供了国际领先的国产装备。

在纷繁缭乱的区块链应用实践中，交通、金融和物流被公认为目前"最具开发价值"的三大领域。其中，关于"区块链+停车"的探索已领先开局。区块链与停车场景的结合，对当前杂乱无序、放任自流的停车行业将形成倒逼效应，从而有望重构行业价值体系和秩序规则。区块链是一种能够实现数据一致存储、无法篡改、无法抵赖的信用技术体系，反映在停车大场景内就是利用区块链的去中心化、共识机制、资产数字化、智能合约、信用管理等特性，综合采用高清电子图像识别、车位导航、线上支付等停车管理技术，实现智能缴费停车、预约停车、共享停车、信用停车管理、车位资产数字化等应用场景。对于超时停车、逃费在内的违规行为将以扣除信用分的方式管理。

2.8.3 3D打印技术

3D打印是科技融合体模型中最新的高"维度"的体现之一，也是增材制造的一个子集。美国试验材料学会将增材制造定义为：相比于减材料制造方法，其是利用三维模型数据逐层连接材料的过程，是制造业颇具代表性的颠覆性技术，实现了从等材、减材到增材的巨大转变。相比传统制造工艺，打印可以满足不同的需求和要求，时间和空间限制小，可进行参数化制造，精度高，无须人工过多操作，节省了大量的原材料。

3D打印机又称三维打印机（3DP），是一种累积制造技术即快速成型技术的一种机器，它是一种以数字模型文件为基础，运用特殊蜡材、粉末状金属或塑料等可黏合材料，通过打印一层层的黏合材料来制造三维的物体，通过逐层打印的方式来构造物体的技术。现阶段3D打印机被用来制造产品。3D打印机的原理是把数据和原料放进3D打印机中，机器按照程序将产品一层层造出来。3D打印机与传统打印机最大的区别在于3D打印机使用的"墨水"是实实在在的原材料，堆叠薄层的形式多种多样，可用于打印的介质种类多样，包括塑料、金属、陶瓷以及橡胶类物质。有些3D打印机还能结合不同介质，令打印出来的物体一头坚硬而另一头柔软。

3D打印带来了世界性制造业革命。以前部件设计完全依赖于生产工艺能否实现。而3D打印机的出现颠覆了这一生产思路，使企业在生产部件的时候不必考虑生产工艺问题，任何复杂形状的设计均可以通过3D打印机实现。3D打印无须机械加工或模具就能直接根据计算机图形数据生成任何形状的物体，从而极大地缩短了产品的生产周期，提高了生产效率。

3D打印技术自诞生以来，在医疗、教育、运输等很多领域取得了很大进展，在铁路行业也不例外。铁路运营制造过程中，需更换损坏部件的时间较长以及成本较高。为降低成本，同一个产品需生产很多，再将多余产品储存起来。这占用了制造的时间和储存的空间。将3D打印技术应用于对打印密度和精度要求标准高的铁路管道设施及扣件，其灵活性和便捷性使生产效率有了极大的提高。

荷兰铁路公司（NS）已经开始引入3D打印设备对其列车进行维护，目前已有20多种设备可以采用3D打印技术进行生产，并计划将范围扩大到50种。NS目前已经在开行列车上安装了3D打印的设备。3D打印可以减少设备的交付时间并缩短维护时间。NS表示，希望可以与具有更广泛3D打印经验的供应商沟通联系，进一步扩大3D打印在列车维护中应用的范围。

NR的轨道几何（ATG）工程师团队开始使用3D扫描技术收集有关轨道和周边设备的详细信息（如桥梁、护栏和隧道等信息）。3D扫描技术进一步保障了铁路工程师的安全，减少了工作人员在轨道线路上花费的时间，并且数据的详细程度及准确性都得到了提高。

2.8.4 虚拟现实技术

虚拟现实技术是一种可以创建和体验虚拟世界的计算机仿真系统。它利用计算机生成一种模拟环境，向使用者提供视觉、听觉、触觉等多种感官刺激，通过头盔式显示器、手势（数据手套）、体势（数据衣服）和自然语言等方式与这一环境（以及其中的虚拟物体、人物）进行实时交互，给用户提供一种身临其境的沉浸感受，是一种多源信息融合的交互式三维动态视景和实体行为的系统仿真，使用户沉浸到该环境中。VR 技术已经成功应用于军事、医学、工业、电力以及危险性高的培训与演练领域，可为学员提供多种非语言素材、文字、图形、图像、声音等有机融合的虚拟环境，可大大提高学员学习的积极性和主动性，加深学员对学习内容的掌握。

虚拟现实技术是仿真技术的一个重要方向，是仿真技术与计算机图形学人机接口技术、多媒体技术、传感技术、网络技术等多种技术的集合，是一门富有挑战性的交叉技术前沿学科和研究领域。虚拟现实技术主要包括模拟环境、感知、自然技能和传感设备等方面。模拟环境是由计算机生成的、实时动态的三维立体逼真图像。感知是指理想的 VR 应该具有人所具有的一切感知。除计算机图形技术所生成的视觉感知外，还有听觉、触觉、力觉、运动等感知，甚至还包括嗅觉和味觉等，也称为多感知。自然技能是指人的头部、眼睛转动、手势或其他人体行为动作，由计算机来处理与参与者的动作相适应的数据，并对用户的输入作出实时响应，并分别反馈到用户的五官。

虚拟现实是多种技术的综合，包括实时三维计算机图形技术，广角（宽视野）立体显示技术，对观察者头、眼和手的跟踪技术以及触觉力觉反馈、立体声、网络传输、语音输入输出技术等。

近年来，虚拟现实技术已逐步应用到轨道交通仿真领域。轨道交通仿真就是运用三维虚拟技术与仿真技术模拟出从轨道交通工具的设计制造到运行维护等各阶段、各环节的三维环境，用户在该环境中可以"全身心地"投入到轨道交通的整个工程之中进行各种操作，从而拓展相关从业人员的认知手段和认知领域，为轨道交通整个工程建设节约成本与时间，提高效率与质量。其包括三部分内容：

（1）虚拟设计。虚拟设计包括轨道设计、轨道交通工具设计及轨道交通环境设计。虚拟现实技术并不直接参与轨道交通设计，而是作为设计师的一个高效辅助工具帮助设计师节约设计时间，提高设计质量与效率。

（2）虚拟装配。为保证轨道交通工具设计符合流体力学、工程力学等各种学科的要求，利用计算机技术实现各部件的虚拟装配，方便检查出各个部件之间的嵌合度和兼容性。此外，虚拟装配还可以深入发展为交互式三维虚拟培训环境，让受训人员在沉浸式环境中熟悉各个部件及装配过程，提高学员的设备装配能力。

（3）虚拟运行。在列车投入使用前，利用三维虚拟仿真技术模拟列车运行时的状态、各部件变化情况及周边环境变化情况，检查列车运行的可行性。还可以利用计算机更改部分数据，观测列车因数据变化而受到的联动影响，从而总结出更多列车运行经验，有效地规避列车正式投入使用后的风险，提高相关工作人员应对突发情况的处理能力。

另外，虚拟现实技术也可用于铁路运输教育与培训领域。传统的职工培训方式是通过平面图纸及文字介绍让职工去理解与记忆。而今，上海车辆段结合虚拟现实技术开发了相关培训系统，VR技术使车辆的各个部件能够立体完整地呈现在员工面前，并展示铁路主型货车车辆各部件三维实景、配件名称、检修要求，增强职工对车辆结构新技术、新配件的认知，使职工掌握检修工艺要求。对每个分解后的车辆配件，职工均可通过鼠标点击查阅配件名称及运用、检修技术要求，有利于职工随时学习掌握车辆配件检修限度要求。同时，该培训系统具备三维旋转和推拉放大功能，通过鼠标和滚轮的动作，实现对三维车辆配件进行360°旋转和全量放大。职工还可以看到部件内部结构，从内部去了解部件的工作原理。这样不仅能使职工快速掌握车辆基础知识，也能开拓职工的视野，提高职工的学习兴趣。

第3章 铁路信息化

3.1 铁路信息化概述

信息技术是当代高新技术中发展最快的具有带头作用的技术,正在把人类数千年来的种种梦想变为现实,并为信息能在当今社会政治经济发展中发挥关键作用提供必不可少的支撑条件。虽然感测、通信、智能和控制这四大技术在信息系统中各司其职,但从技术要素层次上看,它们相互包含、相互交叉、相互融合。随着信息技术的进步、网络的普及,信息系统正向信息与功能的集成化、数据采集的在线化和实时化、数据存储的大型化、数据传输的网络化、信息处理的智能化方向发展。

信息化起源于数字化。计算机的普及、网络的应用构成了信息化的基础,但信息化又超越了数字化。所谓信息化,是指社会经济的发展从以物质与能量为经济结构重心,向以信息与知识为经济结构重心转变的过程。

铁路信息化是铁路发展的战略制高点。铁路的网络型特征决定了其离不开信息化的支撑。铁路信息化覆盖运输安全、运输组织、技术装备、客货营销、经营管理等各个方面,对各种生产要素起到倍增和催化作用,使铁路工作的效率和质量大幅度提升。铁路信息化就是应用先进的计算机网络技术和先进的管理理念,收集和整合铁路运输组织、客货营销、经营管理、安全生产、铁路建设的知识和数据,及时为客户提供优质服务,为铁路的决策层、战略层、战术层提供准确有效的决策信息,以便对客户或市场的需求作出快速反应,其本质是加强铁路的"核心竞争力"。经过几十年的发展,铁路信息化已经成为铁路运输生产、客货服务和行车安全不可缺少的一部分。

信息化与智能化虽然可以提高运行效率,但是也提高了系统的复杂程度。信息化离开运营需求,为实现信息化而信息化是不科学的。目前并不鲜见以信息化和智能化为借口,不断增加城市轨道交通设备系统,导致一些机电设备系统越做越复杂，但从运营实际效果来看，故障情况下乘客和管理人员需要的信息仍不够，维护人员最需要的反映设备及系统状态的信息也不多。信息化的前提是需求稳定、流程固化。建设时应以需求为导向，加强管理模式、管理架构、管理流程以及管理系统的顶层设计。在需求稳定和流程固化的情况下，信息化建设才可以有效提高系统运行效率、管理效率。

智能化要以信息化为基础，轨道交通智能化应用要厘清决策判断及信息采集的需求。智能化系统的开发也应遵循"需求导向"的原则，首先明确决策需求和内容，再以关联因素分析为根本依据，确定信息采集的需求。例如轨道交通各系统的在线监测系统，应在了解在线监测的需求并具备对监测数据进行分析的基础上实施，要避免盲目增加在线监测设备造成的投资浪费，以及增加系统复杂性。在线监测的数据必须有运营维护人员实时处理，对不影响运营安全的设备系统的监测数据或者可以运营结束回库后下载的数据，没有必要实时在线监测，以避免造成浪费。总之，信息化和智能化在城市轨道交通中的应用要以需求为根本。

3.2 国内外铁路信息化的现状及发展趋势

3.2.1 国外铁路信息化的现状

国外将最新的信息技术应用于铁路的生产与管理，铁路运输正向系统化、智能化和准时化方向发展。

1. 美国铁路信息化

美国联邦铁路局2002年制定的铁路研究、开发与示范5年战略规划中明确指出，智能铁路（IRS）是未来铁路发展的方向，并将智能铁路系统中部分关键系统的研究列入具体规划中。其智能铁路系统就是集成新的传感器、计算机和数字通信技术等，用于列车控制、制动系统、平交道口、故障检测、计划及调度系统，目的是使铁路灵活地响应运输市场的快速变化。IRS简化结构如图3-1所示。

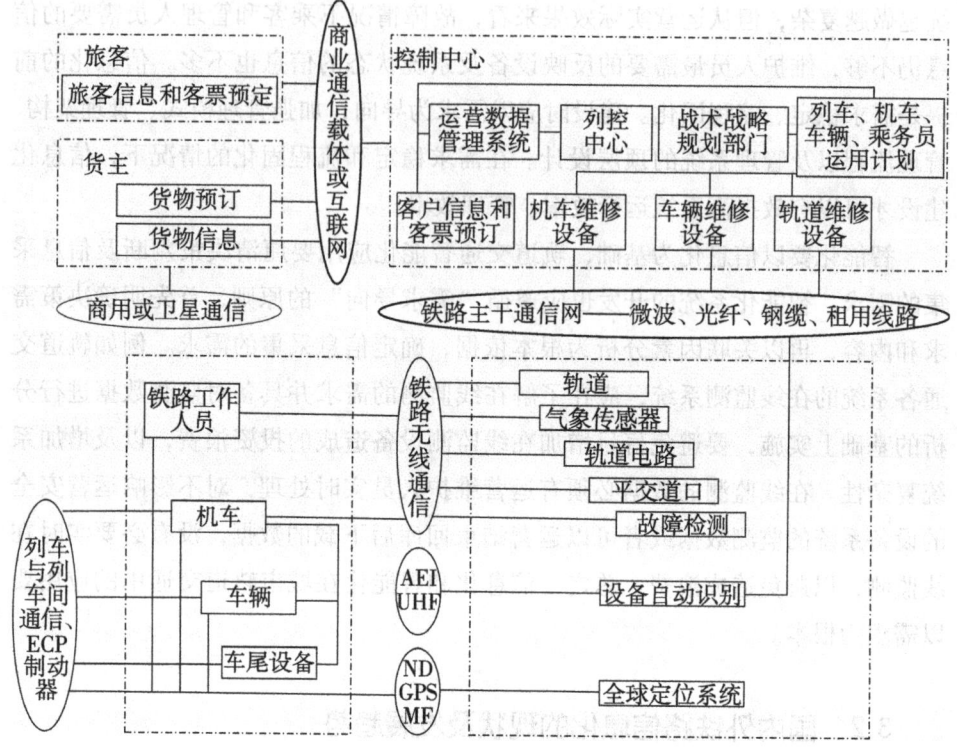

图 3-1 美国智能铁路系统简化结构

美国智能铁路系统技术包括数据数字通信网、国家差分 GPS 系统、主动列车控制系统、电控空气制动机、知识显示接口、轨道挤压监视传感器、车辆部件传感器、智能平交道口系统、智能气象系统、调车场管理系统、机车调度系统、车辆预订和调度系统、生产管理系统等。

2. 欧洲铁路信息化

20 世纪八九十年代,欧洲交通系统面临很多问题,其中主宰并引导铁路经营的有法国、德国、意大利、英国、奥地利等。为建立全欧洲铁路网统一的铁路信号标准,保证各国列车在欧洲铁路网内互通运营,提高铁路运输管理水平,欧洲共同体于 1989 年 12 月设立了 ERTMS (european rail traffic management system),即欧洲铁路管理系统,其总体架构如图 3-2 所示。

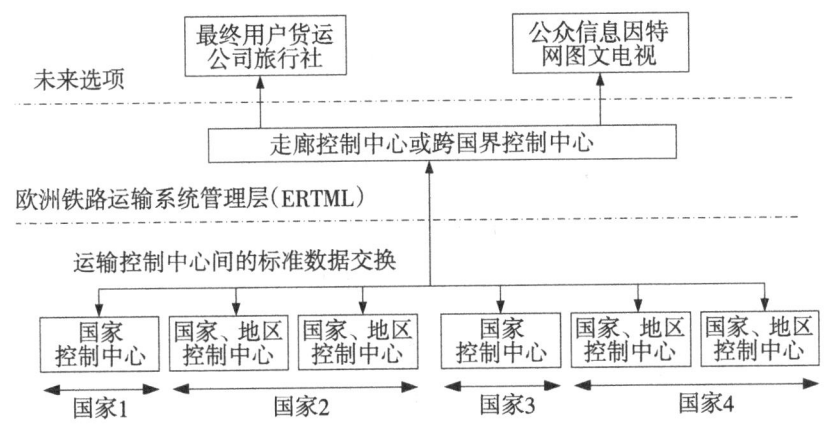

图 3-2 ERTMS 总体结构

欧洲铁路运输管理系统包括以下组成部分：数据采集系统、安全可靠的数据处理或信息系统、实现信息化运输与用于定位标识的传输和位置网络。该系统具备欧洲铁路连锁功能，系统建立的目的在于建立全欧洲铁路网统一标准，保证各国列车在欧洲铁路网互通运营，并提高铁路运输管理水平。

ERTMS 应用范围主要包括调度员—司机间的运营通信、列车自动控制、调车作业、远程遥控、紧急情况区域广播、车站和维修段的地区通信、旅客服务等。

ERTMS 系统以 ETCS 为标准、GSM-R 为平台、欧洲点式应答器为定位手段，包括 ETCS 管理和运输管理，其主要功能包括：

（1）运营指令控制，确保列车在路网中的运营安全。

（2）运输管理，处理车辆和基础设施管理问题，保证对线路能力和车辆应用的优化配置。

（3）分组无线业务，如 ETCS 业务以及物流、诊断、远程控制等运营服务。

3. 日本铁路信息化

日本铁道技术研究所于 2001 年开始综合使用信息和通信技术的智能铁路系统的研究，称其为 CyberRail，旨在提高铁路运输效率和能力，增强个人的流动与旅客相关的商机，提供集成统一的标准化信息，提高铁路运输系统的安全性和可靠性。CyberRail 用户服务可分为四个领域：面向需求的运输规划和调度、多式联运信息和个人导航、列车智能控制、通用信息平台，如图 3-3 所示。

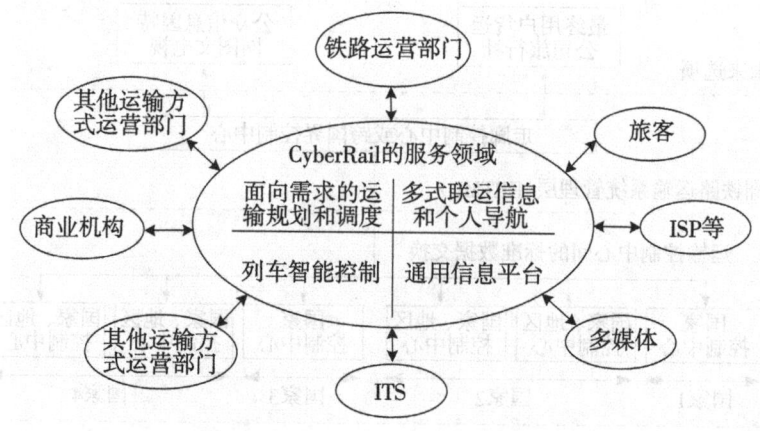

图3-3 CyberRail的用户服务领域

（1）面向需求的运输规划和调度。从旅客的角度出发，优化制定无序状态下调整列车时刻表进行列车运行控制。

（2）多式联运信息和个人导航。帮助旅客在出发前制定或旅程中修改联运旅行计划，根据旅客预定的路线引导旅客。当旅客出现迟到或越站或交通服务方面原因（列车晚点或因事故、阻塞等导致列车停运）导致旅客改变路线时，系统能够快捷、方便地帮助旅客修改旅行方案。

（3）列车智能控制。用于实现更为先进的基于通信的列车控制系统，其增强功能主要体现在预报列车控制、监视和障碍物检测、对在轨道上工作的工人及维修车辆的保护等三个方面。

（4）通用信息平台。用于铁路运营相关信息的发布和管理，用户可以通过通用的信息平台及时获取相关信息，掌握信息动态。

总之，随着计算机技术和网络技术的不断发展与应用，各国都在构建客户服务中心，提供全程运输服务；应用现代信息技术，提高运输生产效率；积极推行电子客货票，加强运输过程管理；大力发展电子商务，拓展客货运营销渠道等。

3.2.2 我国铁路信息化的现状及发展趋势

2003年，原铁道部成立了信息化领导小组及办公室（以下简称"信息办"），信息办做的第一件事是编制和发布了铁路信息化总体规划。在铁路信息化总体规划的指导下,铁路信息化有了进一步发展,铁路的计算机网络建设从大站连接到小站、车间和班组。计算机硬件实现了共享和资源整合。铁路建立了安全平台,将铁路内部局域网络划分成安全生产网、内部服务网和外部服务网,为发展互联网应用奠定基础。铁路客票系统实现了互联网售票,使旅客足不出户就可以购买到火车票。铁路建成货运电子商务系统,使货主坐在家里就可以发货,可以追踪货物的位置和状态。铁路的电子支付系统支持客货运互联网支付,加快资金的流转和保证资金安全。为高速铁路研发了运调、CTCS、CTC、PSCADA、旅客服务等信息与控制系统,保证了高速铁路调度指挥、安全运行,提高了铁路客运服务的水平;研发了编组站综合自动化系统,提高了编组站自动化程度。其他运输组织、客货营销、经营管理等信息系统均有一定的发展,铁路信息化呈现全面应用发展的局面。

目前,铁路信息化正面临如下方面的挑战,主要包括:立足于高起点,以信息系统集中整合、数据中心、统一共享平台、灾备中心、大宽带信息网络建设为标志性工程,加快信息化基础设施建设;建设覆盖面全、集成度更深、智能化更高、安全性更强、互动性更好、可视化更优的企业资源整合管理系统;深化应用,持续提升,全面建设高标准、一体化的智能铁路信息系统,实现建成信息化企业的目标;推进铁路智能运输系统工程建设,加快建设基于电子商务的现代物流信息平台、客货营销系统、安全运营指挥系统、综合经营管理、安全监测检测与综合管理系统等,推进各专业领域信息化应用。

1. 铁路运输面临的信息化任务

(1)调度智能化。实现国铁集团、局调度指挥的计算机管理,初步建成覆盖全路的运输调度指挥系统;结合客运专线建设,逐步建成适应客运专线运输组织模式的调度指挥系统;建成列车运行控制系统;六大干线初步建成行车安全监控系统;建成集装箱、行包、特货等专业运输管理系统,初步实现对列车、机车、车辆、货物、集装箱的实时追踪。

(2)营销信息化。全路取消常备票,实现计算机售票,加强客票销售过程的管理和控制,提高在途列车席位的管理能力和使用率,建成网上客运信息发布系统。新建客运专线、大型客运站和主要列车建成自动售检票系统和客运服务系统,实现货运订单的电子化管理,实现大货主的集中管理,提供网上货运信息服务。建立铁路电子商务门户网站,实现网上客票的预约、预订和货运手续办理。建成电子数据交换系统,实现与港口、海关、其他行业及相关监管部门间的信息交换。

(3) 管理信息化。建成车辆、机务、工务、电务检修、运用与管理信息系统,推进车辆修程改革,支持机车长交路、大范围的运用,初步实现全面预算的信息化管理,逐步实现网站公众服务功能;实现以电子邮件、公文流转、信息发布为主要内容的数字化、网络化办公;为主要管理者提供个性化服务;初步建成铁路决策支持系统,提供个性化、专题化、智能化营销分析和决策支持。

2. 我国铁路信息化发展趋势

我国铁路信息化发展主要趋势:智能化、集成化、物联化、一体化、标准化、网络化、虚拟化、多媒体化、平台化。

(1) 系统高度集成,信息交互效率更高。针对目前信息系统没有构成有机整体,大多数系统各自独立,信息资源难以共享,综合应用难以展开,整体效益难以发挥等状况,需要从系统集成的角度对铁路各业务应用系统进行合理优化,使铁路运输生产中的各类信息资源得到整合与集成,同时加强各子系统之间的集成度,使各业务部门协同作业,实现铁路运输生产过程的全程信息化管理和作业的远程集中控制,有效消除信息孤岛与自动化孤岛。

(2) 铁路信息化与铁路业务的全面融合。铁路信息化进一步发展需要增强信息技术能力和信息系统能力的建设,特别应注重动态能力的建设,推动铁路业务、技术的创新发展。在提单运输生产与服务、经营管理等各个方面建立普适计算的环境,形成泛在的信息和网络,发展具有动态能力的计算与存储平台。此外,为促进铁路信息化的发展,需要积极促进铁路信息化与铁路业务全面融合,加速铁路发展方式的转变,建立铁路整体融合发展战略。

(3) 铁路信息系统建设体系化。铁路业务发展目标的实现取决于所有参与铁路运营的系统的整体能力。而整体能力不是由单个系统的属性决定的,而是由多个系统相互作用产生的。受到运输生产环境和社会经济环境形势转变的影响,铁路的发展已经由重视技术装备和技术平台建设转变为重视整体体系的能力发展。

(4) 铁路智能化系统建设。面对铁路运输高速化、重载化、密集化的发展趋势以及铁路运输不断增长的客货运需求,智能铁路是未来的发展方向,是实现绿色铁路和铁路可持续发展的基础,是铁路现代化水平的整体体现。通过应用计算机技术、信息处理技术、地理信息技术、数据通信技术等采集、传输、共享来自铁路运输环境中的各类信息，并根据上述信息进行决策和控制，实现提留信息互联互通、信息资源共享、智能处理、协同工作。随着智能铁路的发展，铁路不断具备新的能力，适应新的环境，履行新的使命。

（5）安全信息综合共享平台。该平台系统由四个模块组成，"安全信息"模块由安监值班监察维护，用于事故、故障、安全信息的录入。"典型问题"模块主要用于处室、站段对现场检查的典型问题等信息的上报录入。"追踪分析"模块主要用于日常安全信息分析追踪内容下发和反馈等。"统计查询"模块主要用于各专业系统的安全信息数据分析，所需数据根据设定条件可自动生成、导出图表或 Word 文档。

3.3　铁路客运信息化

3.3.1　客票发售与预订系统

客票发售和预订系统 TRS 是覆盖全国铁路的大型计算机网络应用系统。TRS 的建设和运用彻底改变了我国铁路客票近百年的手工作业方式，使硬版票成为历史，缓解了长期存在的买票难问题，提高了铁路客运经营水平和服务质量，受到广大旅客的欢迎，改善了铁路的企业形象，取得了良好的社会和经济效益。TRS 由国铁集团客票中心、地区客票中心和车站售票系统三级构成。车站售票系统主要负责售票的实时交易服务。地区客票中心主要负责以座席为核心的调度控制和客运业务管理。国铁集团客票中心主要负责全路客运的协调管理、营销分析，并保障全路的联网售票。目前全路已建成国铁集团客票中心 1 个、地区客票中心 22 个、计算机售票车站 2183 个、联网车站 1385 个，通过联网售票系统发售的客票约占全路客运发送量的 90% 以上，客票收入的 95% 以上。

3.3.2　铁路旅客服务信息系统

铁路旅客服务信息系统主要包括铁路车站旅客服务信息系统和铁路客户服务中心系统。平台采用车站、区域中心（路局）两级架构，能实现列车运行和客运计划的集中管控、信息共享和统一授时。路局平台以生产调度为核心,以票务信息为基础,集成综合指挥、车站管理、列车管理、票务管理、监控管理、信息管理、会议管理和移动服务等功能,通过统一的接口协议及规范对所辖车站集成管理平台进行集中管控。车站平台接受路局的监管,以实时调度信息为基础,以到发管理为中心,综合集成到发管理、AFC、客运广播、引导揭示、视频监控等旅客服务子系统,新增综合指挥、信息管理、智能监控和设备管理等功能。

旅服系统通过与列车调度指挥系统 CTC/TDCS、客票系统等网络连接,完成对车站旅服系统各功能模块的业务综合处理,实现旅客服务信息共享和功能联动,为旅客进出站、候车、乘降等提供实时、准确的信息和服务。旅服系统主要由综合显示、广播、视频监控、时钟、查询等子系统组成,通过集成管理平台对各子系统进行操作控制,完成信息查询及发布、业务维护、设备监控等业务。

3.3.3 铁路客户服务中心

随着互联网时代的到来,互联网已经变成人们工作、生活的一部分,而铁路也不例外。铁路早在 2009 年就在 18 个铁路局开通了 12306 全国铁路统一客户服务电话,客户只要在本地拨打 12306 就能享受到当地 12306 语音自助和人工在线的电话服务。随着电话品牌效应的提升,2010 年又开通了铁路统一的 12306 网站。经过几年的运行,12306 网站已经发展成为全国知名的网站之一,春运售票高峰时,每天点击量能达到百亿次。12306 网站提供各种铁路的客运和货运综合信息查询,以及客运订票和货运订单等查询服务。

目前,12306 语音客服系统正在进行分布集中的整合,并提供微信、短信、客户信箱等多媒体服务方式;12306(95306)网站正在变成集购物、旅游、商贸、物流于一体的网站。同时,经过一些铁路局和车站的试点,国铁集团正在高速铁路列车上建设 Wi-Fi 系统,必将为乘车旅客提供更多的信息及视频服务。

3.3.4 铁路客运营销分析系统

对铁路业务来说,组织列车运行对应生产环节,组织客票销售对应销售环节,进站上车的旅服对应服务环节,以上环节共同形成了客运管理的闭环。客运营销的目的就是研究旅客的需求,研究旅客需要什么产品(列车),如何销售这些产品（客票），如何提供更好的（站车）服务。客运营销就是通过客运市场调查和分析来设计出适合广大旅客出行需要的列车产品和服务，提高旅客出行满意度，提高铁路客运效益。

从客票系统3.0实现全国联网售票后，国铁集团就开始进行客运营销信息系统的建设。国铁集团先是从春运办信息系统开始，建立了数据仓库，开展营销分析。各铁路局在客运营销系统方面也做了大量工作，北京铁路局客运营销系统2002年通过了鉴定，成都局2003年也开发了铁路局客运营销分析系统。2010年客运营销辅助决策系统V1.0版投入使用。该系统分成国铁集团和铁路局两级，利用数据仓库技术实时分析客票数据，系统的运行在运输组织方面发挥了较大作用。

营销的本质是快速将客户的需求商品化。铁路客运营销就是通过市场调查来深入了解旅客需求，使铁路生产的产品满足旅客消费需求的变化。所以，对于客运营销信息系统来说，就是为国铁集团、铁路局、车站客运管理人员提供一种工具，及时获取旅客客运消费需求的变化，以便制定产品销售策略，包括列车开行方案、票额分配计划、客票定价策略、客票销售方案等。

3.4 铁路货运信息化

铁路货运信息系统主要包括货运营销信息系统、货运信息系统、行包信息系统、物流信息系统、货物追踪和运输信息集成平台、货运保价信息系统，整体架构如图3-4所示。

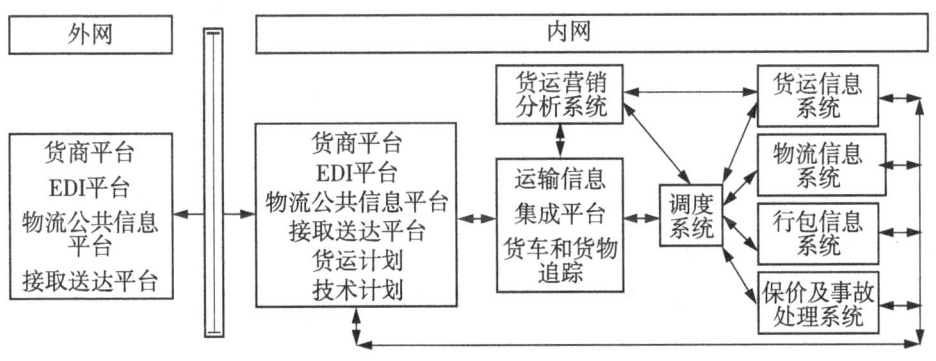

图3-4 铁路货运信息系统整体架构

3.4.1 铁路货车与货物动态追踪信息系统

1994年全路启动了铁路运输管理信息系统（TMIS）的建设，其核心是建立大集中的机车、车辆运用管理系统，所有货运机车特别是车辆的货运作业，都产生TMIS报告，根据报告实现货车与机车的动态追踪。所以，货车追踪功能被称为TMIS的标志性工程。但是，由于受网络环境的制约，TMIS的建设半途夭折。1996年铁道部启动了车号识别（ATIS）系统工程建设，并于2002年基本建成，实现了货车与货物大节点追踪。1998年启动了集装箱追踪信息系统建设，并于2003年全路投入运行。2004年铁道部信息办提出了建设集成平台的建议，2004年底基本完成了怀化和石家庄铁路分局的试点。后由于撤销铁路分局等原因，项目未能继续。但是，沈阳铁路局一直坚持集成平台的研发，并于2012年投入运用。2013年国铁集团建成全路运输信息集成平台，完全实现了1994年提出的TMIS设计目标。

车号识别系统和大节点追踪系统是我国最早大规模应用RFID技术的信息系统。由于铁路货车车辆没有固定的径路，今天在新疆地区的车辆，10天后可能就到了福建，再过10天可能到了东北。因此掌握每一车辆的位置、状态和运行轨迹，实现货车车辆的追踪一直是铁路部门迫切需要的信息系统功能之一。大节点追踪系统通过在货车上安装RFID车号标签，在轨道旁安装标签的读出装置，实现了基于车号的货车追踪。

3.4.2 铁路货运营销信息系统

货运营销信息系统的主要功能是收集客户的货运需求数据，并根据收集的数据制订货运计划和技术计划。早期的货运营销系统主要解决铁路运能紧张问题，实现根据运能安排运力，其主要反映在月计划的审批，严格要求按批准的计划号装车。货运营销信息系统应该包括运营与生产管理系统（FMOS）、技术计划管理信息系统、EDI系统、货运电子商务系统，具有客户关系管理功能、运价管理功能、货运营销分析功能等。

铁路货运电子商务系统、货运计划管理系统、货调系统、货票系统数据实现互联互通后，铁路货运营销信息系统已经积累了客户预约、订车、货票的基本信息，通过信息多维度、多时间段、多种查询条件和多展示方式的统计和分析，可以从运量运费、装车走势、订车兑现、收入、货物流向等角度研究客户运输行为，提出各个角度下客户运输分析重点评价指标与分析方法，明确不同客户运输行为特点，提升铁路服务质量。

通过平台建设，有效组织各层级市场调查、日常监测、营销分析等，支持铁路货运营销策略的制定和经营生产决策。

互联互通后，铁路货运营销信息系统积累了大量的货运市场和运输生产信息，挖掘这些数据的价值，建立起全路统一完整、上下联动的货运营销信息服务平台，辅助铁路货运营销，提高整体生产效率和综合经营效益。

掌握铁路货运需求情况，分析铁路运量的构成和变化，研究铁路运力（产品）的市场适应能力，进而分析铁路货运经营收益情况，并细化到每个客户的基本信息、运输情况，分级分类以客户为单元深入研究货运市场的变化和铁路营销策略，从而促进铁路运输发展方式的根本性变革。

兼顾客户需求与运力资源，运用数据融合、智能决策、大数据分析、可视化等信息技术，通过进一步细分客户和市场，实现更加灵活的营销策略。

充分收集整理加工现行货运相关信息系统的数据，生成多角度、多维度的统计分析数据，减少各级营销人员统计制作报表的工作量，便于货运营销人员及时准确掌握货运生产和货源货流的变化情况，强化铁路对货运市场的研究分析，提高铁路货运产品供给能力和适应性。同时，建立起国铁集团、铁路局、站段、车站多级市场信息的收集交互渠道，及时掌握市场的变化情况。

3.4.3 铁路货运信息系统

车与货的实时追踪管理是TMIS运输管理系统的核心。系统提供的信息有列车动态信息、主要技术站信息、分界口信息、装卸车信息、篷布信息、集装箱信息、货票信息、特种车信息、车辆信息及空车调整信息等。

1. 货车管理信息系统

全国铁路货车拥有量只是一个宏观数字，货车位置与状态的变化又是实时数据，铁路货车车型、车号编码不规范，车辆重号现象比较严重，有关货物统计信息误差大。同时，铁路货车无固定配属，全路通用铁路货车无固定修理地点，货车数量多、分布广、动态变化快，铁路货车的运用与检修隶属不同部门。因此，管好、用好铁路货车是提高铁路运输能力的重要基础。货车管理信息系统（CMIS）是解决全路货车管理问题的唯一途径，主要由货车运行和货车检修两个大类组成，包括以下主要子系统：

（1）货车运行管理信息系统。货车运行管理信息系统包括货车实时追踪管理信息子系统、编组站货车管理子系统、现在车及车流推算信息子系统和列车确报信息子系统。

（2）货车检修管理信息系统。货车检修管理信息系统包括车号管理信息子系统、计划管理信息子系统、调度管理信息子系统、段修和入段管理信息子系统、站修管理信息子系统、厂修及新造车管理信息子系统、轮对管理信息子系统、工厂验收管理信息子系统和企业自备车管理信息子系统。

2. TMIS 的货运信息管理系统

货运信息管理系统是指与车站货运作业有关的所有信息管理系统，包括现在车管理、确报管理、货票制票、集装箱管理、特货管理、装卸作业管理、货检作业、仓储管理等。货运信息管理系统是 TMIS 的一个重要组成部分，其最终目标是通过在国铁集团建立起完整的中央货票信息库，充分实现资源共享；在满足铁路现行管理需要的同时，实现货票信息的实时处理，为铁路各级业务和决策指挥部门以及用户提供准确及时的货票信息，与其他系统协同使用。

货运改革后，把货运分为前店和后厂，货运信息管理系统属于后厂信息系统。强调通过后厂信息系统的整合，为前店提供快速、强有力的支撑。

3.4.4 铁路物流信息系统

物流信息化是指物流企业运用现代信息技术对物流过程中产生的信息进行采集、分类、传递、汇总、识别、跟踪、查询等一系列处理活动，以实现对货物流动过程的控制，从而降低成本和提高效益的管理活动。物流信息化是现代物流的灵魂，是现代物流发展的必然要求和基石。

铁路是传统的物流企业，在"互联网+"战略指引下，应按照统一规划、分步实施、重点突破、加快推进的原则，充分利用云计算、物联网、大数据等信息技术建立铁路物流信息化标准体系，大力推进铁路物流信息化建设，建成中国铁路 95306 网和铁路物流综合信息系统，搭建铁路共用物流信息平台，整合完善铁路既有信息系统，实现铁路内外部物流信息资源共享共用和互联互通，以信息化促进铁路货物运输向现代物流转型，为铁路物流发展提供强有力的支撑与保障。

3.5 调度和行车组织信息化

3.5.1 运输调度管理系统

自 2008 年以来，国内各铁路局和国铁集团推广实施了运输调度管理系统（TDMS）。系统包括国铁集团、铁路局、站段三级系统，旨在实现调度系统"协同计划编制、辅助决策支持、信息采集处理、统一建模维护"四个方面的目标，实现各级调度及各调度工种间协同编制，动态生成完整的调度工作日班计划。

运输调度管理系统（TDMS）主要功能包括：

（1）建立调度计划编制平台，实现日（班）计划协同编制。系统通过建立"调度计划协同编制平台"，努力实现"横向局间接续编制、局内多工种协同编制货运、列车和机车三大工作计划，纵向部、局、站段三级协作编制轮廓与日（班）计划"的建设目标。在实现信息共享的同时充分发挥计算机优势，为各调度工种提供统一的计划编制平台，各工种数据经平台计算后生成完整的调度日（班）计划，实现"一日一图"，构建全局完整日（班）计划。系统将调度员所在管辖区段内的作业经推算放大为全局范围内的作业，并根据相关工种信息提供相应的实时指标统计，为编制计划提供决策支持。

（2）建立完善各调度工种系统功能，实现运输生产闭环管理。系统在强化信息源点建设的基础上，建立完善值班主任、计划调度、货运调度、机车调度、客运调度、施工调度、军特运调度等主要调度工种子系统，实现对主要调度工种作业流程的功能覆盖，同时满足两级调度部门生产、施工、安全、基础的综合管理功能，实现调度作业流程化衔接与协作，构成有机联系的整体。并按照调度相关规章、规程建立严谨的逻辑判断模型，对调度作业流程、作业标准进行程序化管理、约束、控制、警示，实现管理上安全可控。

（3）铁路运输管理信息系统（TMIS）与调度指挥管理信息系统（DMIS）间互联互通（T/D 结合），实现信息充分共享。TMIS 系统作为铁路系统内部局域网，承担铁路生产管理等功能。DMIS 系统作为调度指挥管理平台，与 TMIS 系统间相互贯通后，一方面强化了调度部门与运输生产各环节的联系，包括运行图阶段计划信息传递、列车正晚点信息预报等。另一方面为提高调度日班计划编制质量提供数据支持，同时进一步强化工种系统间信息共享，重点解决调度作业全过程信息共享的问题，实现相同工种间信息的实时交换，以及不同工种间信息的实时或批次交换，信息共享方式由调度员主动查看转变为对调度员的主动提示。

（4）运输调度管理系统，具备计划调度台间（局间）计划透明、车流来源透明、能力与车流精确匹配等功能，有效支持各工种及调度台协同编制计划。提高计划编制质量，实现基本图、日（班）计划、阶段计划的一体化编制，实现货运工作计划、机车工作计划、列车工作计划的有机结合，实现开车计划、运行计划的高水平兑现，确保在列车视图环境下按计划行车，真正发挥计划对运输组织工作的整体牵动作用，全面提升调度指挥工作效率和精细化管理水平。

3.5.2 调度集中系统

调度集中系统（CTC）是调度中心对某一区段内的信号设备进行集中控制，对列车运行进行直接指挥、管理的技术装备。系统综合了计算机技术、网络通信技术和现代控制技术，采用智能化分散自律设计原则，以列车运行调整计划控制为中心，兼顾列车与调车作业的高度自动化。系统基于既有计算机连锁或 6502 等大站电气集中联锁设备，通过 CTC 设备编制列车运行阶段计划，下达至车站自律机。车站自律机生成进路序列信息，并按照进路触发时机将进路序列中相关按钮命令发送到联锁设备，由其排列相关进路。

系统按照对列车进路和调车进路的不同控制权限，分为中心操作方式、车站调车操作方式和车站操作方式。系统主要包括列车计划管理子系统、自律控制子系统、车次管理子系统、调车作业子系统、调度终端子系统、车务终端子系统、与外部系统（TDMS）等的接口子系统、GSM-R 接口子系统、限速命令管理和列控接口子系统以及其他相关维护功能。

CTC 系统架构参见图 3-5。该系统进行列车作业的主要流程有：

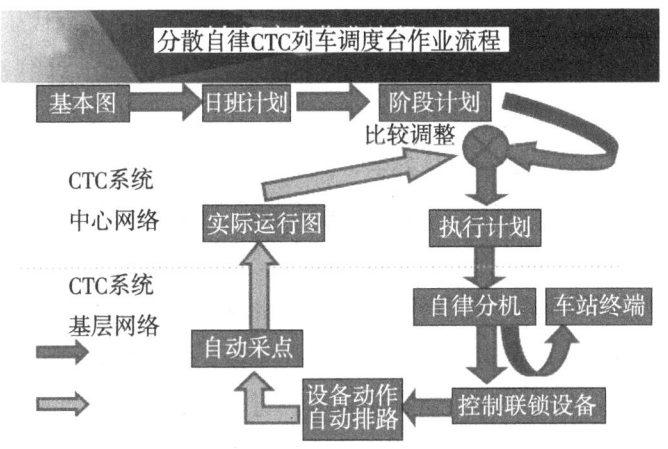

图 3-5 CTC 系统架构

①列车调度员在调度中心列调工作站编制、下达列车运行调整计划。

②CTC 车务终端及车站自律机收到计划后，自动将列车运行调整计划转换为列车进路指令序列。

③车站自律机根据排列进路的规定时间一到，经过"站细"条件检查通过后，向连锁系统下达进路控制命令。

④在进路排列完成后，自动以文字方式向司机提供前方站的接车进路预告信息。

⑤连锁系统将各项电务设备中的行车表示信息以及自身采集的表示信息发送至调度中心。

⑥车站自律机按照报点规则自动采集列车的到、发点或通过点，并将报点信息发送至调度中心。调度中心依此自动描绘实迹图。车站自律机将报点信息传送至车务终端，车务终端根据该信息自动填写运统二、三报表。

3.5.3 列车调度指挥系统

TDCS 原名为铁路运输调度指挥管理信息系统（dispatch management information system，DMIS），是实现铁路各级运输调度对列车运行实行透明指挥、实时调整、集中控制的现代化信息系统。

TDCS 由国铁集团、铁路局 TDCS 中心局域网及车站基层网组成，是一个从现代运输管理的角度构造、覆盖全路的全新的现代化调度指挥系统。该系统主要利用信息技术、网络技术、控制技术等现代科学技术手段取代了传统落后的行车指挥手段，采用并结合了先进的通信技术、信号技术、计算机网络技术、数据传输技术、多媒体技术等现代信息技术，在保证网络安全的前提下与相关系统紧密结合、互联互通、信息共享，实现了铁路运输组织的科学化、现代化、增加运能，提高效率，减轻了调度人员的劳动强度，改善了调度指挥的工作环境。

TDCS 实现对列车在车站和区间运行的实时监视，动态调整，自动生成列车运行三小时阶段计划，实现列车调度命令的自动下达和实际运行图的自动描绘；实现分界口交接列车数、列车运行正点率、行车密度、早晚点原因、重点列车跟踪等实时宏观统计分析并形成相关统计报表；显示铁路路网、沿线线路、车站、救援列车分布等主要技术资料和气象资料，为铁路事故救援、灾害抢险、防洪等提供决策参考。

铁路局调度指挥中心直接指挥行车，实时掌握铁路局调度区段的组成车站、各分界口、各编组站、各枢纽的列车运行情况和信号设备显示状态，并进行宏观显示，完成阶段计划的调整及调度命令的生成和下达等功能，进行信息汇总、处理，向总公司及相邻铁路局调度提供行车信息。铁路局调度指挥中心 TDCS 可以利用干线宏观图、区段宏观图进行监视；对重点列车进行追踪，进行列车运行正点率统计，进行列车运行密度统计分析。同时，在铁路局调度指挥中心提供 TDCS 与 TMIS 的接口，实现两系统间信息的共享。

铁路局中心 TDCS 实现以下功能：

（1）干线列车运行秩序的宏观显示功能；

（2）铁路局管内列车运行实时监视和历史查询功能；

（3）自动完成列车追踪功能；

（4）列车运行图管理功能；

（5）列车紧跟踪报警功能；

（6）车站自动报点功能；

（7）调度命令功能；

（8）与 TDMS 等相关系统接口。

TDCS 系统列车调度操作界面和站场图显示与 CTC 基本一致，主要区别在于 CTC 系统列车调度员可以运行调整计划及在站场人工操作界面进行进路操作，而 TDCS 系统只对车站连锁系统进行复示，进路操作由车站值班员控制；CTC 系统在转入非常站控时具备 TDCS 系统功能。

3.5.4 供电调度综合远动监控系统（SCADA）

供电调度综合远动监控系统，运用电气化手段通过一个或多个相互连接（或非连接）的通道对远方处于分散状态的生产过程进行集中监测、控制和集中管理。牵引供电 SCADA 系统主要监控变电所、分区所、开闭所的设备运行状态，具备遥控、遥测、遥信、遥调、遥视功能，以及调度管理功能和辅助完成事故分析处理等功能；有助于调度人员正确掌握系统运行状态，加快决策，快速诊断出系统故障状态，提高管理效率。供电调度通过鼠标（键盘）操作，实现对变电所内的远动开关设备、自动装置的投切、主变分接头、微机保护等间隔层设备信号复归等的控制。在控制前要进行条件校核，防止误操作。系统实时显示各变电所的开关状态、事故信号预告及电流、电压等。同时显示被控站上送的保护信息，实现设备操作和故障报警等信息处理功能。

3.5.5 编组站综合自动化系统

编组站综合自动化系统由管理信息和信号控制集成两部分组成。通过技术、功能、管控的集成，人员、设备的集中，信息的共享，实现运输生产指挥智能化、信息化和自动化，满足编组站建设、管理、运用、安全、维护等方面的需要。

1. 系统功能

编组站综合自动化系统包括调度指挥管理、现在车辆管理、货运管理、统计分析、站内设备集中控制、自动控制、作业过程跟踪、综合信息显示、系统监控与维护等功能。系统为所设置的业务岗位提供技术手段，实现列车接发、解编、调车、取送车、货运管理、技检作业、统计分析、调度命令等业务流程。

2. 系统结构

编组站综合自动化系统由管理信息和信号控制集中两部分组成。设置独立的信息网和集中控制网。信息网和集中控制网均应采用双环形自愈网。

管理信息系统设备包括数据库服务器、应用服务器、接口服务器、存储设备、终端设备、网络设备、网络安全设备、打印设备、不间断电源设备等。信号控制集中系统设备包括数据库服务器、应用服务器、接口服务器、存储设备、终端设备、网络设备、网络安全设备、打印设备、不间断电源设备等。

编组站综合自动化系统可设置值班站长、总站调度员、车站调度员、车站助理调度员、调车区长、货运调度员、车号员、货检值班员、列检值班员、列尾值班员、总值班员、车站值班员、车站助理值班员、货检员、统计报告员、系统维护员等岗位终端。

3.6 安全管理信息化

1. 安全监控系统

建立统一的安全监控集成平台。该平台主要由五层组成。

最底层是接口层。接口包括网络接入、车对地的无线接入、野外的无线接入等。通过制定接口规范，确保所有系统遵循统一的接口标准。

第二层是传输平台。所有数据依托统一的传输平台送到监测、检测数据集成平台。传输平台支持轨旁数据、无线数据的收集，支持互联网数据从外网到内网的安全穿越。所有数据按标准流程可靠地加载到共享数据库中，并按地区、专业、业务关系集成数据，将数据按照列车、地区、专业进行有效的关联。

第三层是数据库和数据仓库层。系统采用云计算技术，构建支持大并发量的数据处理平台。在数据仓库中建立多种数学模型，综合运用监测数据超前预测各种风险并警示相关人员。数据库中存储各种规章制度、标准规范、指南站细等，也存储各种设备的缺陷、隐患、病害、风险等信息，还存储各种事故及其分析案例等。

第四层是应用服务层，将数据开放，提供各种风险分析、缺陷分析、隐患分析、病害分析、智能诊断、专家辅助决策等，可以按专业、地区、列车运行进行分析，或进行多专业的关联分析和数据融合分析等。

第五层是展示层，建立基于地理信息或铁路专题图的展示界面，可以集中展示全路防灾形势、安全隐患、事故态势。例如根据水位等因素，显示全路的防洪形势。在列车运行过程中，主动对列车前方风险进行预测，实现列车的主动安全。国铁集团和铁路局分别设立安全监控调度，负责协调各种灾害的预防工作。各专业部门利用综合检测结果制订综合维修计划，合理地安排维修天窗。

2. 安全风险管理

安全指没有威胁、没有风险。对于存在于复杂环境中的铁路，没有威胁、没有风险是不可能的。所以，安全是相对的，风险是绝对的。为了保证运输安全，必须使用信息化的手段对安全风险进行全面管控。

风险管理包括明确风险范围、风险识别、风险评估、风险控制、监督检查等环节。风险管理先要建立风险管理的数据库，所有的风险分析数据应该输入数据库，在数据库基础上进行风险管控。

第一步是确定风险分析的范围和对象。一般从人、设备和环境进行分析。

第二步是按范围和对象识别风险点。识别风险点一般从历史上发生的行车事故、设备故障、人身伤害等事故中吸取教训，以及从隐患和问题库等进行辨析。可以先按业务（如客运、货运、机务供电、车辆、工务、电务、信息）建立风险字典，使用时从风险字典中选择风险。开始时千万不要求全，应该在实践中逐步识别各种风险，不断完善风险数据库和风险字典。

第三步是分析和评估风险。风险分析是在风险点识别的基础上，对辨识出的风险进行定性、定量的分析和描述，包括对风险发生的可能性及风险发生后造成损失的严重程度进行定性分析和定量计算。风险分析的基础是要有充分有效的风险事故统计资料，危害可能包括行车设备故障、安全事故、人身伤害、社会影响、经济损失等。

第四步是风险控制。分析每一风险产生的原因、根源，发生的规律，形成风险控制点。针对每个风险制定控制措施。

第五步是监督和检查。安全风险管理部门要监督和检查各部门风险控制的执行情况，并进行评估，明确责任和奖惩。

通过信息系统可以记录每个风险点、每一风险点分析过程、风险造成的原因以及风险的控制措施等。通过信息共享，可以加快安全风险数据库的建设。

3. 应急救援系统

应急救援系统包括应急预案、应急接警、救援指挥、善后处置四个部分。应急救援系统应编制好应急预案和组织好应急资源，而且应该事先做好应急演练。应急接警先要生成应急方案，然后根据方案指挥应急过程，记录现场救援过程，利用信息系统做好事故的分析。

第4章 智能客运

4.1 智能客运概述

智能客运是指以服务旅客、提高效率、提升效益为目标,利用先进的信息和通信技术手段,运用科学的信息化建设理论方法,推进市场、运营、服务、保障和管理五大体系建设,实现对铁路客运市场需求、营销、运营、服务、管理、决策等全过程作出智能化响应,促进铁路与旅客、服务与作业、作业与环境、管理与决策高度融合与协调。

智能客运的建设完全是市场倒逼行为。客运强局之路必须通过智能客运信息化建设来完成,实现客户体验优质化、营销管理精细化、运营高效化。

智能客运充分利用物联网、大数据分析、移动互联网、融合通信等新一代信息和通信技术手段,感测、分析、整合客运业务运行核心系统的各项关键信息,综合运用人工智能、知识挖掘、综合集成法、多源信息协同等理论与工具,以全面感知、深度融合、主动服务、科学决策为目标,对市场需求、营销、现场作业、运营、决策直至企业经营等全过程作出智能响应。通过智能客运建设,开展智能出行、智能车务、智能站务、融合协同、辅助决策等主题化研究,实现企业客运生产经营活动自动化、管理网络化、决策智能化。

智能客运的总体目标是以旅客智能出行、车务乘务智能作业、辅助决策融合协同智能管理为重点,构建具有快速感知、智敏反应的智能客运体系,取得客运管理上的突破,实现客运生产要素、资源配置、数据资源内部共享和对外开放机制的完善,纵向做深,横向做宽,即生产、运营、保障、服务各个领域做到极致,系统开放,信息互联互通。

构建客运体系框架,建立业务流程视图,建设客运基础信息平台,搭建支持旅客智能出行的服务系统,建设支撑车务、乘务智能作业管理的作业系统,建设支持数字化决策和管理的智能化平台。

智能客运是在客运业务分析的基础上，找出短板与缺项，通过全新的顶层设计提出客运信息化建设整体规划，开发缺失的系统，完善需要改进的既有信息系统功能，打通系统间的壁垒，实现数据共享，为协同作业提供信息基础。利用大数据分析、多源信息协调等先进技术将孤立的系统、应用和功能有机地结合起来，形成体系，实现从消化器官到消化系统的转变。

智能客运的重点放在极端或非正常情况，一方面实现非正常状况的预测与防止，另一方面当后果发生后，提供快速解决手段。对于正常情况下的客运作业和服务，现有的生产服务信息系统基本可以满足，但碰到极端、非正常情况的预处理、应急预案，都还是依靠人工作业。智能客运就是要解决这个问题，用信息化的手段将原来的人工作业和个人经验转化为真正可预防、可执行、可追溯、可复制的信息流程。

智能客运的另一个重点是填补信息空白，实现信息共享。例如原来办客站、车底交路、动车组走行公里、时刻表等重要信息均由客运编图人员手工完成，现通过智能客运的建设可实现数字化、信息化。现有的生产服务信息系统之间要实现共享，将沉淀的数据转化为业务拓展的宝藏。

在智能客运实施的过程中，还要着力培养一批既懂信息技术又懂企业业务流程和管理的复合型骨干人才，打造一支客运业务与信息技术交叉融合的专业化队伍。

4.2 我国铁路客运现状分析

4.2.1 铁路客运服务现状

1. 我国网络售票技术领先，但票价营销水平与欧美日差距较大

我国网络售票起步晚，技术水平世界领先，但客票系统在多语言服务方面与发达国家有差距。我国票价营销尚处探索阶段，高铁差别化票价刚起步。国外高铁票价产品种类繁多，营销方式灵活多样，优惠幅度较大，普遍实行季节差别票价、打折票、优惠乘车卡、铁路通票。日本铁路公司发行铁路卡（东日本公司的名为西瓜卡），旅客普遍持卡进出站和购物。世界各国铁路企业客运售票服务情况参见表4-1。

表4-1 世界各国铁路企业客运售票服务

国家	售票制度	客票种类	互联网售票 启用时间	互联网售票 预售期/天	残障服务
德国	座位和车票分售。购买座位,固定价无须额外付费,折扣票需支付4.5欧元,递远递减	有普通票、折扣票、通票,对学生发售学期通票	1990	180	有无障碍设施,伤残人没有折扣
法国	车票与座位同售,递远递减	有普通票及定期折扣卡(儿童卡、青少卡、周末卡、老年卡等)	2000	120	有无障碍设施,伤残人及其同行人员享有折扣
俄罗斯	车票与座位同售	普通票及定期票	2007	60	有无障碍设施,伤残人有折扣
日本	旅客可自主选择座票或站票,票价不同	座席:自由席、指定席 车厢:普通车厢、绿色车厢、特等车厢等 时间:普通票、定期票	1960	30(新干线)	有无障碍设施,残疾人及同行人员有折扣
美国	车票与座位同售	普通座席、商务座席、一等座席、多次票、月票、通票、旅游套票	1997	335	有无障碍座位,残疾人及其同行人员享受折扣
中国	车票与座位同售	普通座席、一等座席、卧铺	2011.1	30	有无障碍设施,伤残军人有折扣

2. 我国站车服务人性化一流,但便捷化不足

我国车站设置有客运员、问询员,列车设置有乘务员、保洁员和餐服员等岗位,与法国、日本等服务人员很少的国家相比,服务更人性化。我国高铁站车舒适度和保洁一流,对重点旅客服务较好。国外高铁站车服务呈现以下特点和发展趋势:

一是方便快捷乘降。日、法、德等国车站不设候车厅,推行"通过式"进

站，无安检。日本车站可像地铁一样同平面换乘。

二是加强残障服务。重视无障碍通道设置，车站设垂直电梯，台阶设坡道或自动扶梯，残疾人厕所空间宽敞。德、法车站配备轮椅升降设备，为残疾人提供全过程全方位服务。

三是标识完备。多国形成了各具风格的车站引导标识。法国以蓝色为主要风格，西班牙以白色为主要色调，不少标识带有品牌标志。

四是注重商业开发。欧洲很多车站成为购物中心或被开发成商业写字楼。日本在东京、大阪、京都、名古屋等车站建造了商业大厦，并在近百个车站开辟规模不同的商业中心。

我国客运服务系统在分析铁路旅客出行需求和铁路客运服务需求的基础上，借鉴国外高速铁路客运服务理念、成熟经验、先进技术和系统集成方法，坚持统一基础平台、统一技术标准、统一应用软件、统一规划管理的原则，广泛利用现代通信和信息技术成果，引入现代高速铁路管理思想和服务理念，构建适应高铁特点、信息高度共享、资源高效利用、运行安全可靠的综合完整的服务系统，为旅客提供全方位、高水平、高质量的客运服务。世界各国铁路客运服务情况参见表4-2。

表4-2 世界各国铁路客运服务

国家	餐饮服务	车站服务
日本	市场化经营模式，专业化管理模式，车站为主列车为辅的餐饮服务模式	自动化车站服务，多元化的商业开发，无候车厅的换乘服务，完善的自动化设备，车站文化廊
法国	承包经营模式，列车服务与餐饮供应基地的运营分离模式，多样化的列车餐饮服务内容	开放式的乘降服务，标准化的引导标识系统
德国	自主经营模式，顶级的配餐团队，多元化的客运餐饮服务	丰富多元的车站商业服务内容，3S服务中心，完善的特殊人群服务
西班牙	外包经营模式，免费的航空式餐饮供应	车站外包式经营，标准化的引导标识系统
中国	外包式经营模式，售卖为主配送为辅的餐饮服务	站内商业外包式经营，完善的车站设备设施，重点旅客服务交接制度，专业的吸污作业

4.2.2 铁路客运信息化现状

20世纪80年代开始，铁路局客运业务开始进行信息化建设。早期的信息系统均为独立的客运管理或服务系统，例如18点统计、旅客引导、客运广播等，此阶段信息系统建设的主要目的是降低作业人员劳动强度，实现基本的业务数据统计等。

20世纪90年代中期是客票系统集中建设阶段，实现了全国联网电子售票。此阶段建设的主要目的是提高劳动生产率，提高服务质量。经过近20年的不断改进，目前客票发售及预订系统已发展较完善，具备完整的体系架构。

2000年后期伴随着高铁建设的大面积铺开，客运服务系统建设发展迅速，各类设备设施大量使用，信息系统呈现集成化设计趋势。

近年来，各类客运应用信息系统开发与应用如雨后春笋，涉及设备运维、站车管理、服务辅助等各方面，信息系统开始为提高客运业务管理深度、精度服务。

目前，在客运营销领域，客票发售及预订系统经过近20年的建设，已具备完善架构和功能；国铁集团12306网站承担了互联网门户作用，路局开发的"铁路12306"手机App应用也有一定的推广，但功能尚需完善。国铁集团各路局集团正在开展营销辅助决策系统的建设，除客票系统与12306网站在国铁有接口外，其他系统均为独立系统。

在站务组织领域，客服管理信息系统是为旅客提供各类信息服务的主要载体。随着应用的不断深入，其针对作业组织的功能还需提升和完善；网格化管理信息系统作为作业管理的工具，已经完成试点，目前正在全局推广；列车换车底后的自动换票系统也在全局应用；客运站的设备运维管理信息系统已较为完善；设备履历表系统为设备设施管理提供了基础手段。目前设备运维管理信息系统和设备履历表系统已经实现数据库共享，客服系统与客票系统仅在路局有接口，列车换车底后的自动换票系统是客票系统的一个衍生功能。

在乘务组织领域，列车移动售票系统承担列车补票业务；乘务多功能作业手机App作为乘务作业人员的作业工具，其功能在不断补充和完善；围绕客车开行，还有动车组运用管理系统、库内保洁系统，此外还涉及华铁旅服ERP系统等。这些系统均为独立系统。

相对来说，运营管理领域的信息化起步较晚，全局性的信息系统，除调度命令外，基本无有效运用。目前国铁集团正在推广客运管理信息系统，路局着手高铁客运运营管理决策支持系统的开发，而客运运行图编制仍然是人工作业方式。个别车站根据自身管理需要研发了调令信息系统、调度命令提醒系统等众多小应用。

铁路客运信息化存在的主要问题如下：

（1）缺乏客运信息化整体规划。大多数铁路局尚未明确客运信息化发展战略，所制定的信息化建设计划往往偏于技术实现或具体的应用功能。客运信息化建设随意性强，路局、站段及相关业务部门根据自身的需要，各自为政进行信息化开发和应用，缺乏有效的规划机制，系统之间无法进行高效的沟通协同。对已建立的信息系统缺乏有效的评价机制，缺乏监管和更新迭代。

（2）应用系统建设处于被动状态。由于缺乏整体规划，信息系统建设往往以单个业务部门的需求为驱动，而对这些需求的合理性以及其与其他业务、系统之间的关系缺乏深层的思考，有些需求站在某个业务环节或车站的角度看是合理的，但从整个客运业务或全局的角度上看却是不合理的。信息系统建设缺乏平台性、系统性考虑，给后期的应用升级、业务整合带来困难。

（3）信息化应用发展不均衡。不同客运业务领域的信息化水平参差不齐，系统开发成熟度不一，存在大量信息技术的低层次应用和不饱和应用。很多已开发的应用系统，有的系统功能还不完善，有的还在推广，有的是全路、全局统一研发的，有的只在某个车站使用。

（4）信息化建设碎片化，缺乏核心应用，不成体系。客运信息化应用系统虽然数量多，但种类庞杂、结构复杂；虽然覆盖业务范围广，但应用分散，核心应用较少。由于缺乏平台化、集成化设计和诸多历史原因，系统应用整合存在困难，信息系统设计受制于"被动相应需求"，常常处于修修补补的状态。这种不成体系、零打碎敲的信息化建设现状，以及比比皆是的"信息孤岛"无法满足客运业务未来发展的需要，难以形成推动企业发展的有效动力。

4.3 铁路客运智能化管理探索与应用

智能客运由智能出行、智能车站、智能乘务、智能协同四个模块组成，各模块从不同的视角搭建业务平台,平台间互有交融。其中,智能出行从旅客角度,围绕旅客出行全过程,从用户体验出发,以提升服务质量,实现产能提升目标。智能车站从车站作业人员管理和设备设施管理的角度,围绕车站生产作业,从生产管理、设备管理出发,以实现站务管理效能提升的目标。智能乘务从列车兑现和乘务作业管理角度,围绕调度命令和日班计划,从基础准备和乘务作业出发,以实现乘务管理效能提升的目标。智能协同从决策机制和协同作业角度,围绕企业经营管理、运输组织,以实现企业经营管理水平提升目标。

4.3.1 智能出行

以12306为核心搭建智能出行服务平台,整合站、车、路内多经企业、路外合作伙伴等资源,依托铁路运营及保障体系,面向市场与客户,从出行的业务全流程,提供差异化、精准化服务,在提高旅客体验、取得较好的社会效益同时,增加商业机会,提高企业盈利能力。

智能出行主要实现以下功能:

(1)旅客需求信息的集散中心。收集旅客通过网络、电话、手机、邮件等各种渠道提出的服务要求,无论是通过手机、网络在线上提出的,还是车站、列车工作人员在现场收到的,或是东航、国旅等合作单位转来的,智能出行平台都能及时捕获。

(2)差异化服务的定制中心。智能出行平台根据获取的旅客需求,为旅客提供旅行管家服务,无论是旅程规划、购票还是酒店预订,无论是接送站、餐饮、娱乐还是专用通道、设备等服务,或者遗失物品查找等特殊要求,智能出行平台都能提供差异化的服务。旅客通过智能出行平台既可以方便地实现自助旅行,又可以享受定制服务。

(3)服务任务的分解、协调中心。智能出行平台根据不同服务的特点,协调车站、列车、路内多经企业、路外合作单位等服务资源,将服务转化为一个个工单,通过服务工单的分发、流转、反馈,完成精准服务的落地。

(4)客户关系管理中心、营销分析数据中心。智能出行平台汇聚了包括客票数据在内的所有旅客出行数据,这些海量数据为市场营销提供了第一手资料。通过对旅客行为进行分析,既可以快速识别平常旅客、VIP旅客并根据其消费习惯进行服务推送,又可以从海量数据中分析不同类型旅客的需求、季节、天气、社会活动等对旅客出行的规律性影响，以及交通区位、消费能力等其他因素，为设计、优化服务产品提供数据支撑。

（5）服务反馈及评价中心。智能出行平台为旅客提供了投诉、意见、建议、问题处理的渠道，结合旅客评价及服务工单的执行、反馈情况，为评优、考核提供重要依据。同时利用网络爬虫等技术手段进行网络舆情监控，及时发现问题并反馈到各级领导，为各级单位快速响应提供技术支撑。

铁路客运智能化运营管理的最终目的是吸引、留住用户，让用户为企业贡献更多净价值。借助大数据技术对客户需求的挖掘以及各方资源的协调，实现产能的提升。在互联网新业态下，形成旅客、铁路、合作伙伴多赢格局，在扩大铁路社会影响力的同时，增加企业盈利能力。铁路客运智能化运营的目标与功能主要有：

（1）数据集成共享平台。从客运运营角度出发，借助大数据、数据仓库、商业智能等技术，构建数据集成共享平台，为智能出行、智能车站、智能乘务提供数据共享基础，实现与客运营销、动车运用、运行图、客票、调度指挥等相关业务系统的信息共享，支撑管理、决策、执行等应用系统的可靠、高效运行。

（2）客流需求分析与预测。通过对客票、智能出行以及其他相关网络数据的挖掘、分析，实现客运市场需求的收集、整理、存储、统计和分析，在此基础上结合系统中的历史数据进行客流需求分析和预测，并对接其他业务系统，为运输产品、服务产品设计提供科学依据。

（3）客运产品设计与管理。在客流需求分析与预测的基础上进行客车开行方案的编制和调整，进行列车盈亏测算以及客运运行图自动管理，通过内部反馈机制实现客运产品设计、管理和优化。

（4）客票收益管理。根据收益管理思想和方法，以收入最大化为目标，实现对售票组织策略、票价和存量的动态调整和控制。根据分步实施的原则，可以先构建涵盖票额智能预分、售票策略制订和调整、售票组织及票额预分预警等功能的子系统，然后再构建包括票价优惠策略制订、席位存量控制等功能的收益管理子系统，并与客票系统对接，实现客票营销收益最大化。

（5）客运综合管理。以数据集成共享平台为支撑，实现客运任务管理、运行图日常调整、客运规章资料管理、客运安全管理、应急处置等业务的信息化、智能化，满足应对日常工作和应急工作的需要。

4.3.2 智能车站

随着新一代信息技术的发展和创新应用，以物联网、云计算、移动互联和大数据等新兴热点技术为核心的"智慧城市"成为城市发展的新兴模式，站城融合的"智慧车站"则是智慧城市的关键节点。

智慧车站以满足旅客出行需求为核心，运用信息和通信技术手段感测、分析、整合车站运行所需的各项关键信息并作出智能响应。其实质是利用先进的信息技术优化整合服务资源，实现车站智慧式管理和运行。同时以客流优势为契机，创新引进区域客商和物流渠道，搭建车站及周边O2O创享生活服务平台，让旅客轻松享受智能化出行新体验。

铁路客站引入"候车客流预警分析""停车和流量引导"等大数据系统，可以提前研判风险点，作出调整，保证车站秩序和运行效率。高密度的Wi-Fi全站覆盖，与旅客入网互动，可以为旅客实时提供购票乘车的准确信息，以及导购导乘、助残助行、遗失品查找等实用性服务，实现线上服务和线下服务的无缝对接。

智慧车站依靠技术的进步，能妥善解决好大型结构健康安全监测、突发事件应急处理，以及在严峻的反恐形势下如何加强以人为本的便捷服务等一系列当前面临的矛盾性难题。

智能车站整合客票、旅服、办公、调度命令、网格化管理、设备运维管理等信息系统资源，搭建智能车站作业平台，面向车站作业和管理，从客运人员作业和环境设施设备管理信息化、流程化入手，深化客运车站网格化管理，着重解决车站突发事件的预测以及事件发生后的快速解决，提升客运组织能力和管理水平，降低车站运营成本。

智能车站主要要实现以下功能：

（1）落实作业计划。智能车站作业平台将接收到的调度命令、日班计划、智能出行服务要求、各级管理及作业要求转化为任务清单，分发到每一个作业人员和相关管理人员手中的移动智能终端、手机、办公电脑等设备上，自动进行工作重点、特殊服务等工作提醒。作业人员的移动智能终端既是任务的接收终端，也是发现问题的上报终端。通过智能车站作业平台，实现车站各项作业任务的有序落实。

（2）拟定应急预案。车站正常的业务作业，既有的办公、旅服等系统已经基本满足要求，智能车站着重考虑非正常状态下的作业。目前车站建立了很多应急预案，但仔细分析会发现不少预案要回到人工作业。智能车站作业平台利用计算机模拟技术将各类应急预案的设计、演练流程化、信息化，例如要客服务在大面积晚点情况下的行走流线等，实现各类应急预案真正可演练、可执行。

（3）预测、发现非正常和突发事件，进行预处理。智能车站作业平台获取、分析来自智能客运其他业务模块、站内设备、人员以及网络上的各类信息，及时预测、发现非正常情况和突发事件，例如某区域突发的人流聚集、火情、设备设施损坏、临时更换车底或恐怖活动等，并进行预处理，为下一步的快速处置提供条件。

（4）信息快速传递，站内作业灵活调度。智能车站利用物联网、移动互联、融合通信等新一代技术，将车站及各服务单位连接成一个整体，实现作业中发现的问题以及各类突发事件信息的快速传递，结合应急预案，并根据事件种类、等级、处理时长等进行有序的升级处理，确保响应的及时性、有效性、完备性。

（5）车站运营成本控制。现在车站定员逐年减少，但服务要求却越来越高。这已成为一对新的矛盾。为此，路局投资了大量高价值的设备设施，这些设备设施在解决矛盾的同时，也给车站带来了巨大的成本压力。智能车站作业平台实现设备运维流程化、资产管理智能化，引导、培养旅客建立良好的出行习惯，合理使用客服设备设施，以实现节能降耗，降低车站运营成本。

（6）评价及反馈。智能车站作业平台积累的数据不仅为车站内部人员考核、评先提供依据，同时也为设备运维，以及保洁单位的考核、清算提供依据，也是各相关单位联动协作的信息纽带。

4.3.3 智能乘务

智能乘务整合运管、客票、旅服、办公、收入、调度、库保、动车检修等资源，搭建智能乘务作业平台，围绕一列旅客列车的业务全流程，从列车作业保障入手，着眼于非正常作业情况下的快速处置，以实现列车兑现和列车服务的自动化运营。

智能乘务主要实现以下功能:

(1) 实现旅客列车业务全流程信息化。长期以来,客运信息系统的重点放在车站,而对乘务管理较为忽略。目前服务备品、乘务排班、车底编组、机车或司机交路等均还由人工安排。智能乘务首先要实现这部分作业的信息化处理,填补企业内部信息"数字化"空白。

(2) 信息共享,减少信息不对称。一列旅客列车的兑现包括开车依据、车底、司乘人员、服务用品、机车、整备、上道、乘降、途中、退乘等多个环节,涉及动车所、客技站、车机工电辆、供电、供水等多家单位,常常出现信息不对称。智能乘务作业平台对接各个环节的信息系统,打通信息壁垒,实现信息快速流动,实时共享。

(3) 科学作业流程。智能乘务作业平台提供作业优化策略,实现业务流程的合理优化。例如通过分析保洁作业计划与动车检修计划之间的关系,对即将进行动车一、二级维修的列车不再进行库保,避免重复劳动等。

(4) 多点多中心指挥和社会化生产。乘务作业的特点是小型化、分散化、移动化,智能乘务将各类信息快速传递,形成以段、车队、班组为核心的多点、多中心指挥体系,通过智能出行平台协调站、车、路内、路外资源,实现生产在更广泛、更深入的程度上社会化。

(5) 网络式管理模式。基于融合通信和移动互联技术,智能乘务将采用小型分散化的水平网络式的新型管理体制,代替集中、庞大而又互相牵制的传统金字塔形的体制结构,无论是作业任务、旅客需求还是突发事件,都通过智能移动终端与后台实时交换信息,由车长、乘务员、保洁、机械师以及各级管理人员组成一个个网络管理单位,实现客运管理创新。

(6) 评价与反馈。智能乘务平台积累的数据不仅为乘务、保洁等提供考核、评先依据,还为联劳协作提供改进依据,而且为流程再优化提供参考。

日本新干线乘务员运用计划是新干线运输计划中的一部分,与列车开行方案、车辆运用计划、车站股道运用计划一起构成日本新干线运输计划。日本新干线乘务员运用计划的编制一般由2个部门联合完成,首先由JR客运公司本部的运输营业部负责编制完成基本的乘务交路图,然后由JR客运公司下属的各乘务段(所)对基本交路图进行细化,编制具体实施的乘务交路图,再对每个乘务交路进行乘务组的分配,并制作乘务组之间的交接表。编制新干线乘务员运用计划遵循的基本原则包括：同一乘务段（所）出乘与退乘，不同乘务段（所）间只能临时休息、换乘，不能退乘；乘务交接必须在指定车站进行；乘务计划应考虑必要的接续时间，确保乘务员可以接续值乘；确保吃饭、休息时间；已经确定的交路，原则上不得更改；乘务员的值乘内容和值乘时间应保持公平等。编制新干线乘务计划时，对乘务人员的值乘时间有相应的时间标准。

4.3.4 智能协同

智能协同面向运营，实现资源、计划、运输服务三个层面的协同。主要实现以下功能：

（1）资源协同。

①专业管理：各相关专业的制度、规则、规章等动态管理。

②人力资源配置：含用工需求分析、提报招聘计划、专业培训、人员排班、考核评价等。

③硬件资源管理：含场地、环境动态信息，设备设施台账等。

（2）计划协同。

①体现在运营方案的兑现，即运行图、客调命令的落实（基本完善）。

②展现为调度、车站、列车（含车队、班组）的调度计划、乘务计划、乘降计划（基本完善，但是各单位做法不一致，需要对业务流程梳理，走通信息流）。

③具体体现为工单（业务流程的结合部存在中断，信息流未整合，尚未有完整的工单）。

（3）运输服务协同。

①运输协同。围绕总体运输计划，提供有效服务资源和运输资源（目前路局各专业管理单位的职责）。

②客运协同。围绕日班计划、阶段计划，提供一趟车、一张图具体兑现的客运组织，涉及客运段、车站、动车段、华铁旅服保洁等相关单位（目前各单位有制度、流程，部分实现了信息化，但缺乏信息协调手段）。

③作业协同。围绕作业工单提供各个作业结合部间的协调、协作（目前缺乏有效工具）。

④应急协同。应急处置，服务补救，即能及时发现问题，及时传递有效信

息,有效处理并反馈(目前缺乏有效工具)。

4.3.5 智能客运系统平台

1. 智能客运系统平台功能结构设计

智能客运系统平台功能结构将以"1+5+N"(1条数据总线+5大应用板块+N个应用系统)的形式进行构建,如图4-1所示。

"1条数据总线",从结构上保证了所有应用板块都可以共享、共用平台上的所有数据。

"5大应用板块",从结构上明确了应用建设的目标、范围和路径,以及各板块之间的关系。

"N个应用系统",从结构上为平台的持续发展预留了足够空间。根据当前的需求,我们规划了一些应用系统,但随着平台应用的持续建设和数据的逐步完善,未来在应用系统建设方面还会不断有新思路、新需求。

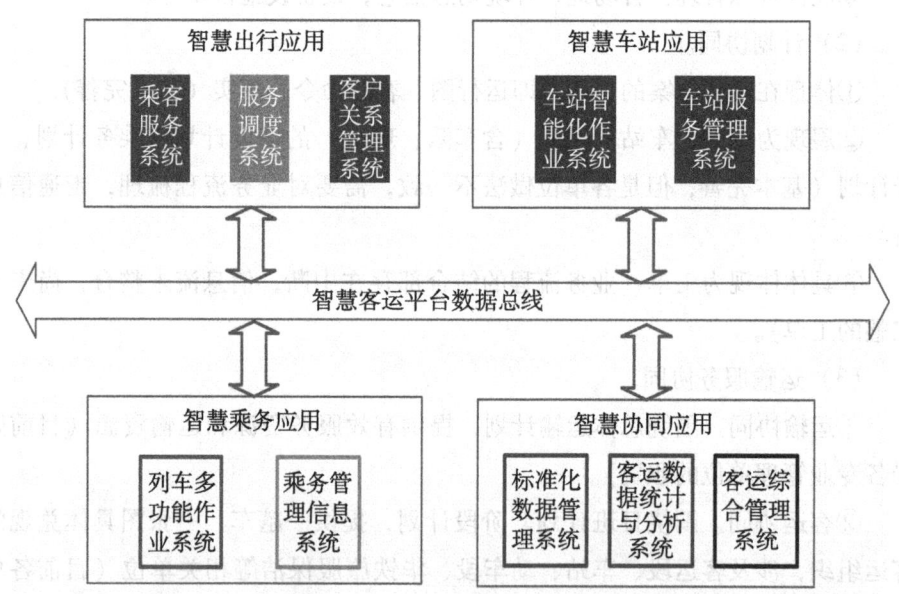

图4-1 平台功能结构设计

2. 平台逻辑结构设计

平台的逻辑结构设计基于"主题数据库"的概念及相关理论,将"智能客运"各类数据资源的主要内容以及相互之间的关系作一个比较细致的分析,并在此基础上将这些数据划分成一些可以管理的单位——主题数据库,以达到"一次输入、处处共享"的数据管理目标。

智能客运平台所涉及的业务主要围绕出行服务、车站、乘务、协调组织等领域展开,所以在主题数据库的设计上确立了智能出行主题库、智能车站主题库、智能乘务主题库、智能协同主题库和数据字典主题库等五个主题数据库。这些主题数据库与客运业务管理中要解决的主要问题相关联,而不是与通常的计算机应用项目相关联。

平台各应用系统通过数据交换平台中间层,按照一定的数据访问规则对各类数据进行访问,实现"一次输入、处处共享"。同时,各应用系统通过数据交换中心的数据转换接口实现各个应用系统间的协同工作。各应用系统通过统一认证系统实现"单点登录"。平台逻辑结构设计设计如图4-2所示。

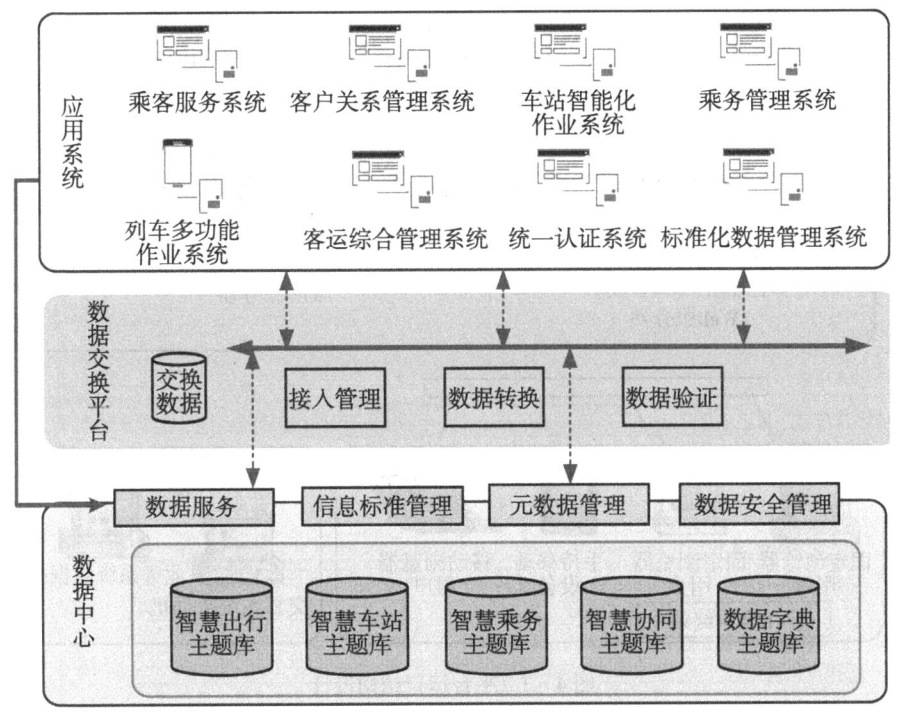

图4-2 平台逻辑结构设计

3. 平台运行结构设计

平台运行结构主要包括数据库支持、应用服务器、Web 服务器、数据交换设备和应用客户终端等，如图 4-3 所示。

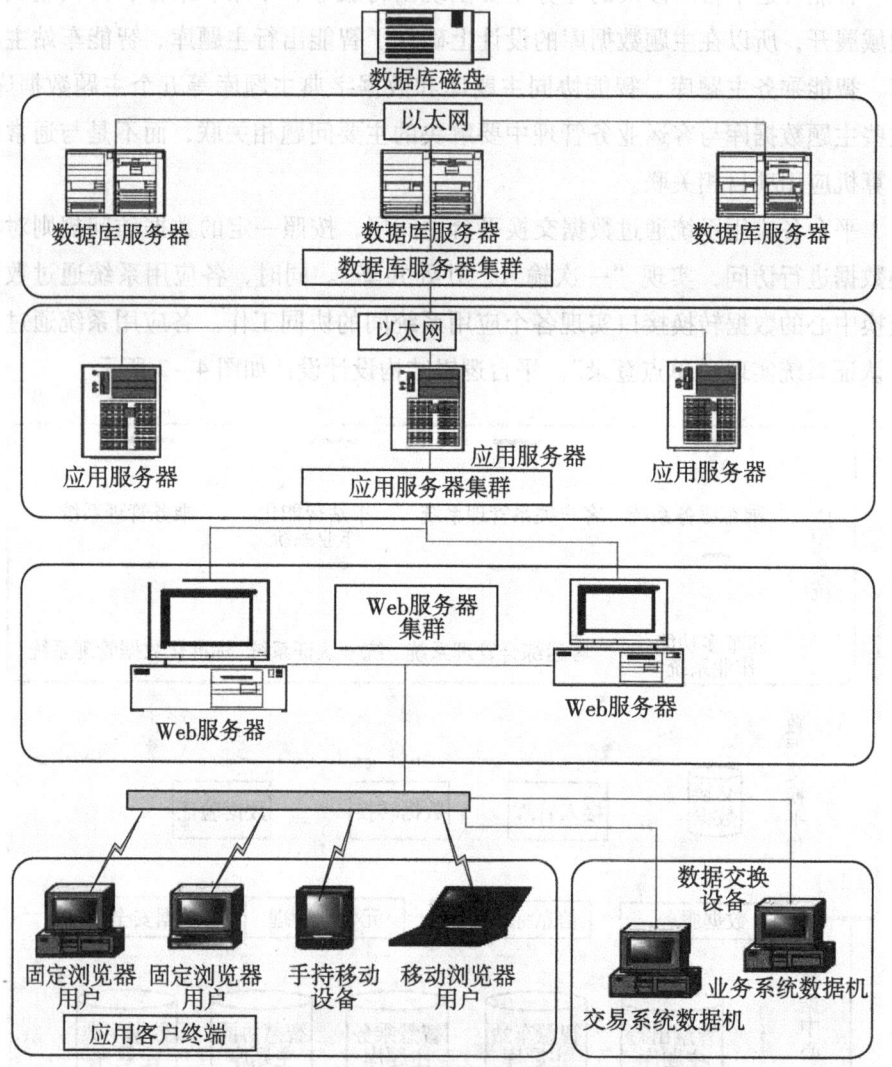

图 4-3 平台运行结构设计

① 数据库支持主要包括数据库服务器和数据存储设备磁盘阵列，保存系统数据，提供系统数据库应用服务。

② 应用服务器集群包括 WebLogic/WebSphere/ActiveMQ 等应用服务器，提

供应用软件支持，支持集群方式。

③Web 服务器集群提供系统的 Web 应用，可采用集群方式提供大用户量并发浏览。Web 服务器集群可与应用服务器部分共用硬件设备。

④数据交换设备部分负责从综合信息服务系统、其他业务系统数据接口的数据采集和传输工作。

⑤应用客户终端提供用户基于浏览器（或 App）的客户功能应用。

4.4 智能客运系统平台实现与应用

由于智能客运系统平台涉及的应用系统较多，仅选择当前功能需求比较明确的客运车站网格化管理系统和列车多功能作业系统分别作为"智能车站"和"智能乘务"板块的典型应用进行研究。

4.4.1 客运车站网格化管理系统

客运车站网格化管理系统可以划分为标签管理子系统、巡更子系统、事件处置子系统、通信子系统、数据看板系统、大数据、应急处置和网上学院等八大子系统。集合八大子系统，网格化管理系统能够集中、实时展示车站各区域客运作业状况，故障设施、突发事件能够实现及时预警、闭环解决。为作业分派、作业记录、问题回溯、应急处置、统计分析、效率考核、规章学习等提供技术手段和作业工具，详细功能结构如图 4-4 所示。

4.4.2 列车多功能作业系统

考虑到现有列车各项作业均以纸质记录、人工上交的方式进行，效率低下且缺乏有效的管理，为了提高现场巡视人员的工作效率，加强客运处对巡视工作的管理，需要研制能够便捷记录作业信息以及上报作业中发现的问题、管理作业信息的一整套现场作业系统以及后台信息管理系统。为了满足现场易于使用、可实时提交巡视信息、信息共享等使用要求，需要建设一套支持扫描巡视、实时记录问题、反馈问题的移动端巡视 App——列车多功能作业系统。

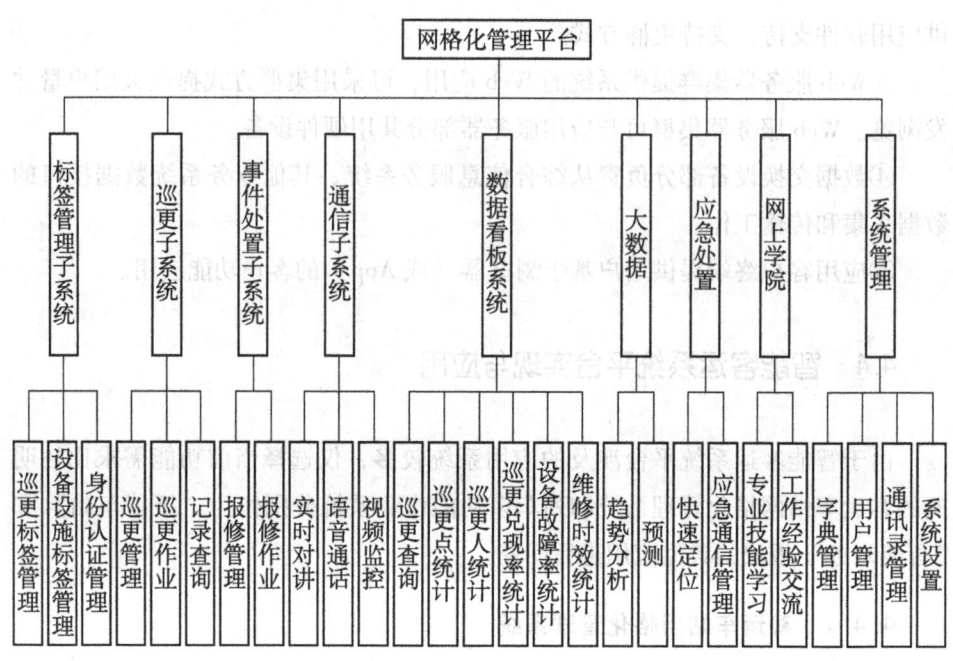

图 4-4 客运车站网格化管理系统功能结构

同时考虑到现在列车上乘务员都是使用 GSM-R 手机,只支持 GSM-R 网络,通信方式单一,数据通信能力弱,在没有 GSM-R 信号的时候还需要使用对讲机来保证列车内部乘务员的通信。为了加强乘务员之间的通信能力,加强客运处对乘务员的指挥管理,减少乘务员需要佩戴的设备数量,减轻乘务员的负重,需要研制一套能够满足客运处更好地管理指挥乘务员以及在没有信号的情况下保证列车内部乘务员之间通信的手持终端设备。

列车多功能作业系统主要实现列车上部设备设施问题清单、备品问题清单、保洁作业清单、广播与显示屏故障统一管理的功能,并且结构清晰,功能明确。对于列车设备信息的采集,采用 NFC 扫描方式实现。

系统主要包括以下功能:

(1) 列车巡视。提供扫描巡视点位芯片功能,自动记录巡视信息,并提交至后台系统。

(2) 保洁作业巡视。提供保洁作业互控单,用于保洁作业情况便捷的记录与反馈。

(3) 上部设备设施故障管理。记录列车上部设备设施问题,并上报至动车所，由动车所反馈故障修复情况，由现场作业人员确认修复情况后反馈确认修复情况。

（4）备品报修。记录列车备品备件问题，并接受历史问题反馈，直到该问题修复。

（5）广播及显示屏管理。针对列车显示屏内容、语音广播内容提供核对、记录问题的功能，并接受历史问题反馈，直至该问题修复。

（6）音视频管理。提供录制音视频功能，并可以将音视频上传至后台系统。

4.5 铁路客运营销

铁路客运营销究其根本就是了解客流需求，然后根据需求推出相应的营销产品。而大数据与市场营销交融互进。权威机构的一项调查发现，90%的企业数据量在迅速增长，其中仅20%的数据量每年增长一半甚至更多。建立在海量数据基础上的分析有助于我们更好地开展高速铁路市场营销工作。

铁路内部营销数据主要来自铁路客票系统。随着售票实名制、学生卡识别、银行卡售票、互联网售票、手机 App、电话订票等方式的逐渐完善，客票系统数据库蕴含信息量非常大，需要我们定期做好数据备份，并注意数据分类的维度。外部营销可采集车站所在城市人口基础资料、学校资料、大型活动等资料，再进行公路、民航、自驾等方式出行客流调研，进行气候变化对人们出行的影响调查、旅游团体调查、旅客个性化需求调查等，相关资料及时更新，逐渐积累数据。

通过内、外营销数据采集能够掌握车站所在城市的客流总体情况，能够掌握每日大到全路、小到车站的车票销售情况，能够掌握哪个方向是旅客发送高峰，哪个方向旅客发送量少，哪个时间段运能不足，哪个时间段运能过剩等，随后可以根据有限的数据分析提出加开和停运列车的建议。依据客票发售数据和采集到的其他相关旅客运输数据，采用客运营销辅助系统进行客流运输的统计和关联性分析，以辅助进行合理的运输组织和调整。关联性的数据分析可以告诉我们高峰时段高峰方向还有多少人需要乘车出行，某个地方某个大型活动在某个时间段存在客流量突发增量，某个时间段气候恶化带来出行困难人数等信息；通过某个时间段某个区间运能和实际购票量信息可以推断该时间该区间客流量是旺季或淡季，可以获取相关动车组列车的上座率、运能利用率、席位复用量；通过购票方式的不同可掌握不同的旅客喜欢自助服务还是依赖人工服务。

为开展收益管理，铁路局以原有客票分析统计系统为基础，对系统作了进一步拓展，增加了客流分析、预测以及过程监控等功能，初步建成客运营销辅助系统。其总体功能结构如图 4-5 所示。

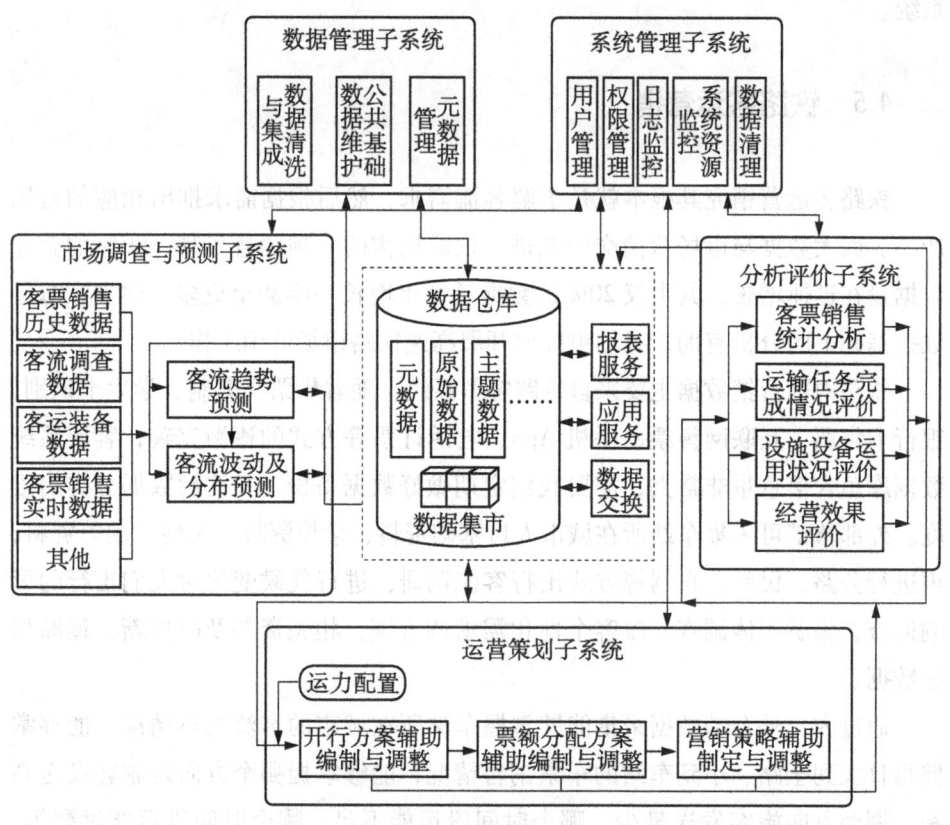

图 4-5 客运营销辅助系统功能总体结构

正常条件下，路局总是希望先让旅客购买长区段车票（从始发车站或临近始发站的车站到列车终到站），然后通过席位复用产生短区段席位（长区段车票被使用一个或多个有效区段后剩下的区段车票），再让部分有短区段票额需求的旅客购买。而实际上，旅客不可能按照路局的设计顺序购买车票，他们会根据出行需求、运能情况，采取不同的购票行为：有的需要购买长区段的，有的需要购买短区段的，有的提前较长时间购买车票，有的提前较短时间购买车票。这种时间和需求的随机性大大增加了票额销售的技术复杂度，同时也影响着列车上座率和收益。

通过大数据分析，路局发现旅客的购票时间与铁路运能紧密相关。随着高速铁路的大量开行，铁路运输能力也得到极大的提高，原本一票难求的局面得到了一定的缓解，广大旅客的购票行为也在悄然发生改变。由于高速铁路运能较为充裕，高速铁路旅客在购票上要求快捷、方便、简单，大部分旅客预购车票时间在开车前2小时以内。而旅客购买车票区段的长短是由旅客的出行需求决定的，在社会、经济、人口、交通等条件相对稳定的情况下其概率分布也具有规律性。各次列车的客座率和收入基本按照一定周期（日常、周末、节假日等）运行，同时也验证了其变化规律。

综上所述，当前车票销售最主要的问题是：由于旅客购票时间短且购买长、短区段车票时间随机，在总体票额数量不变的前提下，既要保证旅客在不同时间段内尽可能地买到长区段车票，又要保证部分旅客能及时买到短区段车票，以实现整个列车收益的最大化。原有的售票策略是根据经验指定若干车厢在预售期内全程共用，剩余车厢在开车前某个时段再共用的售票组织策略，其限售站根据客流流向、需求等特点一次性设置及放开。由于全程共用时间和取消限售时间相对固定，在部分旅客先期购买短途票后，长区段票将被裂解成若干短区段票，这导致无法满足部分长区段的购票需求，不能实现票额利用效益的最大化。如果缩短票额共用时间和取消限售时间，虽然能保留住部分长区段票，但也可能导致部分旅客不能及时购买到短区段车票而造成这部分客流的流失。如何解决这个问题，需要路局提前对旅客出行需求、购票时间进行预判，并以此制定相应的客票销售策略，引导旅客"适时"购买"适合"车票，从而实现平衡各方需求及效益最大化的目的。

高速铁路营销的核心是体验。要求高速铁路从销售导向转向营销导向，将营销贯穿于企业经营活动的全过程。营销的核心是交换，要从卖方市场向买方市场转变。沿用卖方市场的销售思路，只重视所生产的产品，没有关注什么是顾客真正需要的，必然走向衰落。营销采取整合性的经营手段，全面规划企业的经营活动，并有计划地相互协作开展企业各个部门的经营活动。高速铁路营销的关键在于品牌建设。品牌建设包括品牌忠诚度、知名度、心中的品质、品牌联想、其他独有资产。企业要将战略和营销活动、产品与服务、信息与传播渠道整合起来，对内部进行流程再造，将优质资源投到为顾客提供价值增值的关键环节。

1. 铁路运营营销系统

日常客流监控。对基础数据做到"日盯控、旬分析、月总结、季分析、（半）年总结"，详细掌握各个车站、各个时段重点类车等流量流向情况，通过分线、分站、分流向对客流增减数据进行同比和环比分析，为优化调图打下良好基础。

2. 节假日客流监控

监控周末、小长假、黄金周、春暑运等时段客流，掌握高峰日情况以及紧张方向客车加开、票额增加等需求情况，及时提出加开、短编改长编、票额共用等建议，进一步满足高峰时段的客流出行需求。

3. 预售客流监控

通过对客流预售量的统计，提前掌握车站列车预售基本情况，对发售量200张以上的重点列车，通过客票系统查询车票余额，遇始发站余票较多时，及时联系增加共用票额。例如，2016年11月26日，嘉兴南站监测发现车站27日上午至上海、杭州方向有5趟列车预售超300人，经了解知道26日有明星演唱会在嘉兴举办，立即查询车票剩余情况，及时申请了部分列车的共用票额，较好地满足了突发旅客返程需求。

4. 改进销售渠道

根据每日早、中、晚三个时段，节假日、周末、日常等不同时期的客流波动特征，机动灵活设置人工窗口售票方案，改进班次，优化每班次的工作时间，为旅客提供方便。同时，拓展路铁联合售票服务，在售票窗口增设发售长途公路车票售票窗口，方便接续其他交通方式的旅客换乘购票，做到与其他交通方式的无缝衔接。

让列车开行更有效率、更有效益，向着市场开，始终是铁路人努力的方向。5年来，国铁集团主动对接市场需求，盘活优化既有资源，开发优化客运新产品，全面优化产品结构，形成包含高速动车组、动车组、直达特快、特快、快速、普快、普客，以及"朝夕"高速铁路、旅游列车、高速铁路动卧、城际、市郊等列车在内的，不同速度、不同装备、不同席别、不同开行频次和不同时段的旅客列车产品系列，充分满足不同区域、不同层次旅客出行需要。把握春暑运、小长假、黄金周等客运上量"黄金时段"，铁路部门充分挖掘用足客运能力，最大限度满足客流增长需要。各铁路局大力开展客流分析和市场调查，提前合理安排动车组和客车车辆检修计划，千方百计提高车辆上线率。

加强淡季营销，铁路部门打好旅游列车品牌促进增运上量。每年3月至6月客运淡季，铁路部门根据旅游客流去向，有针对性地组织自局管内、邻局间推出了"樱花专列""桃花专列""踏青专列""草原专列"等旅游品牌，并随季节变化动态调整。同时，铁路部门设计推广"联程组合"客运产品，采取高速铁路间、普速间、高速铁路与普速间的不同接续方式，通过组合生成新的"夕发朝至"客运产品来吸引客流。

此外，铁路部门还不断优化售票组织和票额智能预分，综合运用票额共用、席位复用、限售区段调整等手段，实施剩余能力动态调整。

为了提高旅客列车席位能力的利用率，综合考虑沿途车站能力和需求的实际情况，以均衡运输为目的，在客票预售期之前对列车票额进行分配。这种票额分配基本在运行图编制完成后进行预分，其预分票额相对固定，是一种传统的票额分配方式。这种票额分配方式相对固定，调整环节复杂，工作量大，不能适应动态的客流需求，尤其是对潮汐效应比较明显的高速铁路客流更不适应，因此高速铁路票额管理采用席位自动预分、共用、复用等策略。

票额共用是指定车站全部或部分票额按一定的时间策略允许被列车运行径路前方一个或多个车站使用的动态票额分配手段。票额共用实现了票额的动态共享，完善了票额分配计划，方便了旅客购票，提高了票额有效利用率。

如图4-6所示，G20次列车自A站始发，途经B、C、D站，终到E站，如果给A站分配500张二等座，可以设定开车前某段时间（如20天）300张票供A、B、C站共用，即开车前20天内这300张票的票额由A、B、C三站共用；具体票额分配给A站而不分配给B站和C站，是通过算法实现A、B、C三站共用。

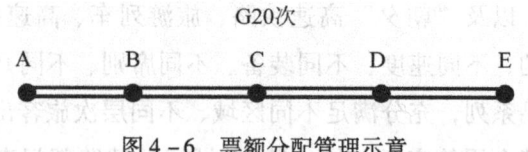

图4-6 票额分配管理示意

席位复用是指列车席位售出后,如果售到站不是该席位的限售站,或乘车站不是该席位的起始站,那么剩余区段可以再次利用并生成新席位。席位复用改变原有票额一次利用状况,避免列车运能浪费,实现列车能力效益最大化。

如图4-6所示,G20次列车自A站始发,途经B、C、D站,终到E站,如果一张席位被B站发售至D站,那么剩余的A至B区段、D至E区段还可以被利用,系统将产生一张A至B区段的席位和一张D至E区段的席位。

票额自动预分是根据列车历史客流密度以及其他客流市场因素,对预售期内的各站票额需求进行短期预测,在满足票额站需求的前提下,根据售往中途站的短途客票预测量按一定比例提前自动分配至中途站,供中途站预售的一种票额动态组织手段。这种售票策略实现了每日一次票额分配,实现票额分配与客流市场需求动态适配。但是这种方法有一个前提条件:预测要精准。我们知道预测是一门很复杂的科学,许多行业都在使用预测技术,但是实际结果与预测仍难免有差距。客流市场涉及社会、经济、文化、区域、人口、企业、天气等诸多因素,在实际应用中,部分列车、部分时间预测结果与实际存在一定的差距,为此在自动预分基础上,铁路部门提出了模糊预分。

模糊预分是指席位全部放始发站,根据客流分析及预测方案对车站进行分组,对票额进行分堆,然后将分组站与分堆票额相对应,按堆顺序售票,席位不提前裂解。车站组则按照确定的售票策略发售本组车站可用票额。模糊预分可以将售票分析、专家经验、售票预测结合起来,其优点主要有:车站分组、票额分堆由人工智能得出,比较贴近真实的客流需求。但是模糊预分需要根据不同期间、不同车次、不同要求制作相应的预分模板,预分前要充分把握客流特点、趋势,需要一定的人工量,如图4-7所示。

第4章 智能客运

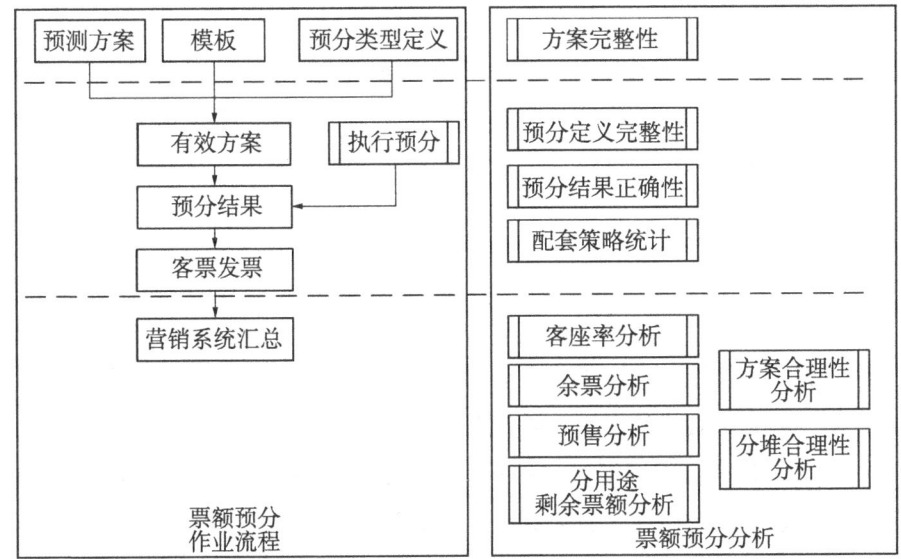

图4-7 模糊预分逻辑示意

模糊预分还有一个重要的作用就是兼顾票额预分的公平性。在客流高峰时段以及重要客流方向往往沿途各站都有票额的需求，如果将票额全部或大多数预分给始发站，那么票额也都能发售完毕，这时制定模糊预分就要考虑沿途车站旅客的出行需求，适当为沿途站进行票额预分，而不能一味考虑列车运能的效益最大化。

4.6 铁路车站客运组织

4.6.1 铁路车站流线组织

在铁路客运站内，由于旅客和列车的集散活动，产生一定的流动过程和流动路线，被称为流线。流线按流动方向不同可分为进站、出站和换乘流线；按流动实体可分为旅客流线和车辆流线。高速铁路车站客运工作要达到安全、有序控制的目标，必须根据各种客流流线的特点和规律合理地进行流线组织。流线组织是铁路客运站站房总体布局的重点，也是旅客工作组织的主要依据。铁路客运站一般不办理普通行包组织业务，但部分车站开始办理快递货运业务，

· 117 ·

从流线性质上仅分为旅客流线和车辆流线。

因此所谓车站的流线组织,即根据各类流线的特征,结合车站实际空间布局条件,采用合理的组织管理手段,使旅客安全、便利、舒适地完成站内出行需求。一般遵循的原则为尽量避免和减少流线的相互交叉干扰,最大限度地缩短距离,避免流线迂回,防止对流,保障安全。

1. 流线分类

根据铁路枢纽站功能和客流行动的流程环节,以上海虹桥高速铁路枢纽站为例,可将客流流线分为四类八种。第一类是汇聚进入流线,第二类是进出站流线,第三类是中转换乘流线,第四类是事务流线。

(1) 汇聚进入流线。指通过地铁、公交、出租车、飞机等各种交通工具,由本市、附近地区或其他区域到达枢纽车站乘坐高速铁路的进站客流活动流线。根据旅客进站后的行为流程又可细分为两种,一种是进站过安检,先购票或办理相关车票业务再候车最后检票乘车离开的常规乘车流线;另一种是提前通过网络购买高速铁路车票,进站过安检后直接到检票口刷身份证乘车离开的快速通过流线。进站前已经购买纸质票或网络购票取出纸质车票的旅客活动流线与快速通过流线是一样的。

(2) 进出站流线。指乘坐高速铁路列车到达车站的旅客经站台、出站通道、出站口通过换乘分流通道乘坐其他交通工具离站的活动流线。其中,进站流线是高速铁路车站内最为重要的流线,旅客从到达站外开始直到到达站台上车都是车站部门密切关注的服务对象。出站流线是高速铁路车站内另一条重要流线,即需要换乘市内其他交通方式的流线,如图 4-8 所示。而需要在站内换乘其他高速铁路列车的流线叫作换乘流线。

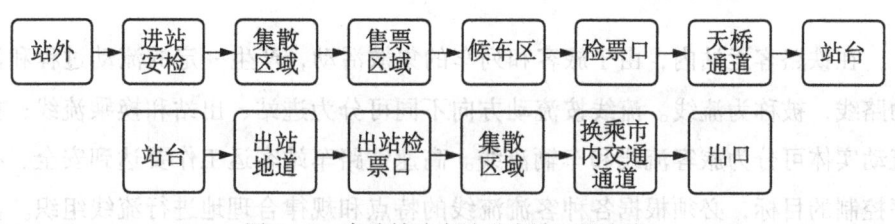

图 4-8　高速铁路车站进出站组织流线

(3) 中转换乘流线。指到站后换乘高速铁路动车继续旅行的铁路中转客流或在其他交通工具间换乘旅客的活动流线。根据实际情况可再细分为三种，一种是内部中转流线，旅客提前购买好联程高速铁路或动车车票，到达枢纽车站后经站台和换乘通道到达候车室，持换乘列车车票经检票乘坐其他列车离开的活动流线；第二种是出站中转流线，旅客未提前购买好换乘列车车票，到达枢纽车站后，先出站，再进站过安检、进行购票，再经候车、检票乘坐列车离开的活动流线；第三种是外部换乘流线，是在地铁、公交、出租车等交通工具之间换乘的本市或本地区的旅客活动流线。如地铁与地铁换乘；地铁与公交换乘；公交与公交换乘；公交与出租车、机动车换乘；出租车、机动车与地铁换乘等，如图4-9所示。

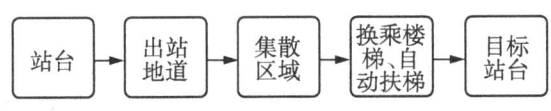

图4-9 高速铁路车站换乘组织流线

（4）事务流线。是指到高速铁路站办理各项事务人员或铁路相关工作人员的行走流线。进一步可细分为两种：一种是到车站办理退票、接送客、实名制认证、领取失物、咨询业务以及餐饮、休闲等人员的活动流线。到车站办理事务的人员虽然与正常旅客相比人数很少，但由于事务繁杂零散，可能会涉及多个场所地点，因此其活动流线相对复杂无序。另一种是铁路工作人员，即枢纽站内工作人员和通过枢纽站的铁路工作人员的行动路线。

此外，客流流线还可根据不同需要进行不同方法的分类。按流线经过区域通道进行分类，可分为站内流线、站外流线、内外衔接流线、内外循环流线；按客流性质特点分类，可分为普通旅客（进站、出站、中转、办事）流线、特殊旅客（进站、出站）流线、工作人员流线等；按客流状态分类，可分为常规状态流线、高峰状态流线、极端状态流线，其中极端状态是指因各种原因引起的高速铁路大面积晚点、旅客大量滞留等情况下的客流状态；按客流流向分类，可分为同向流线、逆向流线；按流线之间关系分类，可分为平行流线、汇合流线、分歧流线、交叉流线。各种流线分类之间关系可见表4-3。

表4-3 高速铁路枢纽站客流流线主要分类表

按流程分类		按区域分类	按性质分类	按状态分类
汇聚进入流线	常规乘车流线	站外流线、外部衔接内部流线	普通旅客流线（常规进站、快速通过）	常规状态流线（进站、出站、中转、办事）、高峰状态流线（进站、出站、中转、办事）、极端状态流线（进站、出站、中转、办事）
	快速通过流线			
到达离站流线	出站流线	站内流线、内部衔接外部流线	普通旅客流线	
中转换乘流线	内部中转流线	站内流线	普通旅客流线（内部中转、出站中转）	
	出站中转流线	站内流线、内外循环流线		
	外部换乘流线	站外流线	其他交通工具旅客流线	
办理事务流线	事务旅客流线	站外流线、外内循环流线、站外流线	特殊旅客（进站、出站）流线	
	工作人员流线	站外流线、外内循环流线、站内流线	工作人员流线（进站、站内、出站）	

2. 枢纽站流线设置需求

铁路枢纽站流线设置需求有很多方面，但概括起来，主要有以下四个方面。

（1）路径最短。为充分提高枢纽车站客流大规模集散以及多种交通方式便捷换乘甚至"零换乘"的效率，在流线设置上要着重考虑各流程环节中行走路线的最短化。路径越短，旅客行走时间越少，客运效率越高。现代很多交通枢纽都是按照"零换乘"概念设计建造的，其目的就是适应现代社会生活快节奏的要求，最大限度提高运输效率，方便旅客进出乘降。

（2）避免交叉。大型高速铁路枢纽车站建筑结构复杂，出行目的、需求不同的大规模人员混杂。例如，2014年12月31日上海外滩踩踏事故发生的原因，一是区域内人员过于密集，人流量大大超过了通道的正常承载量；二是密集的上下行客流在楼梯处发生对冲导致多人摔倒最终酿成惨剧。在客流量巨大的高速铁路枢纽车站流线设置上要深刻吸取这个教训，设法将各种流线在立体空间内分离错开。

（3）合理流动。大型高速铁路枢纽车站内，餐饮休闲服务设施众多，通道四通八达，各处所之间流线如果完全隔离，既不方便也不可能。对此，要合理布局各条流线，干流带动支流，有序衔接。这样既能让不同需求的旅客方便快捷地在各处所之间行走流动，又可避免大量无序流动人员扰乱正常的流线。

（4）系统统筹。大型高速铁路综合枢纽车站由于整合了多种交通方式，客流流线既有各种交通方式内部的内循环，又有各交通方式间相互联动的外循环。加之，不同交通方式的不同运营特点，造成了相互之间客流流线交叉区域常常成为梗阻区或滞留区。因此，越是综合性强的高速铁路枢纽站，越要重视系统规划、统筹协调，将各种交通方式的流线有效整合为一个有机整体，充分释放枢纽站的综合客运集散优势。

3. 铁路枢纽车站流线交叉分析

（1）流线交叉冲突类型。由于大型高速铁路枢纽站站房结构复杂，集成了多种服务功能，大量旅客在枢纽内活动，旅客在不同活动的过程中形成了不同的流线。当两股流线或多股流线同一时间在同一区域流动时，就出现了流线交叉冲突。冲突的严重性随着流量和流速的增加而上升。因此，有大客流进出的高速铁路枢纽站要高度重视流线组织，尽力避免流线的交叉冲突。根据流线交叉的角度，流线冲突通常分为十字冲突、平行冲突两种基本类型，其中十字冲突如图4-10所示。其他类型交叉冲突都是这两种类型的变形。

图4-10 流线十字冲突

（2）流线交叉冲突疏解。根据流线冲突的发生条件，同一时间、同一地点，对流线冲突的解决方法主要有时间错开和空间错开两种。时间错开法类似于路口的红绿灯控制方法，很有效，但对以快速便捷为主要目的的高速铁路枢纽站内客流组织不适用。而空间错开法则受高速铁路枢纽站站房结构和场地条件限制较大。一般而言，有平面分流法、立体分流法和综合分流法几种。相对而言，流线方向截然相反的平行冲突解决方法较为简单，在两条流线中设置隔离栏杆就可有效疏解。而对于十字交叉冲突，则要综合考虑站房结构、绕行距离等因素，合理设计流线，尽可能分离两条流线，减少甚至消除交叉点。

为避免客车与高站台边缘之间的缝隙造成旅客跌下站台,应向旅客做好警示提醒,在全路客运车站高站台相应位置统一设置警示标识。新增警示标识图形符号,中文为"小心站台间隙",具体规格与站台帽表面材料尺寸相对应,警示标志上沿与站台帽边缘平齐。

4.6.2 检票组织

检票组织是指高速铁路车站检票组织,主要包括检票时间的设置、检票人员的安排等的组织。优化检票人员的轮班,根据列车信息及时发布检票信息,制定合理的检票时间,可以优化车站的检票组织,使旅客候车、上车过程更加流畅。高速铁路车站检票组织包括进站检票和出站检票组织,其中进站检票组织是车站检票组织工作的重点。根据列车信息及时发布检票信息,制定合理的检票时间,优化车站的检票组织,使旅客候车、上车过程更加流畅。高速铁路车站自动检票机的使用增加了高速铁路自助化服务强度,提高了服务效率。

(1)实名制验证。包括验证方式、验证设备、验证规定等。依据《铁路安全管理条例》(中华人民共和国国务院令第639号),铁路运输企业应当按照国务院铁路行业监督管理部门的规定实施火车票实名购买、查验制度。旅客应当凭有效身份证件购票乘车,对车票所记载身份信息与所持身份证件或真实身份不符的持票人,铁路运输企业有权拒绝其进站乘车。实行全封闭实名制验证且验证与检票分离的车站,应设置验证口、复位口、制证口等实名制验证设施。在进、出口处对候车室区域形成封闭,并须具备电源、通风、照明、网络条件。

系统验证的通道设置、设备配备和技术标准应符合国铁集团《铁路旅客车站实名制验证设施主要技术要求》,系统验证通道应配备相应的查验设备,主要有电脑、二代身份证识读设备、二维码识读设备、公安联网控制器、工作台等。

旅客进站乘车时,车站工作人员应对旅客及所持车票和票面所载的有效身份证件原件进行查验。票、证、人不一致或无法出示有效身份证件原件的旅客,不得进站乘车。持减价优惠(待)票的旅客,需同时核对购票时使用的有效身份证件原件和符合优惠票规定的减价优惠(待)凭证。无法出示有效身份证件原件的旅客,到车站铁路公安制证口办理临时身份证明后,方可进站乘车。经实名制系统验证后进入候车区域的旅客如需离开,应在复位口办理车票复位手续；再进入候车区域时，应重新进行实名制验证。

（2）安全检查。包括安检设备、携带品规定、查获危险品处置等。依据《铁路安全管理条例》，铁路运输企业应当依照法律、行政法规和铁路行业监督管理部门的规定，对旅客及其随身携带、托运的行李物品进行安全检查。有权拒绝不接受安全检查的旅客进站乘车和托运行李物品。

旅客应当接受并配合铁路运输企业在车站、列车实施的安全检查，不得违法携带、夹带管制器具，不得违法携带、托运烟花爆竹、枪支弹药等危险物品或者其他违禁物品。禁止或者限制携带的物品种类及其数量由铁路行业监督管理部门会同公安机关规定，并在车站、列车等场所公布。车站安检设备的设置适应客流量和站场条件，秩序良好，通道顺畅。车站安检设备配备主要包括安检仪、手持金属探测器、安全门、防爆毯、防爆罐等。安检岗位人员配备主要包括引导员、视频监控员、人工手检员和处置员等。车站安检查危区域应设置专用弃物箱，用于对旅客放弃物品的收置和暂存。对旅客声明放弃的携带品，由车站安检查危人员收集保管；对旅客提出暂时保存限制携带的物品，应注明物品品名、数量、保存和领回期限等，旅客前来领取时，由安检人员负责发还；对应当收缴的爆炸、有毒、放射、腐蚀性等危险品和国家明令禁止携带的管制刀具等禁止性物品及携带者，由安检岗位公安民警依法处理。列车发现旅客携带品可疑及无人认领的物品时，配备乘警（或列车安全员）的通知乘警（或列车安全员）到场处理；未配备乘警（或列车安全员）的由列车长按规定处理，对危险品做好登记、保管及现场处置，并交前方停车站（公安部门）处理。

（3）进站检票。包括自动检票设备、岗位作业联控、异常情况处理等。车站自动检票机通道和人工检票通道正常启用，通道数量适应客流情况，设两侧检票口的，对长编组、重联动车组列车同时开启。使用自动检票闸机的车站，应同时留有人工通道。车站自动检票系统由集成管理平台获取检票车次、检票时间、候车室、检票口、检票闸机等信息，自动生成检票计划，并下发到相应的检票闸机。闸机检票车次、开始检票和停止检票指令要与综合显示和广播终端发布的信息相吻合。开始、停止检票时间的设置适应客流量和站场条件，进站口有提前停止检票时间的提示，开始检票或列车到站前，通告车次、停靠站台等检票信息。检票作业时，车站客运人员按照先重点、后团体、再一般的原则，引导旅客通过自动检票机、人工检票通道分别排队等候、检票进站，对持磁介质车票或中铁银通卡、二代居民身份证直接乘车的旅客，应引导使用检票闸机检票进站，宣传自动检票机的使用方法，提醒旅客拿好车票或身份证，防止尾随。具备居民身份证自动识读检票条件的自动检票机正常启用。人工检票口核验车票和其他乘车凭证，对车票加剪。仅凭手机中互联网购票信息的旅客不得进站乘车。停止检票前，通告候车室有无漏乘；停止检票时，关闭检票口，通告候车室和站台。遇系统故障检票闸机无法使用时，应采取人工检票方式。

（4）站台组织。包括旅客引导、岗位联控、站车交接、发车确认、站台清理等。站台客运人员提前到岗，检查电梯状态，检查引导屏状态和显示内容、站台及股道情况。巡视站台，清理闲杂人员，清除障碍物，注意防止旅客下站台、穿越线路和钻爬车底。检票放客时，电梯口、楼梯口等关键部位安排人员安全宣传、引导防护，组织旅客按站台车厢位置标志在站台安全线或屏蔽门内组织旅客排队等候，有序乘降。个别车厢上车旅客较多时，进行分流组织。铃响时巡视站台，注意有无漏乘。组织旅客上下车时，提醒旅客注意脚下，防止踩空，照顾重点旅客，防止掉下站台，关注站台两端，发现情况立即处置。迎送列车时，按规定位置立岗，足靠安全线，不侵入安全线外，面向列车方向目迎目送，以列车进入站台开始，开出站台为止。办理站车交接，短编组动车组列车在4、5号车厢之间；长编组动车组列车在8、9号车厢之间；重联动车组列车在列车运行方向前组第7、8位车厢之间。开车时间前30秒打响开车铃，铃声时长10秒。车站确认列车旅客乘降、上水、吸污和高速铁路快运、餐车物品装卸作业完毕后，使用无线对讲设备通知列车长与客运有关的作业完毕。对有需求的重点旅客，提供主动服务、联程服务，实行首帮负责制。接受旅客投诉，化解旅客矛盾，取得旅客谅解，实行首诉负责制。同一站台有两趟列车同时进行乘降作业时，有宣传，有引导，无误乘。列车开出后，及时清理站台，做到一车一清，杜绝闲杂人员在站台停留。严格卡控站台巡视、列车到发等站台重点作业，发现旅客追车、扒车、钻车、掉下站台、进入股道等现象要立即制止，必要时按程序拦停列车。车站要科学地安排站台作业人员，合理配置站台定员，确保站台组织旅客需要。遇节假日运输、客流较大、天气恶劣等情况和有天桥、弯道影响视线等作业困难的车站，应适当增加站台作业人员。

（5）出站组织。包括出站旅客验票、违章乘车旅客处理、出站厅清理等。出站检票人员提前到岗，检查自动检票机、广播、电梯、照明、出站显示屏状态和内容，发现故障及时报修。引导持磁介质车票、居民身份证、中铁银通卡等旅客使用自动检票机验票出站，具备居民身份证自动识读检票条件的自动检票机正常启用。人工检票口核对车票及其他乘车凭证，对未加剪的车票补剪，秩序良好，防止尾随。对发现的无票或票证人不符等情况按规定处理。处理违章，实事求是，坚持原则，依法依规。区别不同的违章情况，妥善处理，不乱补乱罚，不擅自搜身，不扣押身份证件和物品等。按出站口通道管理要求，防止闲杂人员从出站口进入站内。对违章乘车旅客及违章携带品正确处理，票款收付准确。列车出站后及时清理，站台、通道无滞留人员。

4.6.3 乘降服务

乘降服务是指高速铁路车站乘降组织，是车站工作人员通过设置各种设施设备，合理安排候车区域，组织旅客乘降的工作。乘降组织影响旅客的候车、上车以及下车、出站。

旅客乘降组织是有秩序地组织旅客在站内通行、检票进站、走向列车停靠站台上车，以及到达车站下车旅客在出站口交票出站，是客运站的一项重要工作。高速铁路车站必须装备完善的旅客引导系统，采用多媒体技术在候车区、检票口、进出站口、站台等旅客活动场所设立醒目、明确的电子指示牌等来指出车站各种旅客服务设施的方向和位置、列车到发去向、到发时刻、列车停靠站台、晚点变更等情况，引导乘客方便地使用车站的各种服务设施以及按规定的路径便捷地乘降列车和换乘，使站内旅客便捷地办理各种旅行手续，尽量避免各种流线在站内各类通道上形成交叉干扰。大客运站应从市内交通的停车场起，对入站购票、候车的长途以及市郊客流分别组织。跨线通道是站房与站台之间、站台与站台之间往来的通道。跨线设备的类型、数量和位置对站场内的流线组织起着重要作用，尤其是在大量旅客下车出站时，跨线通道就成了人流疏散过程中的控制地段。高速铁路车站的跨线设备可分为天桥和地道。

为预防闲杂人员通过高速铁路车站站台端部进入线路而产生安全隐患，研制"高速铁路站台端部防穿越报警系统"。该系统由穿越探测单元、视频摄录单元、车站报警主机、服务器管理平台、移动接收终端等部分组成。如果有闲杂人员误入高速铁路站台端部报警区域，红外线及雷达扫描将探测到的信息无线传输给系统管理平台及管理人员的手机终端，系统在给出现场灯光和语音报警同时，启动摄录一体机取证，为确认侵入行为提供视频依据。管理人员能第一时间通过手机上的视频监控平台和站台防穿越报警平台掌握现场情况并进行处理。该系统将在全局管内104个高速铁路车站的298座高速铁路站台上逐步推广使用。

4.6.4 换乘服务

在城市综合枢纽，除了中间站客流需求适应枢纽站外，高速铁路的始发站和终点站常常设在高速铁路枢纽站，因其开行高速铁路速度快、密度高、客发量大等特点，一般定位都是作为一个城市连通其他城市地区的交通出入口、集散点。越是人口密集、经济发达的城市，高速铁路枢纽站的这一特点越是明显。

旅客换乘方便。旅客换乘的方便性也是体现车站工作人性化的重要一面，旅客在站换乘、旅客出站与其他交通方式的换乘等都应该成为车站工作组织中的一环。旅客的在站换乘，要根据动车组的不同发车时刻，以及开行跨线列车情况，通过车站的广播系统、指引系统等为旅客提供合适的信息；而旅客的出站换乘，车站应和城市交通进行有效的衔接。旅客可根据自己的需要和爱好选择不同的换乘方式，以最短的路径或最短的时间方便换乘，即各种交通方式相互协调，优势互补，共同承担枢纽内中转旅客的换乘任务，做到各种交通方式的乘客互为客源，使各种交通方式的发展相得益彰，体现人性化的一面。

高速铁路车站内外客流的组织，由于城市规模和综合枢纽站内各种交通方式的引入条件、衔接和疏解方案等不同而不尽相同。国外高速铁路车站和地铁通过在空间上的错层设置，加上站外城市公交、出租车等的合理配置，能够较好地疏解进站客流或出站客流。近期国内只有少数的大城市能够实现高速铁路车站和地铁的衔接，因此车站工作组织必须高度重视这一工作，主动和城市交通管理部门协调沟通，寻求良好的交通网络体系。

（1）换乘方式便捷化。我国实施便捷换乘的高速铁路车站由23个扩大到39个，购买联乘票的旅客在这些车站不用出站即可换乘，旅客中转换乘更方便、更快捷。站内中转给旅客带来了方便。以上海虹桥站为例，例如从杭州站乘坐G7362次到上海虹桥站后，换乘G598次到汉口，站内7分钟完成换乘。上海虹桥站检票口的反向自动验票机不仅可以正面"读票"进站，也可以让需要中转的旅客反向"读票"出站。上海虹桥站和南京南站候车层 A 侧分别安装有 16、15 台这种装置，并在出站闸机左侧增设了人工检票通道，车站根据新的换乘路线，统一了换乘标志和换乘广播，缩短了旅客中转换乘的路程，只需 5 分钟左右时间。每月进行专项检查保养，清理、调试设备安全性能。技术维修人员接到车站报修通知后，10～15 分钟内要赶到现场抢修。旅客不用出站，只需在下车的站台乘垂直电梯即可直升至候车厅，省时省力。客运服务变得越来越精细化和人性化。

为方便旅客出行，12306 网站和"铁路 12306"手机 App 为旅客提供接续换乘的推荐方案服务。旅客购买接续换乘车票时，系统会推荐接续换乘方案供旅客参考，旅客可以按照推荐方案购票，也可以根据自己的需要购票。目前，接续换乘推荐方案仅提供动车组列车换乘动车组列车和动车组列车换乘普速旅客列车两种换乘方式。为了确保旅客有足够的时间换乘，根据不同换乘方式，客票系统中设置了换乘推荐方案最少换乘时间，原则上同站换乘时间不少于 30 分钟，同一城市不同车站间换乘时间不少于 120 分钟。自 2017 年 10 月 12 日起，铁路部门推出"接续换乘"方案推荐及动车组列车"自主选座"两项便民服务新举措，进一步改善旅客出行体验。旅客通过 12306 网站或手机客户端购票，当遇到出发地和目的地之间的列车无票或没有直接到达的列车时，旅客可选择"接续换乘"功能，售票系统将向旅客展示途中换乘一次的部分列车余票情况。如果旅客选择购买，可以一次完成两段行程车票的购票。

为进一步提高客运服务质量，方便高速铁路旅客换乘，缩短换乘旅客行走距离，减少安检、进站等中间环节，解决换乘费时耗力等难题，为旅客提供安全、舒适、快捷的换乘条件，在全路指定便捷换乘车站，对持有本站当日经停的 G、D 字头列车联程车票的旅客试行便捷换乘服务。采取从站台一侧进站通道（楼梯、自动扶梯、无障碍电梯等）反向进入候车区（室）的换乘方式，车站负责有旅客到达车次车票和联程车票的核验。

上海虹桥站配置大量自动售取票机、自动检票系统、自动引导系统等自助服务设备。作为上海虹桥综合交通枢纽重要组成部分，上海虹桥站与民航、城市轨道交通、公交、出租车紧密衔接，形成了多种交通方式一体化的现代化综合交通枢纽，实现了旅客"零换乘"。2017 年 4 月起，上海先后有 10 多条地铁线路常态化延时1小时,这意味着中心城区地铁服务将超过午夜零点。这项举措为高速铁路到达时刻较晚的列车旅客带来交通衔接的便利,满足了这部分旅客的出行需求。实现同台交互换乘之后,旅客只需在站内步行两三分钟即可找到换乘入口,整个过程最快5分钟,比起之前不同台的换乘,至少节约了10分钟的换乘时间。

北京南站坐落于北京市丰台区开阳桥南开阳路(原永定门火车站西南),地处宣武区、崇文区及丰台区交界处,南二环、南三环、马家堡东路、马家堡西路之间,凉水河北侧。北京南站作为高速铁路车站,日均发送旅客十余万人次,春运、节假日高峰更是经常突破20万人次。北京南站开启地下7个快速进站通道,实现车站所有始发车次全覆盖,将地下换乘层旅客最快进站时间缩短至10分钟。在功能布局上,改变以往平面布局模式,采用上下五层立体化布局模式,将地铁、公交等市内交通引入车站内部,较好地解决了车站与市内各种交通方式的换乘和地下空间的统筹利用等问题,实现了车流的无缝衔接。在流线设计上,采用"上进下出"和"下进下出"相结合的流线设计方式,使车站内部各种流线便捷顺畅和路径最短,实现了客流的"零距离换乘"。北京南站在北京和天津之间,每天往返的高速铁路有251趟,平均10分钟就有一班,2016年比2011年增加了30%。2016年,4.5万人每周往来两座城市一次以上,比5年前翻了三倍还要多。对于不少中国人来说,出门坐高速铁路已经变得和坐公交、地铁一样便利。

(2)客运站新设计理念。近年来,随着我国经济转型升级和铁路建企改制的形势发展,以及以信息技术为主的新经济时代的到来,客站需求发生了显著变化,更多富有时代需求特征的客运站正在筹划酝酿中,适应时代需求的新一代铁路客站呼之欲出。从中华人民共和国成立初期铁路站场、旅客站房和交通广场三要素平铺的模式,到后来"南北开口、高架候车"的第二代铁路客站,再到现在桥建合一加综合交通枢纽的高铁站,我国高铁站房设计和建设能力不断提升,功能进一步趋向高效化、集约化、便利化。截至2016年底,我国已经建成高铁车站676座。

沙坪坝高速铁路站是我国首个真正按"站城一体"理念建设的第三代高速铁路站枢纽,位于重庆商业中心,2018年1月25日开业。它颠覆了以往的设计理念,深藏于城市繁华区地下47米(地下共有8层)并衔接高速铁路、轨道交通、公交、出租车等多种交通方式的特大综合交通枢纽中,首创高速铁路站房上加盖高 180 米的大型商业"双塔"综合楼,连附楼共 49 万平方米商圈,使地下综合交通枢纽与地上超大商圈连为一体。始建于 1979 年的沙坪坝站,曾经连接全国南北铁路交通网,是重庆最重要的客运站。它的二度改名也昭示着它的辉煌和没落。2017 年底沙坪坝站完成了自己的华丽转身,作为未来成渝高速铁路客运专线的终点站,总投资约 106 亿元,一座集高速铁路、城市轨道交通、公交、出租、地下停车场等于一体的现代化大型城市综合交通枢纽站将现身市民眼前。与此同时,枢纽上盖利用城市空间开发约 48 万平方米的高端商业,沙坪坝高速铁路站商业综合体规划有商业、商务办公等业态。工程全部建成后,将全面提升沙坪坝核心区城市形象、路网交通和商圈环境,为市民提供更好的出行体验和休闲活动场所。沙坪坝站综合枢纽如图 4-11、图 4-12 所示。该项目的亮点是设置了综合换乘厅(类似于日本的"城市核心"),贯穿地下负 1 层至负 4 层,并辅以最先进的智能引导系统。乘客可在负 4 层高速铁路换乘厅乘

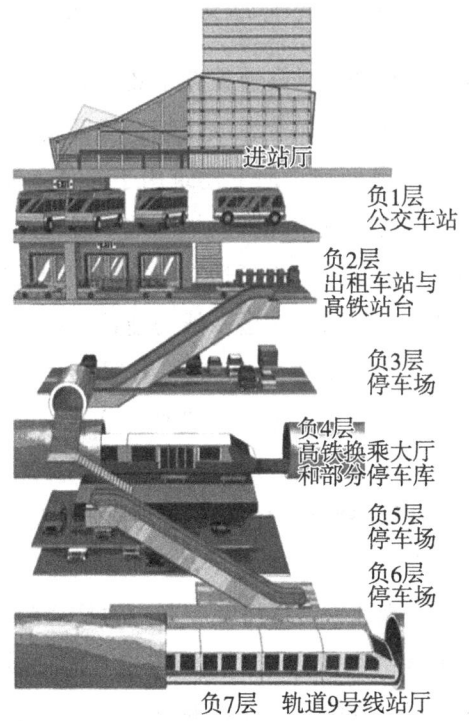

4-11 沙坪坝高速铁路站综合枢纽示意图

自动扶梯至公交、轨道、出租车站台及地面广场。各主要交通方式的换乘距离均在 100 米以内。在负 6 层，乘客还可通过通道乘坐轨道 1 号线、环线，步行距离在 200 米左右。

图 4-12 沙坪坝高速铁路站综合枢纽实景

沙坪坝高速铁路商业综合体是高速铁路站商业圈和城市交通枢纽综合体的结合。它是国内首例高速铁路车站上盖城市综合体开发案例。设计思路是，楼下是高速铁路车站，楼上是商业。地上建筑用于办公、住宿、零售、餐饮等。这种商业的密集型结合促进微城市化的发展。地下建筑是发达的交通网络，让出行的乘客可以做到零距离换乘。为了适应城市建设和发展的需求，解决城市交通拥堵，重庆市拟结合成渝铁路客运专线的建设，在沙坪坝铁路车站站区影响范围内整合区域交通资源，打造集高速铁路车站、城市轨道交通、公交车、出租车、社会车于一体的便捷换乘枢纽综合体，实现一体化"零换乘"。规划显示，枢纽负 1 层为公交车站，负 2 层为出租车站和高速铁路站台，负 3 层为人行通道，负 4 层为高速铁路换乘厅，负 5 层为出站通道，负 6 层为轨道站厅，负 7 层为轨道 9 号线站台。

由此可见，代表当今高速铁路枢纽发展方向的是"门户 + 客厅"式的布局模式。着眼于城市用地集约高效利用，强调车站与周边城市空间的有机联系，以车站建设带动地区发展，围绕车站建设商业、服务、娱乐、会议中心等多功能复合的城市地区。

（1）无轨站方式。2016年12月，全国首个高速铁路"无轨站"在广西凌云县启用。无轨站指的是没有高速铁路线路经过的城市开设的具有"购票、取票、候车"功能的专门站点，通过开通专线大巴与就近高速铁路站实现无缝连接，将客流引入高速铁路，让边远山区群众也能快捷出行。依托高速铁路无轨站，凌云县实现与南昆高速铁路相连通，旅客从凌云高速铁路无轨站出发，4小时可抵达南宁，7小时左右抵达广州。凌云无轨站到百色高速铁路站之间82公里的短途驳接，根据百色高速铁路站动车运行时刻开行点到点专线大巴，1.5小时左右到达。凭借当日高速铁路票，可免费或半截乘坐驳接车。"高速铁路＋大巴"的交通无缝衔接实现了人流、物流的快速流通，有效增强了凌云县招商引资和旅游产业的吸引力。此后，容县、北流、陆川、博白等县也复制建成高速铁路无轨站，畅通高速铁路出行"最后一公里"。

2017年8月，云南省普洱、西双版纳、文山、玉溪、昆明、楚雄6州市的28个县市区交通运输企业与昆明铁路旅行服务有限公司签订了高速铁路无轨站合作协议，共设立28个高速铁路无轨站。其中，一半以上的无轨站在少数民族自治县和少数民族聚居地。旅客可在这28个高速铁路无轨站购买高速铁路车票，并乘直达车前往昆明南、玉溪等高速铁路站。无轨站的设立，为当地群众提供了便捷的出行服务，促进了贫困地区和少数民族地区招商引资、土特产品外销以及乡村旅游开发。

（2）铁路与地铁换乘模式取得新突破。国铁与城市轨道交通两大体系，向突破管理体制限制实现轨道交通协同发展迈出了标志性的一步。犀浦站在全国率先实现铁路与地铁的安检互信、同台换乘。过去，市民乘坐动车到达犀浦站后只能同站台单向换乘地铁，而乘坐地铁2号线到达犀浦站需换乘成灌（彭）动车的乘客，需经历地铁出站、铁路进站、铁路安检等复杂流程才能换乘动车。2017年7月25日开始，已购买、换取了动车票或者持有中铁银通卡的市民乘坐地铁2号线到达犀浦站后，就可同站台通过铁路闸机进入动车站台换乘开往都江堰、青城山、彭州等方向的动车，从而实现铁路、地铁的无缝同台换乘。对于未来得及购票或换取车票的旅客，可通过换乘站台的自助售取票设备购买换乘车票。犀浦站为双岛四线车站，实现了成灌线与地铁2号线同台换乘，最大限度方便了乘客的出行，交通功能实现最优化，是国家铁路与城市轨道交通有效衔接的典范。成灌快铁作为成都市城区连接都江堰、彭州、青城山的一条市域快速铁路,每天开行密度达 64 趟次,投用以来每天早晚高峰和周末的动车上座率都在 80% 左右。其中,犀浦高速铁路站是这条成灌快铁往都江堰、彭州、离堆公园方向的枢纽车站,由于犀浦高速铁路站接驳了成都地铁 2 号线,这里也成了旅客换乘的主要车站。

  实现同站台换乘需要硬件、软件两个条件。从硬件看,车站和地铁、动车线路设计建造之初就要考虑同站台换乘问题,即高速铁路和地铁在一个站台上下车。从软件看,要实现同站台换乘就不能出站进站,乘客无须再次安检,地铁、铁路要互认对方安检结果。因为动车、地铁分属国铁和城市轨道交通两个系统,由于组织模式差异明显,当前在技术标准、运营管理等方面各成体系。动车地铁同站台交互换乘就是这两个系统突破各自体系、协同发展的尝试。经过成都市政府相关部门、单位与成都铁路局协商,动车、地铁在各自车站设计上考虑了同站换乘问题,相关方又签署安检互信互认协议,最终促成"全国首例动车地铁同站台换乘"。国铁和城市轨道交通协同发展,将进一步推动铁路公交化,至少率先在两方面实现转变:一是加密动车发车班次,减少换乘旅客等车时间。当前动车运力与地铁存在差距,以犀浦站为例,动车约半小时一班,而地铁约 3 分钟一班;二是动车和地铁所用乘车卡或可实现通用,方便支付。成灌快铁等已在增购新型动车,并计划加密发车频次。同时成都也在加快推进通往资阳、遂宁、眉山等城市的铁路公交化;地铁动车"一张卡支付"问题也在研究中。要推动国铁和城市轨道交通协同发展,可首先从信息共享入手,包括乘客信息、客流信息、列车运行计划、列车运行状态等。这是走向一体化管理的基础。为更好服务市民便捷出行,铁路部门对成灌铁路公交化运营模式的运输、客运组织进行了优化,开行列次进一步增加,目前每天开行动车达到 64 趟次。其中,成灌线 42 趟次、郫彭支线 12 趟次、离堆支线 10 趟次。后续还将根据成灌铁路的客流变化及出行需求对运行图持续进行优化和调整。目前成灌铁路已全面开通"中铁银通卡"支付功能。办理了中铁银通卡的旅客无须购票即可直接在安靖、犀浦、郫县、都江堰、青城山等沿线车站直接刷卡乘车。

  为配合同台无缝换乘这项工作的顺利推进,成都铁路局在成灌快铁沿线除成都站以外的其他车站开通了"中铁银通卡"刷卡乘车功能。这类更加便捷的刷卡乘车举措,将进一步提高旅客的便捷出行体验。乘客出了地铁不用出站就能看到地面上带着箭头的"换乘成灌、成彭动车"的橘黄色指示标识。循着标识指引，很快就能在无障碍电梯前面十多米处找到改造后的换乘入口。出了地铁安检闸机便可直接进入换乘区。蓝色的换乘入口非常显眼，除了液晶屏上不断滚动的动车车次、始发站和终点站站名、开车检票时间，还有一行温馨提示：换乘口在开车前15分钟内换乘，同台换乘不需再进行安检。为方便还没来得及购票或换取车票的旅客乘车，成都铁路局还在犀浦高速铁路站的换乘站台设置了多台自助售取票设备，旅客在站台上也可购买和换取换乘车票。

成都市大力推进成都都市圈铁路公交化运营改造方案，以整合国铁资源，利用其富余能力让国铁与城市轨道交通互为补充、连通兼容。成都市进一步统筹铁路枢纽布局，实现空铁地联运、铁铁转运、铁地联运和站点便捷换乘，实施"三铁融合"工程。目前，成都城市轨道交通线网与六个主要铁路枢纽（成都站、成都东站、成都南站、成都西站、十陵站、天府新站）均已实现多条轨道交通连接。通过枢纽衔接、互连互通、接驳换乘、票制协同、安检互信等多种方式，实现城市轨道交通线网与国家铁路网和城际铁路网融合。

第 5 章　智能货运

5.1　铁路货运组织现状及发展趋势

5.1.1　铁路货物运输的种类

为了迅速、准确、安全、便利和高质量地将货物运抵目的地，铁路部门应按照运输生产实际情况，合理安排运输资源，以便于不同的现代化交通运输工具联合运输。托运人与铁路承运人双方都要熟悉办理货物运输的基本条件、有关法规和相互应遵循的原则。

近年来，交通运输市场的迅速发展和激烈竞争对铁路运输产生了强大的冲击。另外，我国产业结构的调整和高新技术产业的兴起使得铁路运输的货源产生了变化，这些都推动着铁路货运产品的发展和完善。目前的铁路货运产品主要由普通货运产品、大宗直达货运产品、小件快捷货运产品、集装箱货运产品及特种货运产品五大类构成。

1. 普通货运产品

普通货运产品是指服务于时效性要求较低、货源较分散、需要沿途技术站进行解编作业的货运产品，其主要形式有直通列车、区段列车、技术直达列车、装车地直达列车。

2. 大宗直达货运产品

(1) 基于不同运输品类的直达货运产品。直达运输能够提高铁路运输效率，但直达运输产品需要装车地具备稳定的货源和装车能力。随着铁路大客户战略的提出实施，铁路已与能源、物资类生产企业建立了大客户机制，在货源的组织和装车能力方面已具备直达列车的条件。基于货物品类的直达运输产品形式有石油直达列车、煤炭直达列车、钢铁直达列车、矿石直达列车、矿建直达列车、木材直达列车、棉花直达列车和水泥直达列车。

（2）基于运输组织方式的直达货运产品。按照直达货运产品的运输组织方式，可按装车地到卸车地间、局管内和跨局、企业与铁路、企业与企业之间进行直达货运产品的组织，其直达货运产品形式分为三类：

①装车地—卸车地直达列车，包括双向重空循环直达列车、单向空车始发直达列车、双向重车循环直达列车和单向重车始发直达列车。

②管内—跨局直达列车，包括管内大宗空车直达列车、管内大宗重车直达列车、跨局大宗空车直达列车和跨局大宗重车直达列车。

③铁路—企业直达列车，包括路企直通直达列车、路企直通循环直达列车、企企直通循环直达列车和企企直通列车。

3. 小件快捷货运产品

行邮行包产品和五定班列货运产品主要面对具有高附加值的小件快捷货运产品的运输。其中，行邮行包产品包括特快行邮专列、行包快运专列和快速行部专列；五定班列可以根据实际需要，按照货物类别开发出适合运输需求的新产品——海鲜班列、小汽车班列、牛奶班列和集装箱班列等若干类特色产品。

4. 集装箱货运产品

集装箱运输作为一种高效的运输方式，在水路、公路和航空运输中均被广泛采用。集装箱运输的货运产品形式可按照集装箱列车用途及运输组织方式进行细分。集装箱列车按用途可分为冷藏集装箱列车、罐式集装箱列车、通用集装箱列车和牲畜集装箱列车；按运输组织方式可分为分组集装箱列车、快运集装箱列车、普通集装箱列车。

5. 特种货运产品

为特定货主提供专门的货物运输产品是货物运输物流化发展的一大特色。特种货物运输作为铁路货物运输的一个重要组成部分，由于其运输的特殊性，其产品形式主要有冷藏、超大超限和危险货物车列编组的列车。

5.1.2 铁路货运组织现状

铁路是我国国民经济的重要组成部分，承担着大宗物资运输、中长距离运输的重要任务，在国家综合运输体系中具有显著的优势。经过近几年的建设和发展，我国铁路运输能力得到进一步扩充，技术装备现代化水平有了显著提高。

目前，我国铁路的货物发送量、货运密度和换算周转量均为世界第一。铁路作为我国综合交通运输体系的骨干，一直在我国经济社会发展中发挥着重要作用，虽然遇到了多种波折，但通过不断的改革创新，仍然取得了较好的成绩。铁路货运与物流经营状况整体较好。多年来，我国铁路通过优化运输组织、发展重载运输及现代物流等多项举措，使货物运输整体上保持发展势头。面临新时代下全社会货源结构的重大变化，我国铁路迎难而上，积极开展货运组织改革并大力发展现代物流。

虽然我国铁路货运得到了长足发展，但随着我国经济、产业、产品结构的调整，以及其他运输方式的竞争，铁路货运的市场份额逐步下降，货源种类日趋萎缩，我国铁路货运在激烈的市场竞争中正面临着严峻的挑战，其主要原因可概括为：一是铁路系统庞大复杂，政策性高度集中，受计划经济影响严重，面对不同客户、不同市场的具体情况难以适应以至于很难把握好；二是组织陈旧，铁路企业仍然沿用传统的组织结构，不符合面向客户的理念，也不利于协调内部各部门的管理工作，严重制约着铁路整体的统筹；三是条块分割、利益格局及经营资源分散，使得市场营销、生产组织、站场作业、客户服务等环节缺乏协调性，难以形成整体，不适应现代物流集成化服务的要求。

相比发达国家，国外发达国家铁路货运的发展水平较高，在货物运输能力相对充裕、各种运输方式竞争非常激烈的情况下，其在货运产品、运输组织、技术手段等方面拥有成功的经验。发达国家的实践经验表明，服务创新、组织变革、信息化是铁路货运发展必然之路，也是发挥铁路规模经济、网络优势以提升铁路货运经营效益的必然选择。例如，西方国家铁路运输企业的经营宗旨是：以经济效益最大化为目标，以客户服务为中心，突出市场需求导向，对货物运输申报、审批等作业手续和内部流程进行合理简化，以信息化平台为载体进行联络反馈，力求实现集约化经营，获取规模经济效益。同时，国外发达国家铁路非常重视市场营销，在运输产品设置、服务全过程始终贯彻"面向客户组织生产和营销"的管理思想，采用发达的通信及信息技术建立货运客服中心，全面负责客户服务、市场营销、产品设计及定价，在实现客户服务便捷化、多样化和提高铁路应时服务水平等方面效果显著。

自 2003 年组建三大专业运输公司、规划建设铁路集装箱中心站、探索现代物流发展以来，我国已进入现代物流高速发展的黄金时期。这期间，铁路与物流在共同发展中不断融合，并初见成效。

铁路物流基础设施网络日益完善。2003年以来，我国铁路抓住了难得的历史机遇，加快推进大规模铁路网建设，取得了有目共睹的重大成就。截至2017年底，全国铁路营业里程、高铁里程分别居世界第一和第二位，其中营业里程较2003年增长74%。从物流节点建设来看，自2003年以来铁路不断整合运量较小的货运站，发展集装箱中心站，推进大型装卸车点建设；同时强化铁路物流中心总体布局，规划建设33个一级、175个二级、357个三级物流中心。

铁路货运组织改革及现代物流发展稳步推进。长期以来，我国铁路运输一直处于"限制型"状况。为加快铁路货运规模化生产、集约化经营进程，铁路实施"一主两翼、两线三区域"战略，通过改变运输组织理念，不断创新货流、车流、列流的组织方式，实现了铁路货运组织改革的新突破。十八大以来，面对经济发展的新形势，我国铁路在实行政企分开后顺势而为，大力推进货运组织改革，发展现代物流，在方便受理、实货运输、价格改革、服务产品、信息服务、运输组织、多式联运等方面采取了多种措施，最大限度满足市场需求，实现增量增收。

铁路物流企业迅速发展。2003年中铁集装箱、中铁特货和中铁快运三大专业运输公司成立，我国铁路企业迈出了由传统铁路运输企业向现代物流企业转型的关键一步。进入中国新时代发展阶段，18个铁路局积极面向市场需求，均取得了5A级物流企业资质，这表明铁路物流企业不断开放与实力的不断强大。

铁路物流产品不断升级。2004年、2007年我国铁路进行了第五次、第六次大面积提速调图，运输能力的释放带动了铁路物流产品的发展——五定班列、大宗货物直达列车、特种集装箱运输等，并形成了多个示范项目。进入中国新时代发展阶段，铁路深化供给侧结构性改革，不断开发优化铁路物流产品——"当日达""次日达"等高铁快运产品、特需货物班列、集装箱班列等，并积极与社会物流企业合作，推进接取送达业务，开展全程物流服务等，最大限度满足货主需要。

物流设备升级换代速度不断加快。经过多年发展，我国铁路已全面运用轴重23吨、载重70吨级通用货车。轴重25吨、载重75吨的C76A（B、C）型敞车、载重80吨的C80型运煤专用敞车已在大秦线投入运用；针对铁路小汽车运输的SQ3型和SQ4型运输汽车双层平车，以及针对长大笨重货物运输的长大货物专用平车也相继得到应用；适应各种货物运输的特种集装箱型也得以不断研发并投入使用。

2012年，当时的铁道部明确了中国铁路货运要转变生产经营方式、提高行业水平等重大改革目标。2013年3月，国家铁路局和中国铁总公司的成立结束了铁路政企不分的历史。同年6月15日，中国铁路总公司正式实施货运组织改革，通过改革货运受理和运输组织方式、清通规范货运收费、大力发展"门到门"全程物流服务等举措，推动铁路货运向现代物流转变，提出了"简化受理、随到随办、规范收费、热情服务"的改革宗旨。改革适应了货运市场化、信息化的需求，但受过去长期计划经济的影响，我国铁路货运改革仍任重而道远。

安全是铁路货运最基本的要求。铁路货运安全保障技术经历了一系列的发展，20世纪六七十年代，铁路货运安全保障主要依赖独立装备的车载列车自动控制设备。20世纪90年代，铁路货运开始依靠计算机辅助系统对灾害信息进行收集和处理，以保证铁路货运安全。

随着近几年的发展，我国铁路货运相继投入使用了超偏载仪、轨道衡、货检智能监控系统、安全门、电视监控管理系统，以及电子测密仪、轮重测重仪、电子磅秤等设备来确保货物装载的安全，并且已经基本实现计算化的维护与运行。

随着我国高铁的迅速发展，我国在高铁行车安全保障体系方面做出了巨大努力，如研发了先进的车号识别系统、列车状态监测和诊断系统、环境监测和报警系统等，它们都可应用到铁路货物运输安全中。同时，大量直达、直通运输、长交路列车的开行，取消了大部分的中间站列检和货检作业。由于铁路货运线路长，路内外情况复杂，因此铁路货运安全保障体系主要面临三个方面的问题：第一，防盗性能良好的篷车、集装箱数量相对不足，货运列车设备老化、超负荷运行现象普遍；第二，铁路列车在沿途站点甩挂次数较多，车体封闭状态随时可能遭到外来自然环境或人为破坏；第三，对机车设备和货物的检查仍停留在站内人工观察或测量阶段，铁路货运潜在安全隐患难以及时发现和处理。因此，如何充分整合和融合货运安全设备，构建全方位、立体化的货运安全屏障，确保货物列车的运行安全，仍然面临重大挑战。

5.1.3 铁路货运发展趋势

铁路具有运量大、能耗低、排放少、污染小的比较优势。调整运输结构，增加铁路运输量，对于服务经济高质量发展，打好污染防治攻坚战，特别是打赢蓝天保卫战具有重要意义。2017年中央经济工作会议后，国铁集团立即行动，研究制订了《2018年铁路货运增量方案》，将全年货运增量目标翻倍。在调查研究和充分论证的基础上，国铁集团又制定了《2018—2020年货运增量行动方案》。到2020年，全国铁路货运量达到47.9亿吨，较2017年增长30%，大宗货物运量占铁路货运总量的比例稳定保持在90%以上。其中，全国铁路煤炭运量达到28.1亿吨，较2017年增运6.5亿吨，占全国煤炭产量的75%，较2017年产运比提高15个百分点。

为落实铁路货运增量三年行动方案，国铁集团制定了详细的时间表、路线图和配套措施，确保货运增量和运输结构调整目标如期实现。

（1）提升运输能力。以扩充煤炭外运通道能力为着力点，围绕大秦、唐呼、侯月、瓦日、宁西、兰渝等六线和山西、陕西、内蒙古、新疆、沿海、沿江等六区域为重点，深入挖掘运输潜力，为铁路货运增量行动提供可靠的运力保障。

（2）扩大万吨重载列车开行范围。在唐呼线、瓦日线增开万吨重载列车。到2020年，将唐呼线、瓦日线分别打造成年运量1.5亿吨、1亿吨的大能力货运通道。

（3）挖掘既有通道潜力。充分发挥2017年开通运营的兰渝铁路、西成高铁等新线作用，释放宝成、西康铁路等入川入渝通道能力，预计新增运能2000万吨；挖掘宁西、侯月等铁路运输潜力，预计新增运能1200万吨。

（4）强化机车车辆装备保障。"十四五"期间，国铁集团加大投资，新购置一批大功率机车和货车，满足货运增量运输需要。

（5）降低物流成本。主动配合支持地方政府、港口及厂矿企业，大力推进铁路专用线建设，消除物流中间环节，实现各种交通运输方式无缝衔接。

同时，紧密对接市场需求，按照"一港一策""一企一策"的原则，逐港、逐企制订铁路运输解决方案，努力降低全程物流成本。

（6）优化产品供给。深入推进铁路运输供给侧结构性改革，优化货运产品供给，努力提供更多满足市场需求的铁路货运产品。

大力发展煤炭中长协运输和大宗货物协议制运输，大幅增加大宗直达和多式联运直达列车运行线。今年已确定或达成意向的互保协议运量超过 20 亿吨，约占全年铁路货运量的 50%，较去年增长 30%。

加强与企业的对接，针对用户运输需求开发定制化货运产品，支持企业进行运输结构调整。

与港口、航运、物流企业及国家物流信息平台等部门单位加强协作，实现多式联运信息资源的交换共享，提升货运信息化服务水平。

按照"外集内配、绿色联运"思路，充分利用既有铁路货场（物流基地）和专用线的仓储能力，开行连通大城市周边及市内点到点定制化货物列车，构建服务大城市物资供应保障的全过程绿色物流体系，切实提高铁路运输供给质量。

随着铁路管理实行政企分开，国铁集团也以全新的理念进入货运市场，铁路货运服务也积极面向市场、面向客户，从而改变原有的粗放型管理，向铁路货运物流化、铁路货运快速化、铁路货运产品化及铁路货运服务信息化的方向发展。

（1）铁路货运物流化。铁路作为国民经济的"大动脉"，在我国综合交通运输体系中处于骨干地位。但目前铁路货运单一的运输或仓储服务已经很难适应市场需求，而现代物流充分运用准时化（just in time，JIT）、精益管理等理念，通过发挥信息技术能动性将相互分割的物流环节有机地结合成一个整体，为客户提供低成本的个性化服务和增值服务，以在供应链中形成上达原材料下达消费者的全球性服务网络。这与铁路货运物联网技术和应用研究发展的瓶颈相耦合。发展现代化铁路物流是铁路货运发展的必然要求。

（2）铁路货运快速化。近年来，随着国民经济的迅速发展，货物运输的需求不断增长，社会运输服务质量的要求也越来越高，快捷货运受到广泛重视。各种运输服务根据市场需求，围绕快捷货运开发了许多货运方式。铁路货运市场受到其他运输方式冲击，市场份额逐步下降，因此铁路发展快速货运是市场经济发展的必然要求，也是铁路行业积极参与货运市场竞争、扩大市场份额、提高经济效益的客观需要。

（3）铁路货运产品化。在国铁集团实施铁路货运组织改革的重大战略部署中，铁路货运不应仅作为一种运输形式，而应将其作为一种具有完整特性的产品来生产与运营；铁路货运不再局限于依托两根钢轨的"站到站"的运输生产，而应发展"门到门"的全程物流服务。同时，应建立与市场接轨的生产和销售组织体系，划分为生产界面和销售界面，客户只需在销售环节将货物交给铁路，而铁路的装卸、接发和调车是铁路的生产过程。要进行铁路生产，就需做好销售工作。因此，铁路货运产品的设计与营销对于提升货运市场份额和增加竞争力具有重要的作用。

（4）铁路货运服务信息化。科技信息与网络技术的发展与创新，加速了企业信息化运营。完善的企业信息系统是企业高效、高质运作的基础。企业服务过程信息化可以加快各环节间的流动与转变，减少人工操作带来的时间长、误差大等问题，增加了信息透明度与公正性，能够适应未来市场的信息需求。同时，基于互联网、物联网等技术手段的服务信息化流程除了让客户享受线下实体店、电话等传统途径的服务外，还给客户提供比线下实体店、电话等传统服务流程更为方便、快速的服务。它能满足客户对办理途径多元、业务流程简化和办理过程快捷的服务期望。

5.2 我国铁路货运的业务流程与运输组织

1. 我国铁路货运的业务流程

目前，我国铁路运输系统采用纵向三级管理模式，由国铁集团、铁路局、基层站段三级构成。国铁集团为决策层，各铁路局为目标层，基层站段则为执行层。除了纵向三级管理模式外，我国铁路还采用车、机、工、电、辆的横向管理模式，对运输生产要素进行分类管理。

由此可见，我国铁路传统的货运组织结构是根据职能设置的，各个部门相互独立，协调难度较大，没有一个部门对运输进行全程管理，这导致客户无法实时了解货物的当前所处位置及运输装填，不能准确预测货物到达时间。这不利于流程高效顺畅的运作。具体来说，铁路传统的组织机构存在如下问题：

① "一对多"式的信息传递，对下层管理者发号施令，阻碍了组织内外信息沟通。

② 组织结构层次过多，效率低下。

③组织比较刚性，对外界环境变化不敏感。

④员工过多，难于管理，而且变革困难，缺乏革新精神。

我国铁路货运现行的作业流程主要包括受理作业流程，运到货物交付作业流程，货运车辆配送、挂运与途中运输业务流程。

(1) 受理作业流程。客户到货运营业厅领取货运订单，填写后提交至车站。车站计划员受理客户填写的整车货运订单，并提交到货运营销与生产管理系统（freight marketing and operation system，FMOS）。订单审批通过后，车站计划员将批准号及办理期限通知客户。客户将关联批准号的运单提交至车站计划员。车站计划员根据运单提交请车计划，上报至调度部门。调度部门根据汇集的请车计划依情况在权限内自行审批或向更高一级主管部门申请审批，审批过后下达日班计划。计划员根据下达的日班计划通知客户将货物送至车站。车站对货物进行验货、称重和装车，同时托运人交付运费、装卸服务费、保险费等费用。收数作货票及领货凭证，交给托运人，同时将货票信息提交至运转车间。运转车间根据货票信息对货物进行编组发送。

(2) 运到货物交付作业流程。货物到达车站后，由运转室人员通知货运外人员取货票。外勤人员凭货票检查运到货物是否符合记载，然后将货票转给运内勤人员。内勤人员按货票记载的方式通知收货人。收货人接到通知后到车行查询，然后凭到货通知和发票到货运营业厅和多经部门办理缴费手续，凭收费单和领货单到仓库领取货物。

(3) 货运车辆配送、挂运与途中运输业务流程。各装车站确定装车计划后，由运转部门根据站内现有的空车数量向铁路局调度所申请配车。铁路局调度所根据局管内车辆的分布情况和各站的装车计划决定是否配车及配车时间。运转部门将车辆送到货场，然后由外勤人员安排装车。货物装车完毕后，外勤人员通知运转部门取车，并根据列车运行图编发列车。列车出发需满轴，遇编组站需等同方向列车满轴后出发。到达货运车辆在中间站由铁路局行车调度安排用车，再由车站运转部门通知外勤人员。其后过程与配送空车的流程大致相同。

由上述作业流程可以看出，我国铁路目前的作业流程还存在如下问题：

①办理手续繁杂。货运受理过程需要客户在营业厅不同窗口、货场等地多次办理有关手续。其中，客户需要在不同时间分三次到营业厅办理订单填写、运单填写和缴费等业务。

②货物在车站停留时间过长。目前,在我国铁路货车的旅行时间中,约70%为在车站停留时间,其中装卸货物作业时间约占35%。

③货运作业环节不衔接。货物的交付仍然是以各部门为出发点的串联式交付,信息与资料的传送由铁路内部多个部门的多名人员奔走接力完成,造成了人力、财力和精力的巨大浪费。

2. 我国铁路货运的运输组织

我国铁路货物运输组织一般都是按照"坐商收货、按图行车"的组织策略进行的,并按照日班计划进行具体的运输组织工作。货物被送至铁路后,将按照铁路运输计划进行装车和在途运输。铁路运输模式的基础是货物列车的编组计划,根据货物列车的编组计划,按照满轴、牵引定数等原则将货流组织成车流,再将车流组织成列流,结合货物运输整个过程列车运输区段的划分,选择与列车运行图相适应的运行线,以完成列车运行及货物输送。

传统运输模式主要以调度日班计划确定的货运、列车、机辆工作计划作为车流调整的主要依据,调度日班计划对各局(各站)装车去向、排空(配空)数量、重车流向和机车调整作了明确的规定,具有指令性。传统运输模式的操作流程为:请求车—承认车—配空—装车—重车挂运—卸车—指令性排空。

我国现有的铁路货物运输组织以调度指挥型为主,计划主导型为辅。调度指挥型的运输组织是指日常的调度指挥占运输组织的主导地位,即在列车编组计划与列车运行图的指导之下,根据日常运输组织工作的实际情况,通过调度指挥的日常工作计划来具体组织列车的运行。列车运行的结果与计划编制水平及指挥水平有着直接关系。

综上所述,传统铁路货运组织存在着以下矛盾:

①铁路装车计划与客户发运计划的矛盾。在传统的运输组织下,由客户在需要装车的前一天提报需求即"请求车",铁路根据预计的运输能力下达装车计划即"承认车"。受能力紧张区段车流限制、设备故障、施工、水害等各种因素的影响,铁路实际运输能力有一定的波动性,一旦某个方向能力紧张,客户的运输需求将难以得到满足。

②稳定的客户物流预期目标与不确定的铁路运输过程的矛盾。传统货运组织模式下的铁路运输具有不确定性,既不能完全保证按照客户的要求按期发货,又不能保证货物按期运达,无法满足客户稳定的物流预期目标。

③变化的物流市场需求与铁路均衡的运输组织方式的矛盾。在传统的运输组织模式下,为避免运输主要环节时紧时松,造成运能过度紧张或空废现象,铁路日常运输组织的一项重要工作是协调平衡运输能力、保持均衡运输,但是运输市场需求瞬息万变。这就产生了矛盾。

5.3 我国铁路加快创建现代物流企业的思路及努力方向

目前我国铁路在公铁联运方面的主要问题有通道不畅、组织衔接不顺、联运链条不通、企业协同水平不高等短板问题,这导致全社会物流成本仍然偏高,未能有效实现融合。铁路与公路物流信息没有共享平台,也没有统一的物流信息系统,各自独立,未实联互通,大物流的信息格局还未达成共识;多式联运比例低,集装化运输比重低,多种运输方式未能合理分工和接续;在部分高价值的货源竞争上,低价扰乱运输市场行为还时有发生,损害了物流企业各方正常的利益,也不利于物流市场的健康发展;众多中小散、个人客户还未充分享受铁路物流带来的各种安全、便利、经济等优惠和红利。这些问题也是当前各种运输方式共同发展面临的普遍问题。

交通运输是物流发展的基础环节和重要载体,在复杂的国际环境和我国经济社会发展进入新常态的大背景下,综合交通运输体系需要不断完善,物流业也必将持续快速发展。作为铁路运输企业,要充分发挥绿色环保、集约高效、运力强大的比较优势,大力发展铁路现代物流业,使铁路骨干作用和其他方式集散作用有效衔接,推动铁水、公铁、铁空等多式联运发展,促进货运合理回流,切实降低全社会物流成本,为实体经济发展提供强大的运力支撑,形成完善的现代交通运输体系,全面提升综合交通与现代物流效益效率,为更好满足人民日益增长的美好生活需要提供坚强有力的运输保障。

以西安铁路局为例,因地理位置、货源结构、区域经济特点以及国家战略发展等多种因素影响,西安铁路局全局货物运输的主要矛盾既有传统的运量与运能的矛盾,也有客户服务需求升级与运输供给不平衡不充分的矛盾。因此,推进现代物流企业建设既是破解当前铁路运输矛盾的途径,又是铁路企业改革发展的方向。西安铁路局结合货运工作特点,将效率效益放在首要位置,突出物流企业属性,满足社会物流需求,促进多种运输方式互补,实现多方合作共赢，建设全省一流现代物流企业。

（1）稳黑增白，扩大市场份额，发挥铁路运输骨干作用。在承担煤炭物流任务方面，首先是稳定基础运量。一是扩大煤炭跨局直达班列的数量，按照市场化运作规则签订经济合同，明确双方权益，以优质运力固化重点企业煤炭运量，减少铁路运力浪费和客户无序运输产生的物流费用，全年争取每日组织开行入川、入鄂、入豫和入鲁煤炭直达列车30列以上并逐年递增，兑现率保持在95%以上。二是全面签订煤炭中长协。签订煤炭运输产运销三方运输协议，开行循环列车以实行均衡运输，将煤炭中长协兑现率保持在80%以上，坚持每年煤炭运输完成1亿吨以上。三是抓好重点装车点的生产。组织15条专用线进行煤炭集运，发展整列装车，优化空车配置，车辆检修、机车交路和集疏运衔接，最大限度释放专用线装车能力。

其次是积授展白货市场。一是发展集装箱运输。二是全面加强货运产品战略。三是加大白货运力保障力度。坚持敞开受理和随到随装，运力和空车原则100%保证。四是优化价格策略，根据市场动态和货源变化，紧盯公路运价，市场化动态调整运输价格，增强铁路运输市场竞争力。

（2）增强能力，提升服务品质，满足客户物流服务需求。一是加大硬件设施投资，以快运货物配套设备、货场物流设备、货运基础设施和信息化建设为重点，加快推进物流基地建设，转变理念，将经营平台、宣传平台、企业文化理念推广平台同步纳入物流基地建设，打造铁路物流基地新形象。同时提高物流中心的经营收益，稳步推进两三个三级物流基地的配套设施设备的建设。二是以客户需求为导向，落实运力保障机制。根据货物需求安排列车运行和机车运用，可采取临时铺画运行线、适当欠编欠轴等方式，坚决做到有货即运。货物快运列车按时速120公里标准运行：直达列车不计欠轴，沿途不得改编，优先放行。路局成立物流调度台，对运输生产和物流服务实行分类组织、全过程管控。大力提高运输组织精细化水平，严格按图行车，优化车站作业，全面兑现物流服务承诺。通过95306平台向社会公布不同物流组织方式的运到时限，根据客户的运到时限需求制定差异化、个性化运输组织方案。

（3）推动智慧货运建设。以"智慧西铁"建设为契机，用好钉钉、大数据、物联网等新技术，逐步完善"移动App综合物流服务系统"，重点整合95306、网上营业厅、集装箱管理、物流总包、接取送达、客户档案、网上理赔、货运站、货票、营销辅助决策、限界管理和超限超重运输、保价运输等系统，实现信息的互联互通，资源数据充分共享。对外以网上营业厅为服务窗口，将涉及客户需求、服务的业务全部纳入平台管理；对内以货运站系统为管理平台，将货运生产的各环节、车站装卸监控全部纳入该系统，实现货运票据电子化，改进客户网上服务体验。

（4）融合发展，共同开拓市场，打造一流现代物流企业。一是服务"一带一路"建设，继续争取省市政府的财政补贴，加密开行中亚、中欧和西安-青岛海铁联运国际班列，开拓国际货物运输市场。二是完善接取送达工作格局。大力扩充运力池，利用"铁e达"系统实现铁路与公路运输融合发展，开发"铁e达"系统公路运输应用功能，通过系统大数据统计分析应用，发挥"铁e达"系统优势，缓解季节运输压力，解决管内空车不足及运到时限需求，为公铁联运及货运营销提供有力依据。三是发展商品汽车运输，为吉利汽车、比亚迪汽车等扩大经营提供充足的铁路物流服务保障，力争每年运量递增10%以上，助推陕西打造西部汽车生产交易中心。

推动铁路运输与现代物流融合发展既是降低企业运行成本、保持我国经济竞争优势的迫切需要，也是铁路物流企业建设的发展方向。我们要加快推进铁路与公路、航空、海运等全面融合，通过有序市场竞争实现社会物流的合理分工，共同优化交通运输服务结构，为我国经济持续健康发展提供运输服务保障。

5.4 智慧铁路货运

中国物流业新的发展方向是绿色、智能、高效。

在绿色方面，越来越多快递公司选择使用绿色包装。整体而言，快递对环境的影响主要来自快递包装物。降低包装物对环境影响的关键，在于使用可循环的绿色包装材料。包装材料的选择和使用，主动权掌握在快递公司手中，只要成本在可接受范围之内，企业没有理由拒绝使用环境友好型包装材料。

此外，包装物的逆向物流回收也很重要。但由于需要用户的配合，实际操作难度可能较大。目前来说，快递包装物的回收仍旧依赖于传统渠道，快递公司的末端回收尚未普及，运作模式尚未成熟。

在智能方面，智能化信息技术的应用，使得物流的运营和作业具备了相应的智能化功能和倾向。无人机配送、无人操作设备的使用，便是物流智能化的有益探索。虽然目前尚未大规模推广，但在可预见的未来，智能化技术的物流业应用将越来越普及。

在高效方面，我国物流业的发展有目共睹。众所周知，衡量物流效率的重要指标是物流时间。我国物流效率的提升源于两方面的原因，其一为技术推动，其二为市场需求推动。市场竞争对快递时间的高要求，迫使快递公司采取一些先进技术，包括硬件技术、管理技术和配送方案的优化，以尽可能缩短物流时间。此外，越来越多企业根据大数据分析，采取预调拨的方式提前在各区域配送中心备好货物。这也是我国物流效率大幅提高的重要原因。

智慧物流由"智慧供应链"概念延伸而来，主要是通过整合利用现代物联网、传感网等新兴技术，实施精细化、动态化、科学化管理，实现物流的网络化、自动化、智能化，降低社会物流成本，实现社会价值提升。目前，智慧物流在我国开始起步，必将成为物流业发展新的增长点和提质增效的新路径。进一步促进物流业升级，对于铁路企业来说，发展智慧物流，既是践行"强基达标、提质增效"工作主题、推动铁路向现代物流转型的重要举措，也是服务经济社会发展、降低社会物流成本的迫切需求。

铁路智慧物流是以物流互联网和物流大数据为依托，以"创新、协调、绿色、开放、共享"发展理念为指导，通过创新发展模式、引入先进信息技术，对传统的铁路运输组织方式进行重塑，对既有铁路物流产品进行调整，实现的铁路物流产业发展新生态。将物联网、互联网与现有的铁路网进行有效的集成和整合，通过管理创新，实现物流的自动化、智能化，从而提高全社会物流资源利用率，降低国内物流成本。

近年来，经过持续大规模铁路建设，我国铁路网规模和质量显著提升。目前全国铁路营业里程已达12.4万公里，其中高铁2.2万公里以上，占全世界3.5万公里高铁总里程的60%以上。高铁成网运营，不仅改善了人民群众出行条件，而且大大释放了既有普速铁路运输能力，为深化运输供给侧结构性改革、发展智慧物流创造了有利条件。同时，铁路拥有场站、仓库、专用线、装卸设施等丰富的生产资源，近年来又建设了一批现代化物流基地，这些是发展智慧物流的天然优势。特别是近年来，面对竞争日益激烈的运输市场，铁路加大货运改革力度、加快走向市场，采取了一系列措施，在经营理念、运输组织、业务流程等方面发生了深刻变化,货运经营发展成效显著。2017年上半年国家铁路发送货物14.4亿吨,同比增长14.8%。煤炭、金属矿石、钢铁运量同比分别增长17%、16%、23%,集装箱、商品汽年、冷链物流运量同比分别增长58%、64%、115%,既稳固和扩大了大宗货物运量,又推动了各种交通方式融合发展,为铁路发展智慧物流奠定了坚实基础。

(1)转变服务理念。时代的变革首先需要理念的更新。铁路部门要顺应新常态下市场的变化,主动改变理念,尽快完成"以生产为中心"到"以市场为导向"的转变。一是要在满足社会公益需求的基础上,将市场需要作为一切工作的落脚点,建立以提高货运市场占有率和现场服务水平为目的的管理模式和考核激励机制,改变传统铁路以指令性生产、专业化管理为主导的格局,实现向以效益为中心、以市场为主导的转变。二是要树立"合作多赢"理念,要勇于打破铁路既有的封闭格局,把其他运输企业、物流企业、信息公司视为合作伙伴,充分认识到社会物流企业在贴近市场、服务理念上的先进之处,加强在信息共享、接取送达、多式联运等领域的协同发展,既作为竞争对象,又作为利益同盟,通过战略合作,发挥各自优势,共同打造全程物流服务链,为客户提供更好的产品,为全社会物流成本降低共同努力,最终实现互利共赢。

(2)搭建统一平台。铁路要发展智慧物流,就必须建立和完善覆盖路内路外包括大宗货物、高铁快递、班列等所有物流产品的统一信息平台,通过信息化流程改进将货运需求信息、企业生产信息、车辆配置信息、仓库装卸信息有机集成并形成完整的物流服务体系。

一是要不断完善95306铁路电子商务物流交易平台,在既有95306网站功能基础上,尽快完善开放、共享的物流信息数据交换接口,将第三方物流企业、港口、工业园、厂矿企业等外部信息系统引入,同时开放铁路各种物流产品运力资源和报价信息查询,通过云计算、大数据等后台技术手段实现市场信息的深度挖掘、供需信息的高度融合,尽快公布铁路信息系统的统一数据格式。

二是要建立高度标准化的物流信息。利用管理信息系统进行物流数据集成整合,实现物流信息的全程追踪。

三是要高度重视营销大数据的分析挖掘工作,在广泛收集市场信息的基础上研发物流营销系统,将对内的产品经营效果分析、对外的市场需求分析、宏观的路网车流匹配分析和铁路的客户行为分析等全部纳入研究,提升市场营销管理效率和效益。

四是统一基础标准。要尽快完善铁路物流相关技术标准，统一射频识别设备、智能装卸设备、手持智能终端、电子面单等技术规范，明确铁路物流生产组织中相关信息的采集和存储要求，确保信息采集完整，进行及时、准确、统一的调度指挥。全国铁路一张网是铁路发展智慧物流的核心竞争力，保持全路集中统一调度指挥，既是铁路运输自身网络特性的客观要求，也是资源运用优化的基础，必须在坚持全路一盘棋的前提下，建立各市场主体之间的协调制约机制，形成纵向的利益共同体。

（3）明确市场主体。以市场为导向，以获得较快的市场响应能力和便于协调为目标，按照大宗货物运输与小件快捷运输不同的需求和特点，在统一的信息平台和调度指挥系统的基础上，分层次明确市场主体。

一是针对大宗货物运输与车流组织、列车编组、机车动力、企业生产、重点运输等关系紧密的特点，将铁路局作为市场主体，负责普速货物列车的组织，成立相应的物流营销机构，负责对接大客户需求，跟踪运输流程，优化装载方案，解决客服平台反馈的问题。

二是针对小件快捷运输与市场联系紧密、客车化开行的特点，整合相应的专业公司，在全路统筹成立快运物流公司，负责高铁快运、快运专列、城际班列、零担运输等客车化组织的列车在统一的列车运行图和调度指挥下，提供多元化、专业化的物流产品，实现运输、装卸、仓储、配送的全程物流服务。

（4）创建物流品牌。品牌是一种无形的资产，成功的品牌设立和运营，能够给拥有者带来持续的溢价和增值。建议按照不同物流产品的特点，设计面向不同用户的铁路物流品牌。如快运产品 CRL（速度 200 km/h 及以上的高速快运专列）、CRE（速度 120～160km/h 的特快专列）、CRF（速度 80 km/h 的特价快运专列）；普速产品 ZH（直达货物列车）、G（疏港列车、集装箱列车）、Q（汽运列车）、O（中欧班列）。其中，CRL 系列为既有中国铁路高速品牌，建议作为高端品牌，突出高速、优质的特点；CRE 可作为快运主力中端品牌，覆盖主要时段，突出统、方便、实的特点；CRF 可作为低端品牌，突出安全、价格低廉的特点；普速线产品以运输货物为特点；G 突出铁路大运量，安全、稳定的特点。

（5）优化运输组织。铁路智能物流系统的实现除了各种先进的信息技术、智能技术的支持，还必须通过运输组织方案和运行图对资源进行统一整合，实现物流、信息流、车流的集成和优化运行。一是改革既有的运行图编制模式。铁路运输组织的核心在于运力资源的配置。随着铁路改革的不断推进，涉及运力配置的独立主体将会逐步增多。作为自负盈亏的快运公司，铁路局、第三方物流公司在运输组织协调过程中，必须有一个合法有效的文件或合同作为基础。为此，需要改革既有的运行图编制模式，在一定的周期内，各市场主体根据市场调查预测提交各自的需求，由国铁集团统一编制公布，并落实考核。对于热门线路，可借鉴民航做法，建立市场化的竞拍平台和配套的管理机制，各市场主体根据自己的需求和承受能力开展公平竞争。

二是优化完善传统的调度指挥体系。以 95306 网站为基础，在全路成立统一的物流受理配送中心，集中处理接取送达业务；在各调度所设立快运物流计划和调度台，负责日常需求对接、运输协调、重点项目跟踪。大宗货物列车运输组织仍由原有的计划调度台负责。

三是科学编制运力调配计划。与阿里巴巴等社会力量合作，升级优化既有调度指挥系统，运用大数据、云计算等先进手段，积极组织研发物流预测、车流调整系统，推算全路车流，优化调配运力资源，及时将物流信息平台受理的客户物流需求信息转换成配车信息，实现运力调整智能化。

四是科学组织技术站作业。大力发展 SAM 等自动化、智能化编组站系统，积极采用智能化的调车作业装备，加强调度系统与车站设施设备的深度融合，实现列车流、车流、机车、股道运用信息的提前预测以及解体、编组、发车计划的自动编制，不断提高作业效率和列车运行品质。

（6）改善客户体验。良好的客户体验是铁路赢得市场的第一步，方便、快捷的服务是实现铁路、货主协调发展的基础。一是要以窗口业务为突破口，对原有的咨询、托运、装卸、仓储、配送等业务进行整合，将铁路运单格式与社会物流企业电子面单进行统一，真正实现"一次托运、一次结算、一张合同、一票直达、全网查询"，为货主提供良好的用户体验。二是大力发展多式运联，将铁路物流与其他运输系统、厂矿企业、第三方物流公司作为一个互惠互利的整体，充分发挥各种运输方式和各类企业的优点和长处，全面开展港口直通、路企直通和门对门运输，为货主提供更为便捷的产品和服务。三是加快完善95306 铁路电子商务系统，不断丰富网站在商品购销、第三方物流运力匹配、厂矿企业物流链管理、企业产品形象展示等方面的高附加值内容，为货主提供物超所值的服务。四是建立包括互联网、呼叫中心、微信小程序等方便快捷的托运办理、信息查询手段，为客户呈现全新的业务界面，同时优化运价调整机制。

通过发展智慧物流，使铁路运输企业能够根据市场的变化情况提供更加方便、快捷、绿色、实惠的运输服务，既是国家社会对铁路提出的期望要求，也是铁路全面落实"创新、协调、绿色、开放、共享"发展理念的具体体现。

5.5 铁路电子货票

铁路货票是托运人核收运输费用的收款收据，是收货人办理交付手续的一种凭证，也是一种有价证券。我们可以把它理解为货物信息"身份证"。

长期以来，在铁路货物运输组织中先后使用了货物运单、货票、列车编组顺序表、货运记录等20多种纸质票据，涉及货运、车务、车辆、机务等生产作业过程，以及统计、收入、财务等相关业务。从货运市场方面来看，客户填写运单办理货物托运，持领货凭证领取货物。随着信息技术的进步，客户对优化托运和领货手续、取消纸质领货凭证的要求日益强烈。从铁路内部生产方面来看，各作业环节间传递纸质票据，生产作业环节效率低，迫切要求以信息化手段提升运输组织与管理水平。从技术条件方面看，铁路信息系统经过多年建设，以及网络扩容建设提供的信息通道，已经为各作业环节取消纸质票据传递提供了一定的基础。因此，取消纸质票据随车传递，实现铁路货运票据电子化，对优化运输途中作业和承运交付作业、降低营运成本、提高运输效率、改善客户体验等意义重大。

近年来，国铁集团认真贯彻落实党中央、国务院关于"一带一路"建设的部署要求，不断提升中欧班列服务质量和运行品质。中欧班列已经成为"一带一路"建设的标志性成果。为进一步提高与境外铁路信息交换水平，推动与国内海关的电子数据交换工作，首先必须实现国内货运票据电子化。

第一，实现货运票据电子化是铁路适应运输市场信息化的迫切需要。随着我国运输市场不断快速发展，互联网+、物联网、电子商务等信息化手段在运输行业、物流企业广泛运用。实施货运票据电子化，提高铁路货运信息化程度，有利于铁路积极主动适应市场、走向市场，更好地服务货主、服务企业、服务社会，提升市场竞争力。

第二，实现货运票据电子化是铁路提高运输效率效益的迫切需要。实现货运票据电子化，按电子票据优化货运作业流程，既能减少作业交叉和作业差错，加快车辆周转，压缩运到时限，又能优化劳动组织，减少车站作业人员及票传设备等，有利于进一步加强运输组织管理，提高运输效率效益。

第三，实现货运票据电子化是开展多式联运、推动融合发展的迫切需要。铁路管理体制改革后，随着铁路市场化改革的深入推进，加快发展与其他运输方式、其他行业及国外铁路间的联合运输、联程运输，已经成为铁路扩大市场份额和实现货运增量的必然选择。实现货运票据电子化有利于实现铁路与公路、水运、航空等运输方式以及生产企业和国外铁路间的信息共享，互联互通，更好地促进融合发展。

电子货票由货票和确报组成，货票对应列车上的货物，确报对应列车的编组，货票和确报是铁路货运最重要的数据源。在铁路运输中，货票必须随货物运行，否则容易造成货物丢失。在实际工作中，由车号员负责按确报的编组顺序将货票叠好放在专用纸袋里交给列车乘务员，每次作业需要送票、取票、分票等手工作业，工作量大且易出错，因此迫切需要电子货票取代人工货票。

1. 货票信息系统功能

货票是铁路货运第一数据源。在车站的货票具有货物运输合同（运单副本）的性质，属于铁路有价证券凭证；其金额部分不得涂改，是处理货运事故时向收货人支付运到逾期违约金和补退运杂费的依据；在运输过程中是货物运输凭证。根据运单填制的货票，印有固定号码，分甲、乙、丙、丁四联复写式票据。甲联留在发站以备存查，作为本站统计和管理的依据；乙联上报铁路局收入检查室，供审核、记账，由铁路局定期将票据送路局统计工厂进行货物发送吨统计、局间货票资料交换、分货物品类别和区段别货流量统计等，然后再返回铁路局保存；丙联交给托运人作为承运和报销凭证；丁联在车站根据货物的编组交给司机随列车运行，对于零担货票还要进行中转货票交换，作为中转零担车的配装依据。

铁路货票管理信息系统分为三级，分别是国铁集团货票中央数据库、铁路局级货票数据库和车站货运制票终端。

(1) 车站货运制票终端。对于集装箱和零担，运单受理后，车站便可以收费、制货票；对于整车，规定装车后，收费、制货票。车站货票制票终端一般位于货运站，也可以位于收货代理点（无轨站），如果运单记录了完整的货运过程，货票可以直接读运单制票。但由于目前的运单记录不完整，所以需要制票货运员补充完整的运单信息，如施封、装载加固等，然后完成径路里程计算、计费、打印、存储等一系列操作。终端具有键盘输入控制、数值和逻辑校验、计费和记事智能处理、联机帮助等辅助功能；可打印普通、国联、水联、军运、快运、集装箱货票等，支持发送货票、交付货票、杂费票、补退款；支持现金支付、网银支付、预付款、预冻结、窗口POS机等支付方式；支持货票套打营改增发票打印。货票数据保存后，在铁路局货票数据库集中存储。支持对打印出错的货票进行作废处理，支持本站的货票信息和应用，生成财收、装车结账、预付款抵用清单、抵用款流水单等报告。

(2) 铁路局货票数据库。在铁路局建立完整的全局货票库，完成局内货票的收集和到达货票向到达车站的转发工作，为统计、收入、调度等部门提供原始货运信息，实现货票补退款、货票统计更正、军运后付货票的信息采集、查询和统计，报告文件生成与处理。

(3) 国铁集团货票中央数据库。在国铁集团建立完整的全路货票库，同步生成统计摘要库。在货票轨迹库中记录货票的作废或恢复，运输途中的变更、转装、径路变更等信息。对跨局发送和到达货票信息进行分类整理，以标准格式按到达铁路局组织文件，并转发到达铁路局，由铁路局转发到车站。国铁集团货票信息综合应用系统主要实现货票信息的查询、信息共享、统计分析，以及数据挖掘结果的查询与可视化显示。

2. 确报信息系统功能

列车确报是车站现车系统最主要的数据源，是铁路局调度、制订列车停站和卸车计划的依据。其他作用包括作为统计系统的数据源，为5T系统确定问题车辆；还作为违流违编检查的依据，避免有些车站为了逃避检查，人为修改确报中车号的方向和重量。确报系统由车站、铁路局、国铁集团三级系统构成。对车站来说，车站系统接收确报，通过调车作业计划改变列车编组，再发送确报。铁路局系统负责铁路局内转报；跨铁路局的报文交给国铁集团，由国铁集团系统负责铁路局间的转报。转报时，需根据列车的发报站、实际"经由"分界站或技术站、终到站确定转报的车站。确报系统的主要问题是重复的报文太多，主要原因是确报每经过一个停站要重复发一次确报，而且因为担心漏报，宁可多转。有的铁路局专门设置确报调度负责挑出正确的确报。

3. 电子货票（电子运单）

电子货票的功能为"货票"+"确报"。货票是甲、乙、丙、丁四联复写式票据，采用电子货票的核心思想是将原有的四联减为一联，即去掉甲、乙及丁联票据，仅保留作客户凭证的丙联。甲联留在发站以备存查；乙联上报铁路局收入检查室；丁联在车站根据货物的编组交给司机随车运行。对于甲联、乙联已经有电子的票据，可以随时查询打印，没有必要再出纸质货票。对于丁联，问题是如何确保车辆、货物和其货票在运输过程中始终关联，货物货票不分离。解决的办法是电子货票。简单地讲，每个货票或者在车站，或者在列车上，如果在列车上，就把车次贴在货票上；换个列车就换个车次，保证货票指向货物所在的列车。电子货票的实现，也解决了重复确报的问题。

当列车开车时，将列车装载货物的电子货票指向列车的货物；当列车运行时，将电子货票与 TDMS 和 TDCS 绑定；当货车解体或者甩车时，将其电子货票绑定车站的货物；当列车重新编组、加挂时，将其电子货票重新绑定列车的货物；当货物需要倒装时，电子货票需要重绑定车辆和列车的货物；当列车到达目的地后，将其电子货票重新绑定车站货物。下面讨论如何保证车辆、货物与货票不分离。例如，在德国，货运列车开车前需要调度人员确定已经形成完整的电子货票才能开车。而在加拿大，货运列车司机确认手机上收到电子货票信息后列车才能开车，到达另一个车站时，车站主动从列车司机手机上获取电子货票信息。而在我国，每个车站需要靠内勤车号员按确报的顺序挑出运单和货票并放在专用纸袋里交给列车司机，到下一个车站，司机在到达场将专用纸袋交给车号员，车号员再送给站调车间分票；分好的票被送到出发场交给司机。

对于整车运输，由于先装车后制票，装车时将车号写入运单，制票时根据运单制成货票。对于集装箱和零担运输，先制票后装车，装车时用车号和货票生成装载清单（一车号对应多个号）。在生成确报时，根据车号绑定整车货票和清单形成电子货票。在重新编组时，需要与确报一起形成新的电子货票。在倒装作业时，货票或清单应与车辆绑定。在卸车时，应解除绑定关系。

货运票据电子化改革至今已有好几年了，现在各个系统经过不断改造升级，系统间的关联已日渐完善。这就要求电子票据等信息在各系统间流转时必须严格按照操作流程操作，不允许人为地进行数据干预，严格保证数据的真实性。同时，普遍运用电子数据进行报表统计和数据分析，能更好地了解到货运运能等情况。总公司和集团公司也能够通过对各系统数据的及时率、准确率进行考核分析，从而进一步对系统进行完善。

实行货运票据电子化改革，只是货运改革的第一步。今后，还需以推进货运票据电子化为契机，从作业组织改革方面进一步予以优化。一是进一步推进货运站作业标准化，整合内部相关信息系统和岗位设置，实现内部岗位人员配置优化，提升劳动生产率。同时，在综合性货场、专用线积极运用手持机、手机 App 等终端应用，实现信息实时传输和无纸化办公。二是推进作业组织流程优化，进一步完善"互联网+"服务，实现电子签名、网上支付、无纸化受理承运交付等，不断提升客户服务水平。也可以在区域内的若干个货运办理站实施"集中受理优化装车"组织方案，货运营业厅采用集中部署方式，外勤、专用线作业人员按需派班。三是推进货运站信息化建设，进行经营管理数据分析，为货运场站扩能改建提供数据支撑，构建基地信息平台。改变以往建设独立业务信息系统为全流程贯通的综合服务信息系统，向客户提供一体化的公、铁、海物流解决方案。四是推进路企信息交换，深化信息开放共享，共同建成 EDI 数据交换平台。充分利用货运票据电子化全流程信息平台，做好延伸功能开发，解决铁路与公路、水运信息系统不联通、物流信息不共享的问题，积极整合各方资源，探索推进多式联运信息互联互通等工作。

5.6　中欧班列

随着国家"一带一路"倡议的不断深入推进，中欧班列迅猛发展，尤其是中欧班列统一品牌的注册及启用，极大地促进了"一带一路"沿线各地区之间贸易的互联互通，为实现亚欧大陆间的物流畅通、经贸发展，推进我国铁路"走出去"战略提供了强有力的运力保障，标志着我国与欧洲的物流交往又进入一个全新的时代。

欧洲和亚洲之间的货运是两大洲之间和各国之间关系中经济动态和社会要求的关键要素。目前海运在运输服务中占有最大的份额，但由于新项目和新解决方案的产生使海运或航空运输开始向铁路运输转变，铁路运输开始变得更具吸引力。

每年在欧洲—中国的路线上都会有新的运输服务推出，同时各国都在升级和扩展其交通基础设施以巩固其在欧亚交通版图上的地位。

中欧班列是由中国国铁集团组织，按照固定车次、线路、班期和全程运行时刻开行，运行于中国与欧洲以及共建"一带一路"国家间的以集装箱形式为主的铁路国际联运列车。铁路运输作为重要的长距离运输方式，在陆桥运输中具有独特的优势。中欧班列具有运行距离长、速度较快、安全性高等特征，以及绿色环保、受自然环境影响小等优势，已经成为国际物流通道的骨干方式。中欧班列也是深化我国与沿线国家经贸合作的重要载体，为欧亚物流提供了新的解决方案。但随着参与其中的地方和企业越来越多，中欧班列开行中存在的各类问题也逐渐显露出来。

1. 中欧班列运行现状及主要经验分析

亚欧大陆拥有世界人口的75%，地区生产总值约占全球产值总额的60%，东面是活跃的东亚经济圈，西面是发达的欧洲经济圈，中间广大腹地经济发展潜力巨大，特别是"一带一路"沿线国家经济互补性强，巨大的国际物流需求为铁路国际联运的发展提供了广阔的市场。作为"一带一路"倡议的一项重要务实合作举措，中欧班列自2011年开行以来，已累计开行3557列，其中2017年一季度开行593列，同比增长175%，回程班列198列，同比增长187%，受到沿线各国的欢迎和支持。目前，中欧班列国内开行城市已达27个，覆盖21个省区市，到达欧洲11个国家的28个城市。

2017年7月18日，中欧班列（郑州至汉堡）开行4周年。4年来，中欧班列（郑州至汉堡）累计开行704列，趟趟安全，列列优质。2013年7月18日，首趟中欧班列（郑州至汉堡）开行，当年开行13列；2014年，中欧班列（郑州至汉堡）影响力提升、货源增多，并实现了重去重回，全年开行87列。从2015年开始，中欧班列（郑州至汉堡）品牌效应形成，集货半径增大，运货品类增多。目前，中欧班列（郑州至汉堡）在国内34个主要城市设置办事处，集货半径超过1500公里，形成了稳定的珠三角、长三角、环渤海等经济圈货源地；在欧洲建立了4个核心集疏中心和6个二级集疏中心。中欧班列（郑州至汉堡）承运商品种类达1300余种，主要为汽车配件、工程机械、医疗器械、飞机材料及零部件等工业产品和高档鞋帽、服装等轻纺类产品，以及笔记本电脑、移动硬盘等电子类产品。2017年，中欧班列（郑州至汉堡）开行密度快速增加，同年7月实现了每周"六去六回"。

中欧班列服务于中欧货物贸易，随着全程费用的降低和运输时间的压缩，中欧班列以海运时间的1/3、空运价格的1/5满足了部分附加值高、运量大、时限要求高的货物运输需求，逐渐发展成为与海运、空运并存的第三种物流方式。

以到达德国汉堡的货物为例，水运的时间超过一个月，而中欧铁路运输时间则不到半个月，班列具有明显的时间优势，对高价值商品有吸引力。虽然目前运输成本相对较高，但未来通过协调沿线各国实现通关便利化、统一班列品牌、开展小陆桥运输拓展货源、优化运输网络布局等一系列措施，可以进一步降低运输成本、缩短运输时间，因此中欧班列将有更大的提升空间和更好的发展前景。

2011年3月19日，渝新欧班列开行后，国内部分省市纷纷抢抓发展先机，不同起点的中欧班列不断涌现，中欧班列发展势头迅猛，辐射范围快速扩大，货物品类逐步拓展，开行质量大幅提高。中欧班列已经成为各地政府对接国家战略、开拓国际市场和稳定外贸增长的重要载体和抓手，特别是"渝新欧"和"郑新欧"等国际货运班列已经实现了常态化运行。

中欧班列采取干支结合的枢纽集散方式，在货运的枢纽沿海港口与沿边口岸等地建立枢纽结点，加强资源整合优化组织。以铁路为纽带，以开行集装箱班列为载体，集中各方优势，打造统一运输品牌和经营平台，构建西、中、东三条中欧国际大通道。根据国铁集团的规划安排，中欧班列设计了三条国际通道即西、中、东通道，西部通道是通过阿拉山口（霍尔果斯）口岸出境；中部通道是通过二连浩特口岸出境；东部通道是通过满洲里口岸出境。经阿拉山口的西部通道按运输路径又分为北（俄罗斯、西北欧方向）、中（高加索、黑海方向、中东欧）、南（伊朗、土耳其、南欧）三条中欧班列运输通道。截至2016年10月底，中欧班列累计开行2500列，其中回程700列（回程率不足三分之一）。国内涉及24个城市，其辐射面以东北、西北、西南、中部地区城市为主；境外到达12个城市，运行线达到39条，实现进出口贸易总额约170亿美元。到2020年，中欧班列开行5000列左右。国内部分中欧班列如表5-1所示。

表 5-1 部分中欧班列线路概况

班列	起点	国内中转	国外中转	终点	里程/km
渝新欧	重庆	西安－兰州－乌鲁木齐－阿拉山口	哈萨克斯坦－俄罗斯－白俄罗斯－波兰	德国杜伊斯堡	11 179
汉新欧	武汉	西安－兰州－乌鲁木齐－阿拉山口	哈萨克斯坦－俄罗斯－白俄罗斯－波兰	德国杜伊斯堡	10 324
蓉欧快线	成都	宝鸡－兰州－乌鲁木齐－阿拉山口	哈萨克斯坦－俄罗斯－白俄罗斯	波兰罗兹	9826
郑欧	郑州	西安－兰州－乌鲁木齐－阿拉山口	哈萨克斯坦－俄罗斯－白俄罗斯－波兰	德国汉堡	10 214
苏满欧	苏州	哈尔滨－满洲里	俄罗斯－白俄罗斯	波兰华沙	11 200
湘欧快线	长沙	西安－兰州－乌鲁木齐－阿拉山口	哈萨克斯坦－俄罗斯－白俄罗斯－波兰	德国杜伊斯堡	11 808
义新欧	义乌	合肥－西安－兰州－乌鲁木齐－阿拉山口	哈萨克斯坦－俄罗斯－白俄罗斯－波兰－德国－法国	西班牙马德里	13 052

现以义新欧班列为例，这条中欧班列通道以其只需海运时间1/3和航空价格1/5的优势，开行2年已聚集了长三角及以远地区的小商品、服装、电子产品等货源近2000种。西班牙马德里也开行了至义乌的返程中欧班列18趟，共发送红酒、橄榄油等货物550个标箱。作为浙江省仅有、全国唯一一个县级市对外开放铁路口岸站，义乌西站业务空前繁忙。据统计，2016年1至10月，义乌中欧班列累计进出口货值达21.6亿美元，同比增长1倍左右。为开行好这趟中欧班列，金华货运中心与中铁集团公司、天盟公司、义乌铁路口岸实现"四合一"合署办公，服务窗口为客户提供查验、放行、核销、结关等"一站式"通关和受理、制票、交付、箱管、调度"一条龙"服务，陆续开行了义乌至德黑兰、俄罗斯、白俄罗斯、阿富汗、拉脱维亚等中亚五国方向的国际联运班列，由原来的每月、每周1列，到现在每周开行3至4列。密集开行的义乌至西班牙中欧班列已成为"一带一路"新丝绸之路的一道亮丽风景，为长三角地区与欧洲开辟了一条安全、经济、快速、便捷、绿色的国际铁路物流大通道。2016年11月25日，义乌西站48908次中欧班列满载着90个标箱货物驶向西班牙马

德里。至此，这条世界上里程最长的铁路货物班列，在 2 年时间里已开行 100 趟，共发送 8124 个标箱货物，运输总里程超过 150 万公里，相当于环绕地球赤道 37.5 圈。

2014 年 10 月，从义乌西站开出了第一列发往欧洲的货运班列——X9010 次列车。春秋两载，义乌西站开行的 X9010 次中欧班列已从最初每月开行 1 列增至如今的每周 2 列。X9010 次中欧班列途经沪昆线、宜杭线、兰新线，由阿拉山口出境驶往欧洲，全程运行 12 000 多公里，区段最高运行速度为每小时 120 公里。

中欧班列开行涉及货源、箱源、运输组织、货运代理、信息追踪以及费用结算等六方面因素，是一个综合性的、环环相扣的国际物流链，需要客户、铁路、海关、国检、代理、政府共同参与。虽然协调工作复杂烦琐，还存在语言障碍，但其成功的经验主要有以下几个方面：

（1）各省市为培养市场，相继出台班列优惠政策和财政支持，扶持班列开行。其补贴的原则是以成熟的海运通道市场及客户需求为基本参考等，超出部分政府给予一定的补贴。

（2）成立国际班列平台管理机构或平台运营公司，不以赢利为目标，负责班列日常运营和补贴管理，公司提供全程安全顺畅、客户放心的管理服务。平台公司致力于提供集卡运输、货物装卸、运输追踪、信息通报、报关通关、国外代收货款等物流服务，并收集国外市场相关产品销售信息，信息反馈，协调各种关系。

（3）班列全程采取支线－干线－支线班列组织模式，也就是选取区域中心站开行至口岸站的干线班列、围绕中心站开行至辐射货源吸引区的支线班列完成全程运输任务。在此基础上，按照 120 km/h 的速度标尺铺画运行图，日行超过 1000 公里，并与境外宽轨实现运行图衔接，各站作业组织上要求紧密协作。

（4）密切国际合作。一是统一中欧班列全程价格水平，按照量价捆绑原则与沿线各国铁路就价格问题展开谈判，参考前期各地已经开行至欧洲的班列实际对外报价水平，争取全程优惠运价。二是协调沿途各段运输组织，构建境外段快捷、安全、顺畅的运输通道，实行"全程服务，一票到底"；定期与途经国（如俄、哈、德等国家）的铁路、海关、代理等交流互通情况，及时解决运营中出现的问题。

(5) 按照国际联运的要求，选拔抽调业务骨干组建中欧班列客服团队，专门负责中欧客户的服务工作；设立客服管理人员、大客户经理、客服代表专席、产品维护专员等客服岗位，制定客服工作标准；在集装箱公司设客服专线、在12306设中欧班列客户服务专区，提供7×24小时多语种不间断服务。

2. 存在的主要问题分析

在多重利好的共同推动下，中欧班列正在并将继续快速发展已成不争事实。但随着参与其中的地方和企业越来越多，班列开行中存在的各类问题也逐渐暴露，需要直面并积极寻求解决方案。

(1) 办理程序繁杂及权责不清。一是在中欧中亚货运班列开行区域内主要适用两种国际联运规章，其一是《国际铁路货物联运协定》（简称《国际货协》），其二是《国际铁路货物运送公约》（简称《国际货约》）。这两个规则体系采用的国际铁路联运运单不同，手续复杂，也造成了运单权属复杂、索赔不便等问题。同时，在国际铁路货物联运中，一直未有准确的交货条款贸易术语，在实际业务中长期套用海运交货条款和贸易术语，常常导致在外贸关系理解上的歧义。另外，这两个规则体系在铁路承运人承担赔偿责任、铁路承运人承担延迟交货责任等方面均存在差异，法律责任界定不清，导致服务规范不清晰，服务标准难以统一。二是班列办理涉及多个国家的海关质检，环节较多。例如，上海铁路局甬新欧班列起于宁波，经新疆阿拉山口口岸，途经中亚5国，止于欧洲中部，全程逾万里，共经过6个国家。高峰期已形成每周1班以上的频率。宁波至中亚5国全程近5000公里，运行时间5日左右；至西欧全程运行时间15日左右，相比海运时限缩短了10日。但因欧亚大陆陆桥规矩不统一，需要2次转关和至少2次换装，严重影响效率。

(2) 多头组织无序竞争。中欧货运班列的开通和运行，大多是由当地政府推动的，完全的市场行为尚未形成。各地政府为保证班列常态化运营，大多采取财政补贴的方式扶持，一方面为吸引货源出台类似"公路运输费用全额补贴"的政策，由此出现"抢货"的恶性竞争。例如，各地财政补贴标准一般为7500～10 000元/标箱，有的高达20 000元/标箱。按照一个列车实际装车80个标箱计算，需要补贴至少60万元。另一方面，货主受利益驱使会舍近求远，将货物运至较远地区搭载中欧货运班列，严重违背了市场规律，造成了资源浪费。例如，各地区政府政策保证和财政支持等方面力度存在差别，例如东莞市政府提供 9000 元/车的补贴，而湖南、湖北、重庆、四川等地政府则提供最高 30 000 元/车的补贴，这导致珠江三角洲的本地货源舍近求远，前往其他地方发货。多头无序竞争的后果导致运力资源分散、运能浪费、议价能力下降、价格混乱、班列开行不稳定、返程组织困难、成本增加等。

（3）物流组织及把控能力较差。一是班列缺乏具有国际影响力的物流品牌和具有国际竞争力的物流企业，主要国际物流渠道被国外企业控制，造成国内出口企业物流成本增加，大量利润流向国外。二是沿线各参与国各自负责自身国内部分，分段包干。例如，欧洲部分终端物流服务基本由德国铁路辛克和俄罗斯铁路公司承担。物流节点在仓储、配送等环节对物流服务质量和成本的把控，势必影响整体中欧班列全程的物流效益，我方缺乏对境外物流节点的把控能力。三是以传统的铁路运输业务为主，面向社会组织货源，货源主要来自浙江省内，以轻工业产品、日用品和机械类产品为主，业务范围单一，货源整体价值不高。而且，沿线国家的经济波动对出口货源的稳定性具有较大的影响。

（4）运到期限不确定。班列途经中国、哈萨克斯坦、俄罗斯、白俄罗斯、波兰等多个国家，由于未铺画全程固定运行图，因此全程运输时间不固定。同时，各地班列分散开行，缺乏统筹组织，各条班列开行密度普遍较低，间隔时间长，造成开行班期不稳定，较空运和海运仍存在较大差距。

（5）回程空驶率高。2016 年西、中、东三条国家大通道新增班列运营线 13 条，总数达到了 39 条，国内开行城市达到了 17 个。境外到达车站位于 8 个国家 13 个城市。中欧班列国内铁路段可日行 1300 公里。2016 年 1—4 月，共开行 1314 列，同比增长 110%，回程班列 428 列，占中欧班列总数的三分之一。班列回程空驶率高导致班列运营成本居高不下，究其原因，一方面是受目前中欧贸易结构影响，即对欧贸易中，进口额只相当于出口额的六成左右，进口货源少于出口货源；另一方面也在于欧洲对中欧班列这种相对较新的运输方式不太了解，班列品牌优势正在创建中，欧洲尚未认可和形成使用习惯。

（6）信息服务亟待加强。平台运营公司普遍缺乏系统内外部的协调力度，以及缺乏国外事业部门和联络处等，导致国外业务市场反应较慢，尤其在报关、清关、国外短途运输配送等业务方面处于弱势。同时，因为各国按分段各自负责相关业务及信息服务，信息不能互通互联，没有形成全流程的信息交换和共享机制，信息综合服务水平有待提升。

具体到各种班列存在的主要问题各有不同。渝新欧班列是目前中国中西部地区开行数量最多、经营最成熟、认可度最高的中欧班列，重庆本地基础货源充足、稳定，辐射带动作用强，班列安全、高效、常态化运营。汉新欧班列存在货源不足导致的运输密度较低等问题。蓉欧快铁与郑欧班列面临运输时间成本与费用略高等问题。郑欧班列和苏满欧班列在通关查验方面存在便利性不足等问题。湘欧班列在运载次数和服务水平上稍显不足；义新欧班列在费用方面高于其他班列。

3. 相关对策

2015年，中国出口至欧洲货物总量（海、铁、空）约1100万TEU，折合货量约为1亿吨。中欧班列运量2015年实际完成820列，约为69 000TEU，折合运量约为76万吨。然而，中欧班列占中国对欧出口货物总量不足1%。可见，中欧班列发展空间很大。安全性、准时性、大量性、高速性、舒适性是物流国际化的趋势。我国开展的中欧班列铁路联运，是国家"一带一路"倡议的核心，需要结合物流国际化发展趋势，针对存在的问题，制定相关对策，以提高运输效率和效益。

（1）强化通道运输能力。提高通道能力有利于树立统一中欧班列品牌，提升国际市场竞争力，促进互联互通和"一带一路"建设；有利于走出去参与国际竞争，拓展国际物流市场空间，打造国际化物流企业；有利于强化我国内陆点到点之间的快捷运输，以促进国内制造业转型升级和中西部开发，提升我国在欧亚大陆的战略地位。同时，要加强重要物流节点和中转型物流节点建设，补强节点站场设施设备，综合解决班列在国内组织实现点到点直达，解决开行地分散、班列集结时间较长、物流服务技术组织水平不高等问题；要加强与国外铁路合作，强化班列全程监控，联合铺画全程运行图，压缩班列全程运行时间，提高全程运输组织水平。

（2）优化组织货源。一是要组织好国内货源。在我国相关部门的协助下，由各班列营运主体及沿线各国铁路公司在沿线国组织货源，与本国出口企业建立业务联系，并与企业签订代理运输合同，精细营销，积极揽取货源，广泛联系国内生产企业，鼓励沿线企业选择甬新欧班列，进一步稳定双向开行。二是组织充足的返程货源，这是降低班列运价的重要手段。要与中欧当地物流企业建立合作关系，建立返程物流渠道，努力做到重去重回，增加回程次数。例如，合肥至汉堡中欧班列于 2015 年 6 月 28 日正式开行，目前基本实现每月 4 列的常态化开行。其中，返程首发班列于 2015 年的 11 月 20 日从德国汉堡出发，经波兰、白俄罗斯、俄罗斯，于 12 月 8 日由内蒙古满洲里口岸入境，全程运行里程 10 600 公里。出发时主要运载出口波兰的叉车、家电、服装、机械配件以及销往德国的液晶面板、机械零配件、服装等，回程时运载来自欧洲的生物医药、机器零配件、特种建材等产品。据悉，合肥货运中心与海关、出入境检验检疫局等部门建立了互动合作机制，实现了"出口直放，进口直通"的验放监管模式。随着跨境贸易互联互通的深入推进，预计载货回程班列将实现常态化。

（3）完善班列物流服务体系。一是加快与中欧班列沿线国家铁路部门的沟通协调，推动建立定期会晤机制，不断提高中欧班列境外通关清关和转场作业效率，从而压缩班列全程运行时间，形成快速、便捷、安全、高效的物流服务体系。同时，加强对各地中欧班列的统筹引导，避免相互间恶性竞争。二是必要时由国铁集团统一对外询价，通过将各条班列整合集体竞价，压低国外运输线路的运输成本，从而减少地方政府压力。

（4）完善班列服务平台。平台运营公司的作用在于沟通、联络和交流信息，优化整合政府、海关、铁路、口岸、企业等相关资源，让参与国际联运的各国铁路系统和企业能够借助这个平台自由贸易。第一，平台公司要建立起与地方政府、铁路局、货运站的灵活沟通协调机制，以及与各类客户之间的沟通协作机制。第二，建立并完善国外联络点和办事处的布局。第三，让客户在网络上可以进行选舱、交付、报关、查询等。第四，做好信息沟通和交流。虽然各班列都有各自的物流信息系统，但要构建中欧班列客户服务、业务管理、数据交换等三大信息支撑平台，以便为公司客户与供应商的信息交流以及班列沿途相关国家铁路部门的信息交换提供便利，也满足客户网上预订、业务受理以及货物追踪等物流信息服务需要。

5.7 铁路枢纽物流中心站选址方案优化与应用

铁路货运站是办理货运业务的车站，是与城市商贸物流衔接的重要渠道和物流节点。铁路枢纽货运站在物流网络上的合理布局分工，对枢纽内提高铁路运输效率和货物运输服务水平有着直接影响。其中，铁路枢纽物流中心站是组织枢纽内各种物流运转、完成物流功能、提供物流服务重要场所的重要节点，是枢纽物流系统的基础和核心，能为铁路货运物流化创造更有利的发展环境，为物流作业化的连续有序以及物质流动顺畅化提供保障，是推动地区经济质量升级的重要渠道。因此，铁路枢纽物流中心站选址至关重要。下文紧密结合铁路枢纽物流中心站选址影响因素，提出集对—熵权分析选址法，以合肥铁路枢纽为例加以分析，提出在合肥北站建立物流中心站和在钟油坊站建立辅助中心站选址最优方案建议，该方案实际应用效果较好。

5.7.1 集对—熵权分析方法

1. 集对理论

集对分析（set pair analysis，简称 SPA）是我国学者赵克勤于 1989 年提出的一种新系统分析理论。其核心思想是把确定、不确定视作一个系统，二者相互联系、相互影响、相互制约，并在一定条件下相互转化。该方法利用联系度的同、异、反分量刻画两个事物之间不同类型的内在联系，对模糊、随机、中介和信息不全所致的不确定性实现了统一处理。所谓集对就是具有一定联系的两个集合所组成的对子。

利用联系度表达式可更加全面地反映系统的确定和不确定、同一和对立等性质，且思路简明，方法简便，易于操作。在一定问题的背景下，对集对中两集合的特性作同异反分析，用式子表示为

$$\mu = a + bi + cj \tag{1}$$

式中：μ 称为两个集合的联系度，严格地说是问题背景和分析过程中的一个函数；i 为差异度标记；j 为对立度标记。但在运算时，i 和 j 又同时作为系数参加运算。规定 j 恒取值 -1，而 i 在 $[-1, 1]$ 区间视不同情况取值。

显然，a、b、c 三个数满足归一化条件，即有关系式

$$a + b + c = 1 \tag{2}$$

假设铁路枢纽物流中心站方案的比较在量上不考虑差异度，可利用集对理论中突出同一、对立关系的联系度表达式，将被评价对象与理想方案构成一个集对，进行集对分析。

即 $a + b + c = 1$，存在 $b = 0$，有

$$c = 1 - a \tag{3}$$

2. 熵权系数

权重向量表示的是各影响因素在决策过程中所占的重要程度。确定权重的方法通常有主观和客观确定法。为减少决策中的主观因素，本文采取客观权法中的熵权系数法来确定指标的权重向量。该模型同样具有计算过程简单、使用方便等特点。

在信息论中，熵是系统无序程度的度量，它还可以度量数据所提供的信息量，其过程如下：

第 j 个优化目标的熵为

$$H_j = -\frac{1}{\ln n}\sum_{i=1}^{n} k_{ij}\ln k_{ij}, \ i=1,2,\cdots,n; j=1,2,\cdots,m \quad (4)$$

式中，

$$k_{ij} = \frac{d_{ij}}{\sum_{i=1}^{n} d_{ij}}, i=1,2,\cdots,n; j=1,2,\cdots,m \quad (5)$$

d_{ij} 为评价的指标属性值，且当 $d_{ij}=0$ 时，令 $k_{ij}=0$。则第 j 个优化目标的权重

$$w_j = \frac{1-H_j}{m-\sum_{j=1}^{m} H_{ij}}, i=1,2,\cdots,n; j=1,2,\cdots,m \quad (6)$$

则目标函数的权重向量

$$\mathbf{W} = (w_1, w_2, \cdots, w_j), \ i=1,2,\cdots,n; j=1,2,\cdots,m \quad (7)$$

在多目标决策中，对各个方案关于某一指标的分值而言，可将属性值进行归一化后再进行熵值计算得到该指标的客观权重。

3. 集对—熵权评价方法

设由 M_1，M_2，$\cdots$，M_n 共 n 个待选对象组成被评价对象集，每个对象有 C_1，C_2，C_m 共 m 个评价指标，每个评价指标均有一个评价值 f_{ij}（$i=1,2,\cdots,n$；$j=1,2,\cdots,m$）。

构造多目标评价矩阵 $\mathbf{A}$ 为

$$\mathbf{A} = \begin{bmatrix} f_{11} & f_{12} & \cdots & f_{1m} \\ f_{21} & f_{22} & \cdots & f_{2m} \\ \vdots & \vdots & & \vdots \\ f_{n1} & f_{n2} & \cdots & f_{nm} \end{bmatrix} \quad (8)$$

设理想方案为
$$A_0 = (f_{01},\ f_{02},\ \cdots\ f_{0i},\ \cdots\ f_{0m}) \quad (9)$$
其中 f_{0i} 为理想方案中的第 i 个指标的理想值。

比较评价矩阵的各项指标值与理想方案中对应的指标值，构成被评价对象与理想方案的同一度 d_{ij}：

当 $f_{ij} < f_{0j}$（效益型）时，
$$d_{ij} = \frac{f_{ij}}{f_{0j}};$$

当 $f_{ij} > f_{0j}$（成本型）时，
$$d_{ij} = \frac{f_{0j}}{f_{ij}}. \quad (10)$$

构造被评价对象与理想方案之间不带权的联系度矩阵 U：

$$U = \begin{pmatrix} d_{11} & d_{12} & \cdots & d_{1m} \\ d_{21} & d_{22} & \cdots & d_{2m} \\ \vdots & \vdots & & \vdots \\ d_{n1} & d_{n2} & \cdots & d_{nm} \end{pmatrix} \quad (11)$$

根据式（11），按照式（7）计算各属性的权重，确定各评价对象 A 与理想方案 A_0 带权重的联系矩阵 R：

$$R = U \times W = (u_1, u_2, \cdots, u_n) \quad (12)$$

$$u_i = \sum_{j=1}^{m} w_j d_{ij}, i = 1,2,\cdots,n; j = 1,2,\cdots,m \quad (13)$$

根据 u_i 值的大小，可以确定被评价对象的优劣次序。其中，u_i 越大，说明被评价对象越接近理想方案，评价对象就越好。联系度最大的评价对象，即为最优方案。

5.7.2 影响因素分析

铁路枢纽物流中心站选址是基于物流化的货运站。其建设工程是一项复杂的系统工程，而且投资大，回报周期长，周密的规划很重要。选址决策的影响因素主要包括以下几个方面：

（1）地理位置条件。物流中心站规划应根据工业区和居民区的分布状况、城市功能定位和远景规划，科学地确定服务半径，应位于或接近货物集散处，要靠近市区边缘，这样便于开展枢纽间货运站及货运代理机构之间的运输合作，与城市物流中心（配送中心）很好地衔接、沟通、协调，分工协作，并通过开展配送，大大提高流通中的专业化、集约化经营程度，加快集仓储、装卸、包装、运送及信息交流于一体的物流链式作业化过程，减少流通中的交易次数，稳定铁路货源，降低物流成本，提高流通服务水平和利润，为进一步向物流技术服务现代化、综合化转化打下基础，给铁路运输赢得更多的市场和竞争力。

（2）交通运输条件。在枢纽内各衔接方向要有方便的联系通道，考虑与市内短途搬运工具的合理衔接，尽量避免铁路与城市主要干道的平面交叉，满足地方及长途运输的需要，使货流有效地集合在一起，使主要货场位于交通网节点、仓储运输基地，以产生规模效益，提高设施利用率，达到物流配送目标。考察该项指标可从铁路车流顺畅程度和交通条件两个方面进行研究。

（3）环境保护条件。环境规章是指关于空气、水、土地等使用和对噪音等污染进行控制的有关地方、区域和国家性规章。例如，要求选址要远离居民区，并且常年风向要背离居民区。

（4）建场条件。选址时要按照"综合规划，分期发展"的原则进行总体规划，考虑到城市的发展规模、货运量的增长、物流发展的需要，保证未来增建物流中心站时，有足够改建或扩建的余地，避免造成大量废弃工程，以节省资源和成本。同时要求该地区地形空旷，土地价值相对较低，而且拆迁量少。综上，影响选址的主要因素如表5-2所示。

表5-2 铁路枢纽物流中心站选址影响因素

影响因素	制约因素	适宜场地	较适宜场地	勉强适宜场地	不适宜场地
地理位置条件	距离城市远近	较近	近	较远	很远
交通运输条件	铁路车流通畅程度	很通畅	较通畅	中等	不通畅
	交通条件	很便利	较便利	中等	不便利
环境保护条件	离居民区距离	很远	较远	中等	较近
	常年风向	背离居民区	多背离居民区	随机	多朝向居民区
建场条件	地形平坦程度	平坦	比较平坦	略有起伏	起伏较大
	开阔程度	很开阔	比较开阔	不开阔	很不开阔
	拆迁量	小	较小	较大	很大

5.7.3 实例分析

合肥是安徽省的政治、经济和交通中心。随着城市经济发展，货物运输需求随之日益增加。合肥铁路枢纽南货运站现位于合肥市中心区，与胜利路平面交叉，这导致城市建成区的严重切割，造成周边环境的污染，与合肥市在合肥南站建设市级商贸中心和"绿色之城"的城市发展规划矛盾。货运站的位置变得不再合理，货场需要外迁至远离市区的地方，组建新型物流中心，以减少与城市交通干扰，减轻环境压力，消除安全隐患，适应城市规划和经济发展的要求，实现"货畅其流"。合肥铁路枢纽办理货运业务的车站有合肥南站、合肥北站、合肥西站、桃花店站、钟油坊站、撮镇站、双墩集站，合肥东站为编组站。其中，合肥南站为20世纪50年代的货场，是合肥铁路枢纽唯一的综合性货运站，其余的都是辅助型的小规模货运站。货运站受传统计划经济和运作方式的影响，现仍保持着"大而全""小而全"的经营方式。问题是要在这6个站中择优选出物流中心站。其选址步骤如下：

①专家打分。邀请八位专家根据表5-2的影响因素，按每项在[0, 1]间打分，其均值如表5-3所示。

表5-3 合肥枢纽货运站制约因素专家打分表

制约因素	合肥北站	桃花店站	钟油坊站	合肥西站	撮镇站	双墩集站
距离城市远近	0.7	0.7	0.5	0.7	0.5	0.5
铁路车流通畅程度	0.7	0.9	0.9	0.3	0.9	0.9
交通条件	0.9	0.5	0.9	0.7	0.5	0.5
离居民区距离	0.7	0.7	0.5	0.7	0.7	0.5
常年风向	0.9	0.5	0.9	0.7	0.7	0.5
地形平坦程度	0.7	0.3	0.7	0.5	0.5	0.5
开阔程度	0.9	0.7	0.5	0.3	0.5	0.5
拆迁量	0.9	0.7	0.7	0.5	0.5	0.3

其中，距离城市远近和拆迁量因素为成本型，其余因素为效益型。

②属性数据标准化。根据式（10），计算可得表5-4。

表5-4 合肥枢纽货运站制约因素数据标准化

制约因素	合肥北站	桃花店站	钟油坊站	合肥西站	撮镇站	双墩集站
距离城市远近	1.000	0.600	0.600	0.600	0.429	0.429
铁路车流通畅程度	0.778	1.000	1.000	0.333	1.000	1.000
交通条件	1.000	0.556	1.000	0.778	0.556	0.556
离居民区距离	0.778	0.778	1.000	0.778	0.556	0.556
常年风向	1.000	1.000	0.778	0.778	0.556	0.556
地形平坦程度	1.000	0.429	1.000	0.714	0.714	0.714
开阔程度	1.000	0.778	0.778	0.333	0.556	0.556
拆迁量	1.000	0.600	0.600	0.600	0.429	0.429

③熵权计算。根据式（6），计算各影响因素权重如下：

$W = (0.144 \quad 0.161 \quad 0.114 \quad 0.068 \quad 0.088 \quad 0.111 \quad 0.169 \quad 0.144)$

④联系度计算。

$R = W \times U = (0.226, 0.167, 0.191, 0.135, 0.139, 0.139)$

⑤联系度计算。

通过对以上合肥铁路枢纽办理货运业务的车站选址从多角度、全方位进行分析，合肥南站全部从市中心搬出，物流中心选址定在合肥北站。进一步分析其优势包括以下几个方面：

（1）交通便利。合肥北物流中心站基地位于大房郢水库、淮南线及板桥河之间，靠近城市主干道阜阳北路，离二环路不到2公里，距张洼路约2.9公里，而且合肥地铁一号线通过张洼路，具有良好的地方交通条件，有利于货流集散，因此该地区便于实现公铁联运。此外，合肥北物流中心站离合肥东编组站较近，可建立良好的物流联络，修建一条合肥东（上行场、到达场）—新店线路所—合肥北物流基地的联络线，合肥东编组站可以为合肥北物流基地货场发送的货物提供提前配车和准时发送服务；对于合肥东站发现需整理的货物，合肥北物流基地货场亦可以提供及时的倒装服务。两者相互配合，资源互补，优势明显。

（2）有利于提高市场竞争力。合肥北物流中心站位于合肥市的庐阳工业园区。根据合肥市物流发展总体规划，该区域包括1个基地（现代物流园区）、3个中心（高新区、经济技术开发区和市区）和1个平台（合肥市互联网物流信息平台），将有力依托合肥市地方人民政府建立现代化物流园区的规划，利用合肥市互联网物流信息平台，凭借铁路运输的优势和现代化物流设备，有利于形成铁路物流基地的规模效应。集散货物的货车进出物流中心不需穿越市区，物流作业便捷，有助于降低物流成本。

（3）符合运输安全和环境保护的要求。该地区处于合肥城市下风方向，有利于降低环境污染，场地远景发展条件好，地方物流基础设施功能齐全，符合运输安全和环境保护的要求。

（4）具有可持续发展空间。合肥北物流基地货场能满足1070万吨/年的需求，其中货场到达400万吨/年（含集装箱126万吨/年）、发送200万吨/年（含集装箱93万吨/年），专用线到达440万吨/年、发送30万吨/年。并预留一定量的远期发展空间。

另外，根据联系度的结果可知，合肥南站拆除后，钟油坊站可设为物流中心辅助站。该站位于合肥市东部工业组团中，可对其余货运站进行分工，合理利用其运输能力，向集中化发展。对一些利用率低的货场、专用线、货物线和仓库等货运设备，根据不同情况，实行关、停、并、转。如利用闲置设施开办市场，对外租赁。

采用熵权理论确定指标权重，降低了权重计算的人为因素影响。运用集对分析法进行物流中心选址，能够为铁路枢纽物流中心选址问题提供新的分析思路和方法。由于系统评价过程是一个复杂的计算过程，同时也是一个反复修正的过程，因此如何根据不同的铁路枢纽科学地选取评价指标仍须进一步研究。

第6章 智慧车务

6.1 智慧车务概念及关键技术

6.1.1 智慧车务概述

随着社会经济的高速发展,铁路运输业对信息化、智能化水平的要求越来越高,传统的铁路信息服务已经不能满足市场需求,物联网、大数据、互联网+管理、云平台、云计算等先进技术在铁路运输领域的应用势在必行。

智慧车务是基于物联网、云计算和大数据等先进信息技术以及综合集成等方法,通过全面透彻的感知、宽带泛在的互联、智能融合的应用,形成车务智能化信息服务模式和智能化控制服务模式,为车务管理自主创新和系统创新提供基础平台,以此提高运输生产效率、专业管理能力和安全控制能力,实现从传统管理向依托信息技术、物联网技术的智能化管理的转变。

当前,信息技术创新日新月异,以数字化、网络化和智能化为特征的信息化浪潮蓬勃兴起,已成为经济和社会发展的重要驱动力。建设智能铁路,是全面提升铁路企业核心竞争力的重要举措,是促进铁路运输企业向物流企业转型、传统企业向现代化企业转型、国内企业向国际企业转型的必然选择。新技术运用将在全路车务系统创新发展和提升管理等方面具有重要地位和发挥重要作用。铁路车务系统作为铁路运输生产的主要组织者,担负着运输调度指挥、行车安全管控、车务专业管理等职能,对车务信息化建设提出了更高的要求。积极开展"智慧车务"建设,改变当前信息资源分割独立、信息孤岛、资源获取与可用性差、信息交换及共享较为困难的技术现状,运用各种先进技术,构建车务信息资源整合和共享平台,提高各种先进技术在车务系统管理和生产中的综合运用显得尤为迫切和至关重要。

"智慧车务"融入物联网、云计算、大数据、移动互联网等新技术,汇集成车务信息，提供实时数据的信息服务，实现系统性、实时性、信息交流的交互性以及服务的广泛性，是车务系统管理观念的革命，建立与大数据相适应的新理念，变传统经验管理为数据化、信息化管理，不断提高数据采集、分析和应用能力的基本要求。综合运用物联网、"互联网+"、大数据、云计算等先进信息技术以及信息互联互通技术、人工智能技术、综合集成等技术和方法，依托现有的车务综合信息管理共享平台建设，优化提升有线网络传输性能，综合利用无线网络传输，推进内外网数据交换，形成智能化的车务信息服务模式和智能化控制模式，全面提高车务安全控制和专业管理能力。

智慧车务以现代信息技术、运输生产智能化作业、运营智能化组织、经营决策智能分析为重点，顺应现代车务管理现代化的发展趋势，有利于保障运输安全，提升运输效率效益，提供更优质的运输服务，更好地满足社会需求。"智慧车务"突出以专业管理为主线、以车务安全管理体系建设为核心、以落实机制为抓手、以标准化建设为载体、以用好"一个车务综合管理平台"为落脚点的具体体现，并以此全面加大"科技保安全"的研发和应用工作力度。

综上可知，智慧车务是指综合运用物联网、大数据、云计算等先进信息技术，人工智能技术以及信息互联互通技术，综合集成等工具和方法，应用信息感知识别技术（如条码技术、射频技术、图像视频识别和定位技术等）、资源管理优化技术（如数据挖掘及处理技术）、信息平台搭建技术（主要包括互联网技术、信息变化设计技术、功能模块设置技术、风险防控技术等），优化提升有线网络传输性能，综合利用无线网络传输，推进内外网数据交换，依托现有的车务综合信息管理共享平台，形成智能化的车务信息服务模式和智能化控制模式，全面提高车务安全控制和专业管理能力，促进车务管理自主创新和系统创新，实现从传统管理向依托信息管理转变。

面向知识社会的下一代创新重塑了现代科技以人为本的内涵，也重新定义了创新用户的角色、应用的价值、协同的内涵和大众的力量。车务信息化和科技创新应注重以人为本、全员参与、整体协同的开放创新空间的塑造和公共价值、独特价值的创造，从使用需求出发，通过信息化平台架构的优化和完善，为站段、车间等的用户提供开放性和创新性平台，汇聚全员智慧，不断推动管理创新、系统创新、全员创新、协调创新和开放创新，以人为本实现车务运输生产和专业管理的可持续发展。

6.1.2 智慧车务特征

以建成高效率和协同化的智慧管理、精细化和精准化的智慧作业、数字化和个性化的智慧决策为重点,逐步实现车务系统安全管理一体化、预警管理数字化、应急指挥决策化、作业组织自动化、专业管理现代化,确保车务现场作业有序可控。

"智慧车务"的重要标志集中体现在"一个平台"即以车务综合平台建设为核心,进行"七化"即集成化、网络化、实时化、专业化、可视化、智能化、决策化建设。其主要特征如下:

(1) 全面透彻的感知。利用各类感知设备和智能化设备,智能识别、立体感知车务管理和作业等信息的全方位变化,对感知数据进行融合、分析和处理,并与车务业务流程智能化集成,主动作出响应,促进车务信息系统和谐高效运行。

(2) 宽带泛在的互联。充分利用铁路宽带有线、无线网络技术和社会移动通信网,实现车务系统中物与物、人与物、人与人的全面互联、互通、互动,为车务系统协调办公、移动办公提供随时、随地、随需、随意应用基础条件,不断增强信息获取、实时反馈和提供智能服务的能力。

(3) 智能融合的应用。基于云计算、云平台和大数据技术,通过智能融合技术的应用,实现对海量数据的存储、计算和分析,提升趋势分析、风险预警、决策支持和应急指挥能力,并不断提升智能融合和智慧运用水平。

(4) 以人为本的可持续创新。"智慧车务"从使用需求出发,注重以人为本、全员参与、整体协同,通过信息化平台架构的优化和完善,为车务站段、车站(车间)等用户提供开放性和创新性平台,实现车务运输生产和专业管理的可持续发展。

6.1.3 铁路车务数字化管理

数字化管理是指利用计算机、通信、网络等技术,通过统计技术量化管理对象和管理行为,以实现作业、计划、组织、控制、协调等职能的管理活动和方法。铁路车务数字化是建立在铁路信息基础上的把铁路车务安全管理等各部门的海量动态和静态的、高分辨率的三维的数据统一集成起来,体现安全风险超前管理核心,从而确保整个车务系统在安全工作状态下运行良好,提高风险管理的针对性和有效性,提升安全管理的控制能力,为安全辅助决策提供依据。数字化的铁路车务安全风险超前管理按照过程控制、系统管理、闭环管理、持续改进的原则不断进行良性循环,包括以下几个关键环节和步骤:

1. 开展安全风险管理

确保行车安全是铁路车务系统永恒的主题。以上海铁路为例,上海铁路局车务系统点多、线长、面广,管理跨度大,安全管理涉及天、地、人、车、图等,加之车务系统安全与工务、电务、车辆、供电等系统专业都有交集,行车安全风险日益增加,安全风险管控难度日益增大。根据铁路安全工作的总体思路和部署要求,车务系统在安全管理过程中以数字化管理为突破口,以安全风险关口前移为核心,将数字化体系的建设和安全风险的超前管理有机地融合在一起,通过强抓安全管理规范化、现场作业标准化、检查整治常态化,有力推动了全系统安全风险管理向广度和深度发展,从而有效提升了安全管理水平,形成了具有车务特色的安全管理体系,在全路车务系统起到了较好的示范引领作用。

安全风险管理是2012年铁路部门引入的安全先进理念和方法。安全风险大数据分析就是通过梳理生产过程中暴露出来的各类人员、作业、设备、环境、管理等方面不利于铁路运营安全的信息源点问题,及时收集、处理、筛选、分析、统计各类安全信息,将各类信息、问题按照风险事件分层、分类、分级的原则进行处理,结合安全风险的严重程度和发生的频率,根据相关的数学模型生成红、黄、绿风险预警结果,以便随时掌握现场生产和安全管理现状,实现对各个风险点安全识别、研判和预警,快速消除和降低安全风险,提高安全风险超前管理、过程控制和趋势管理的能力。

确保车务系统持续安全工作是新形势的客观需要。信息是现代企业发展的重要战略资源,是企业管理的基础。现代化铁路车务安全管理的一个主要标志就是对安全信息的管理。随着铁路车务系统新技术、新设备的大量投入使用,收集到的车务安全信息呈海量增长,信息的实时快速采集、传输、处理、表现已成为当前铁路车务安全管理的主要特征,集中体现在系统管理、过程监控、数据分析等方面。车务安全管理正向集成化、信息化、可视化、智能化方向发展。面对海量且多样化的样本数据，相应提高信息处理效率，并对信息进行高效采集、统计、过滤、分析，进而挖掘出有价值的信息，为车务系统安全提供智力支撑已成为当前车务系统安全管理的现实问题和确保安全持续稳定的客观需求。同时，全方位的安全信息分析和综合性的正确决策将车务安全管理提到了前所未有的高度，也成为突破当前安全管理的瓶颈。

铁路车务系统安全信息包括方方面面海量的、结构多样的数据样本，包括事故、设备故障、未造成影响的安全信息、班组自控、干部现场盯控和检查、铁路局相关职能部门现场检查的相关信息、电子台账信息以及设备状态、人员作业、外部环境、管理制度等各类生产信息，海量的数据具有广泛性、联系性、多样性、动态性和复杂性。从数据的特征看，以上数据是海量的、异构的，有视频、图像、音频、曲线、文本等结构化、半结构化、非结构化的数据，并且还是动态的含干扰性的；从数据分布的管理形式看，数据分散在不同的应用系统、不同单位，在电子台账、文件甚至纸质记录中，这些数据是孤立的，难以综合利用。目前，铁路车务系统海量、多源的安全信息，基本上反映了车务系统安全信息的全貌，具有典型的"大数据"特征，具有数据量大、数据类型多、处理要求快等特点。大数据可以对收集到的海量数据进行分析，从根本上克服传统安全信息处理模式多通过采样方式获得部分数据的不足。而且，大数据分析数据源与分析结果间不再只是因果关系，基于有相关关系的数据源同样可以分析预测出安全发展的趋势，以便对未来的安全风险进行超前管理。从安全大数据的层面形成一种新的管理形态，实现状态预测——状态管理——健康管理的模式已经成为当前车务安全管理工作的迫切需要。

随着现代铁路以技术密集为标志的高度集中化发展，各种高技术系统的复杂化程度相应增加，技术伴随着高风险，铁路运输管理活动的复杂性、互动性及规模化程度不断加大，一旦发生设备异常或人为操作失误，鉴于列车运行密集程度，可供纠偏和避免事故的时间极短。再加上铁路运输生产具有连续性、季节性、周期性等特点，不安全状况的产生具有突发性和偶然性，已经成为困扰车务安全的大问题。解决这一问题需要有清晰的安全管理思路和科学的管理方法，需要专业管理水平相应提升。

当前，铁路车务系统在安全管理方面面临以下几种挑战，它们错综复杂并交织在一起。一是广域性挑战。铁路运输在广域内进行，安全管理应当具备相应的持续监视和控制能力。二是海量信息的挑战。所有的安全管理活动都离不开安全信息的支持，信息传递是组织实施管理方式的重要内容，信息促使系统动态化并且将组织目标与参与人员联系起来。安全管理需要处理海量信息。如果不消除信息孤岛，建立信息资源整合和信息共享平台，加快运用层系统研发和运用，仅凭人力难以有效处理海量信息和实施专业化管理。三是复杂性挑战。安全管理是动态多因素的复杂工作，处理动态多因素问题是一项高难度管理工作。目前，对高度动态的多因素复杂问题的处理能力欠缺，尚未能提供智能化的全面管理决策支持。四是理性的挑战。安全管理要求参与者始终保持理性，但人不可避免地存在厌倦、疲劳和情绪化等倾向。受心理和生理限制及外部因素的影响，人难以长时间稳定地应对系统的剧烈变化和安全管理的动态挑战。

铁路车务系统具有高度综合、高科技装备信息化、集成化、智能化、可视化、决策化等特点。车务安全所处的是人、机、管诸多因素错综复杂、纵横交织的环境，往往由于安全意识薄弱、安全管理水平不高、干部把关不严、管理机制松懈等原因，不安全事件屡屡发生，从而影响和制约安全生产。在这种情况下，如何用现代安全观等先进管理理念和管理方式，最大限度地降低安全事故发生概率，最大可能地预防和控制安全事故，提高安全管理和技术水平，是铁路运输安全管理亟待解决的问题，也是长期要解决的问题。

2. 优化运力资源配置

结合运输信息集成平台，比如可以通过列车运行实际数据和实际运营完成的指标数据等典型的大数据，包括列车在各个站的实际到发时刻、列车对轨道区段的占用和释放时刻、信号系统的状态变化数据、各站货运量的变化数据等，摸索出列车运行和货运量变化的相关规律，结合对运力资源数据的分析，设计符合市场需求和铁路实际情况的运输产品，为进一步满足客户需求做好运力优化的配置和调整。

基于物联网技术条件下的车务综合管理平台架构展望如图 6-1 所示。

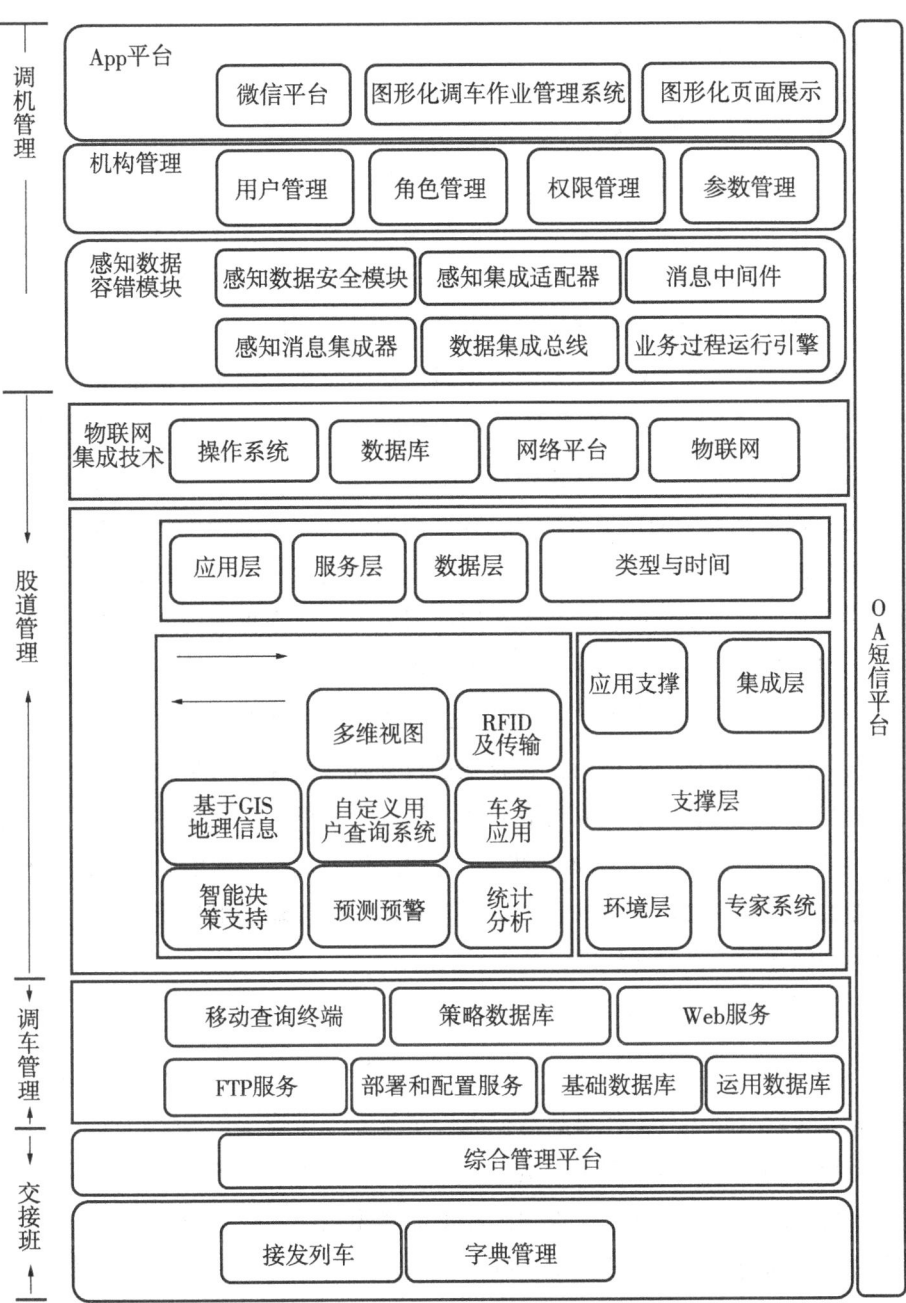

图 6-1 基于物联网技术的车务综合管理平台架构

6.1.4 信息基础设施建设保障

1. 信息基础设施建设

（1）GIS 基础地理信息平台建设。基于路局 GIS 地理信息基础平台，探索、尝试和搭建车、工、电等各专业共享的精确站区地理信息平台。一是建设 GPS 定位差分基站，为 50 公里范围内的人员、设备的精确定位提供校准数据。二是完成站区精确 GIS 地理信息地图航测，为车务的智能防溜铁鞋、作业人员定位和机、供、电、辆等专业精确定位数据运用奠定基础。三是结合精确 GIS 地图测绘，同步开展合肥东站 VR 站场全景图绘制，完成信息数据的加载运用，实现站区作业和管理数据的可视化、直观化。

（2）内外网安全交换平台建设。在路局内外网安全交换平台的基础上，建设车务系统内外网安全交换平台，实现列车尾在途定位和运用数据、GPS 定位数据、应急处置信息数据、货物列车尾部试风等作业数据的内外网交换，并为拓展运用车务综合管理平台移动终端业务创造条件。

（3）网络设备设施优化。按照"有线为主，无线辅助"和"专网为主，公网辅助"的基本原则，对网络设备设施进行补强和优化。一是对既有网络传输通道进行提速升级，配套完成网络传输"最后一公里"的优化提升。二是结合编组站综合自动化改造（SAM 系统），配套优化相关作业传输网络，以满足现场作业的大数据、高传输需求。三是结合货检无线传输网络建设，完成站场无线网络补强建设，消除无线网络覆盖盲区。

2. 信息运用系统研发

（1）车务综合管理平台优化升级。一是建设车务安全大数据分析系统，在前期完成建设全路车务责任事故数据库、车务安全风险 2.0 系统和日安全信息管理系统的基础上，对时间、人员、空间、风险等数据进行提取和挖掘，开展风险程度、现场检查力度、检查频次和干部履职轨迹等趋势变化分析，为构建车务安全管理辅助决策系统奠定基础。二是建设调车安全大数据分析系统，挖掘调动车辆数、作业钩数、作业时段、穿正频次、违规信息等数据，结合货运工作量、阶段性安全工作特点，开展调车作业安全大数据分析，实现调车安全精细化和系统化管理。三是推进车务职教信息化建设，研发 App 职教运用软件，实现教培工作的信息化、实时化和便捷化。

（2）车务作业岗位信息系统建设。按照全局车务系统行车岗位台账簿册电子化整体安排，试点完成管理和作业岗位台账簿册的电子化。一是配套编组站综合自动化改造，在相关岗位完成管理和作业台账簿册的电子化。二是完成列尾、减速顶等车务自管设备设施的电子化、智能化管理，实现设备全生命周期信息化管理。三是大力推进智能化感知设备运用，加快信息化管理系统配套建设，大力推进数据整合和综合利用。

（3）车站信息平台建设。结合编组站综合自动化改造，配套完成车务综合管理平台优化升级，完成数据资源池建设，同步开展 SAM 信息数据深度加工，全面打造车站信息集成平台，直观反映生产数据，直接提供车流分析、解体、编组作业情况、集结待编、列车编组出发统计、中停时间等生产作业数据的查询与分析。

6.2 车务综合管理平台

1. 功能架构

按照信息平台统一性和层次性的要求，车务综合管理平台实行分层管理，满足不同用户的不同功能需求，对不同的用户提供不同的界面和使用功能。总体按照三级目录进行管理：一级目录针对不同的用户，对相关子系统进行集中管理；二级目录主要实现对相关子系统的合理划分，满足使用人员日常工作需求；三级目录主要实现对相关具体管理工作的分类管理，提供友好的操作界面和便捷的功能界面。功能架构如图 6-2 所示。

2. 系统架构

系统运用物联网、大数据、云平台和云计算等先进通信和信息技术，按照采集控制层（感知识别节点）、末梢网络层（接入层）、承载网络层、应用控制层和用户层五个层面进行构建。

（1）采集控制层。通过感知识别节点的布局，实现对车务人员、设备信息的感知、采集和捕获，形成可传输和识别的数字信息。例如，在接发列车远程监控智能分析系统中运用 RFID 射频识别技术对外勤助理立岗信息进行自动采

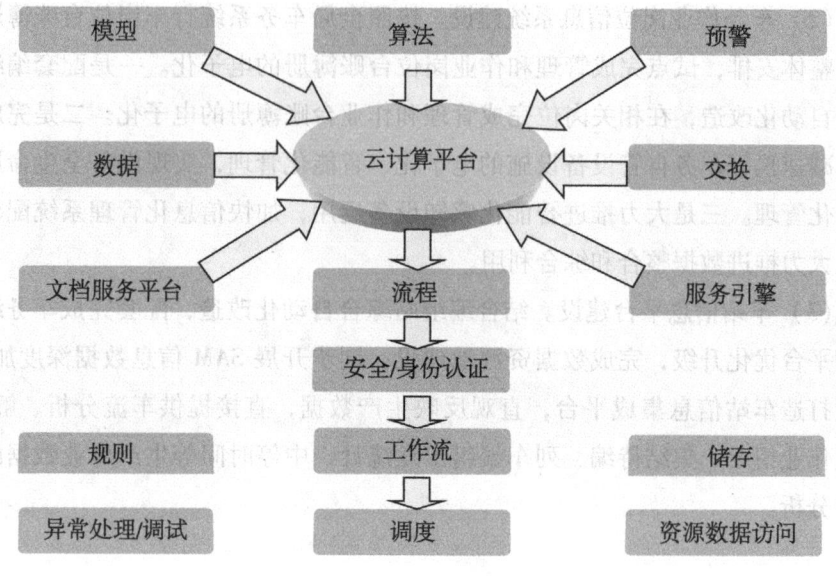

图 6-2 功能架构

集；在列尾检测台运用 M2M 技术，在检测台内部嵌入无线通信模块，实现检测数据的自动收集和上传；在减速顶在线监测和智能预警系统中，运用压力传感和紫蜂（Zigbee）技术，实现减速顶的自适应组网和动态工况数据的自动上传。

（2）末梢网络层。由基站节点和接入网关组成，完成采集控制层信息的组网控制和信息汇集，或完成向采集控制层下发信息的转发功能，实现采集控制层和承载网络层的信息转发和交互的功能。例如，2015 年通过在全局推进施工（维修）电子登、销、记和调车远程监控智能分析系统建设，完成了各行车室和调车岗位的网络建设和优化。

（3）承载网络层。完成末梢网络层与运用控制层之间的信息通信功能，依托总公司开展的两网融合工作，通过铁路通信网络和互联网的融合，满足传输容量、海量信息处理、传输速率和传输安全等需要。例如，2016 年通过推进高铁综合防护系统建设，完成了铁路内网和移动网络的互联互通。

（4）应用控制层。由各种应用服务器组成（包括数据库服务器），主要功能包括对采集数据的汇集、转换、分析以及应用层呈现的适配和事件的触发等，实现对原始数据的转换、筛选、分析处理，生成有实际价值的数据信息。例如，

2015年，完成了路局服务器的集中设置，对车务系统相关数据进行集中管理和控制。2016年，增设时钟服务器，配置表单处理、流程处理等集中服务软件，适应车务信息化发展需要，不断强化完善控制层。

（5）用户层。是实现平台使用价值的主要组成部分，在 B/S + C/S 架构下，满足不同用户的个性化需求，实现数据价值的综合运用和深化提升。

3．系统部署

该项目采取统一集中部署的方式。应用和数据库服务器均采用虚拟机方式，纳入路局内网虚拟机群。内网环境虚拟化 2 台虚拟机作为应用服务器，通过负载均衡方式访问数据库服务。系统部署如图 6 - 3 所示。

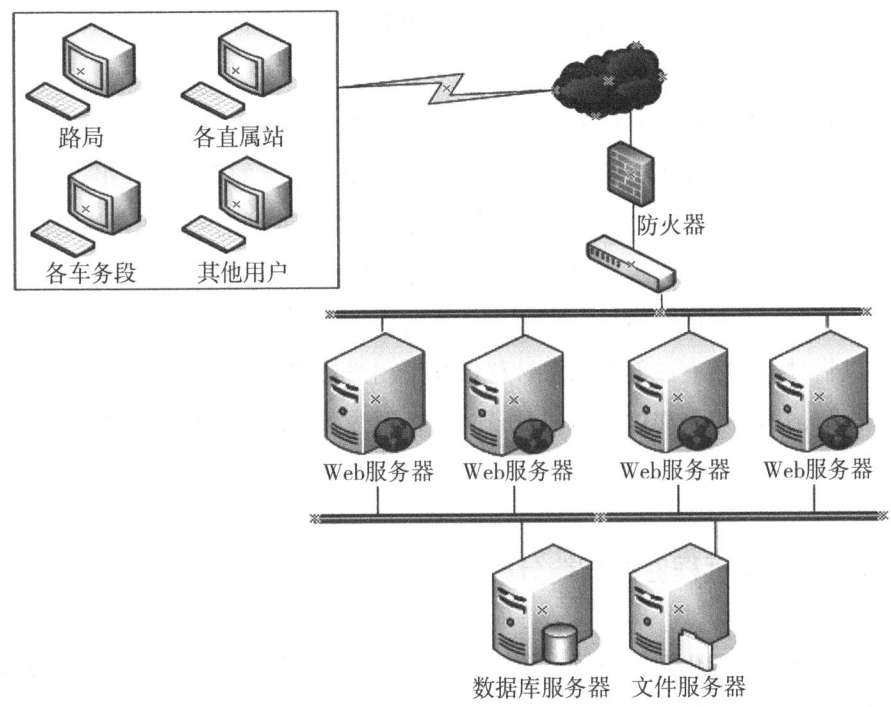

图 6 - 3　系统部署

对于拥有组织机构且用户岗位职责明确的应用系统，可以在系统层面建立组织机构中的各个岗位，并为这些岗位分配好权限，然后将岗位分配给部门。部门新增员工时，必须选择部门内的一个岗位。

近几年以思维加速、普元和科诺为代表的面向业务的快速开发平台概念比较走俏。思维加速所用的授权模型就是"岗位＋组织机构"授权模型的代表。该模型非常强调组织机构在授权模型中所起的作用，所以对组织机构进行了更多的定义。

①组织。是一个虚拟的机构，它的存在只是为了连接上下级机构的行政关系，组织下级可以包括组织或部门，职员不直接隶属于组织，岗位也不能直接分配给组织。

②部门。是一个具体的机构，职员可以直接隶属于部门，部门下可以包含若干用户组，岗位可以分配给部门或用户组，部门和用户组内的职员拥有其中的一个岗位。

③用户组。为完成临时任务而组建的团队，非正规的行政建制，可以包括若干个成员。

首先将岗位分配给部门或用户组，如将"产品经理""产品技术经理""部门经理"和"开发工程师"这4个岗位分配给研发部下的3.0产品组，然后在部门添加新职员时，必须为职员选择所属的用户组，并分配一个用户组的岗位。

此外，系统管理员也可以直接将权限分配给用户，让用户拥有岗位之外的权限，以增加授权的灵活性。在授权体系之外，还拥有权限的转移功能，即用户可以临时将其所有或部分权限转移给某个用户代理。一个用户可以同时属于多个部门，拥有多个岗位，但在登录时，必须选择岗位和单位，以确保用户会话具有确定的身份。

6.3 调车远程监控智能分析系统

调车作业标准化是车务行车安全的基本保障。为解决调车作业过程信息化监控程度不高的问题，需要组织开发调车智能分析系统，通过系统实时掌握调车作业过程，并对非正常作业进行监控、提醒，使违章违纪无处遁形。

调车远程监控智能分析系统是通过调车语音和调车信令的集中管理，对部分不符合作业标准的信令进行智能识别和分析提示，实现调车作业的远程监控和智能分析，较好地解决当前车务站段调车岗点分散带来的管理难题，如站段管辖范围较大、调车作业点分散、调车作业安全控制力度衰减等问题。也为调车作业数据量大，全部依靠人工方式进行监听、抽听，难以实现全覆盖的现状提供了技术实现的手段。同时，针对调车作业人工分析人员因业务素质不同、检查标准不统一，而且长时间人工分析而出现的听觉疲劳，难以有针对性地发现现场作业不执标等问题。目前，上海局25个直属站段共安装了366套调车录音采集和分析设备，实现了全局253个车站调车作业的监控，基本覆盖了全局调车作业岗点。该系统为调车作业陋习整治提供了有效载体和平台，为强化调车作业安全控制提供了有力保障。积极采取大数据开发手段，将调车数据进一步深度发掘，以提高调车过程监控违章问题的及时发现率，解决调车作业陋习。

目前，虽然铁路局安装了数字无线平面调车设备，但调车作业现场分布较广、条线长、作业地点分散，现有无线手持电台覆盖距离有限。目前主要依靠管理人员到现场下载录音数据进行事后分析和监督的方法，来对调车作业安全提供保障，对调车作业现场的远程管理和实时管理手段不足。

调车作业量大、工作繁忙，大量的调车录音和指令数据通过人工复听容易疲劳而很难发现问题，也无法做到彻底的覆盖检查，存在大量的监督检查盲区和调车安全隐患。

调车作业现场迫切需要一套调车远程智能分析系统，通过现有的铁路内部专用TCP/IP网络不受无线覆盖距离的限制，实时远程监听、抽听现场调车作业情况，同时自动远程下载、获取调车作业录音数据和指令数据，对调车作业记录进行有序管理，并且远程回放平面调车作业过程，通过技术手段实时监督检查调车作业各个环节，可起到预防的效果，及时发现调车作业问题，规范调车作业过程，减少不规范作业引发的调车安全事故。

6.3.1 调车远程监控智能分析系统

调车远程监控智能分析系统包括三个组成部分：中央控制器、远程智能分析设备和远程智能分析终端，参见图6-4。

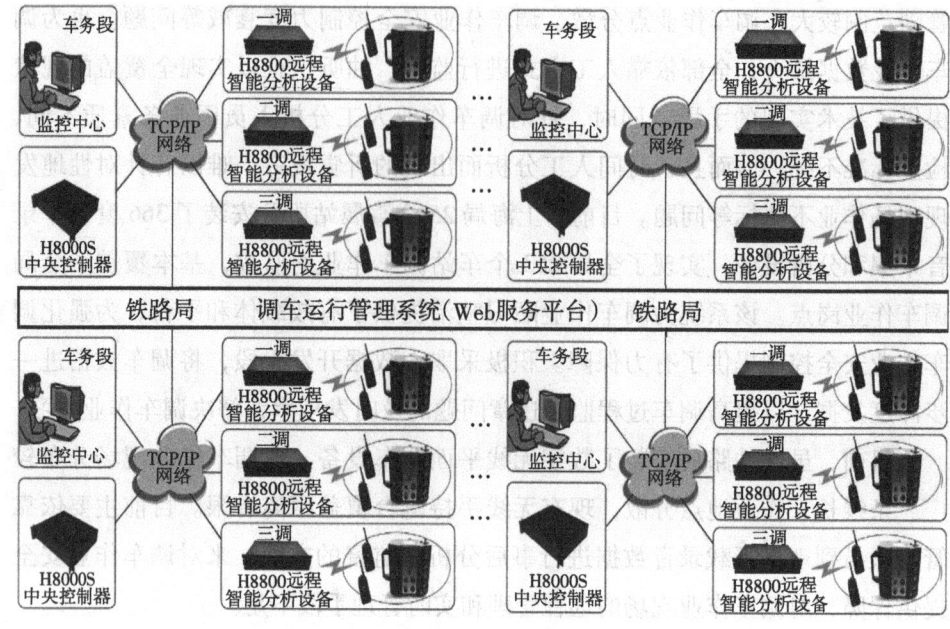

图 6-4　调车远程监控智能分析系统

调车远程监控智能分析系统服务功能模块架构参见图 6-5。

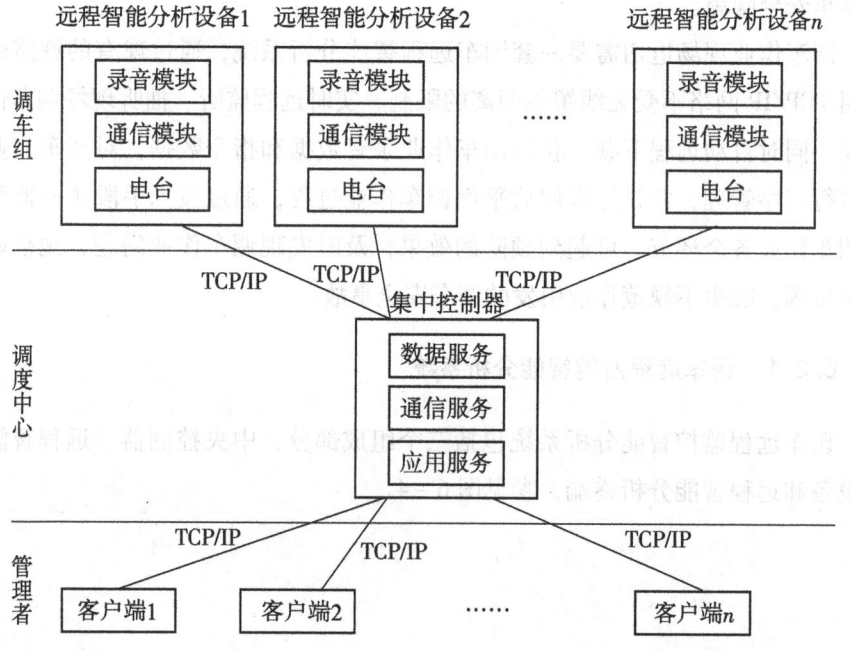

图 6-5　调车远程监控智能分析系统服务功能模块

调车远程监控智能分析系统软件体系结构参见图6-6。

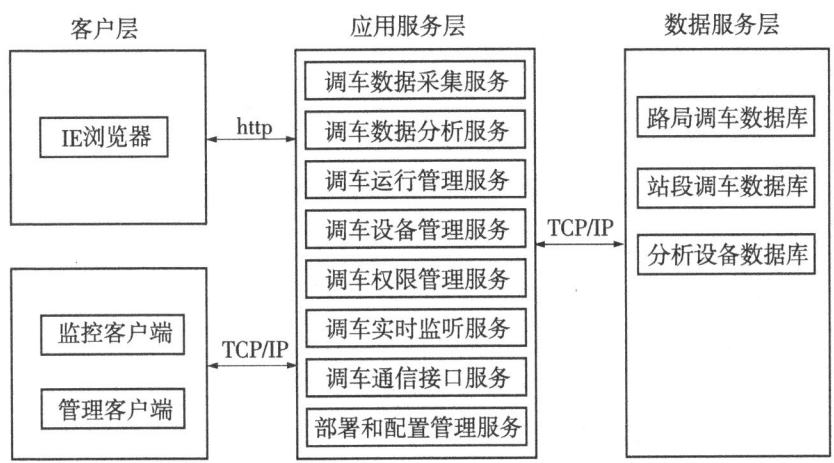

图6-6 调车远程监控智能分析系统软件体系结构

远程智能分析平台软件流程参见图6-7。

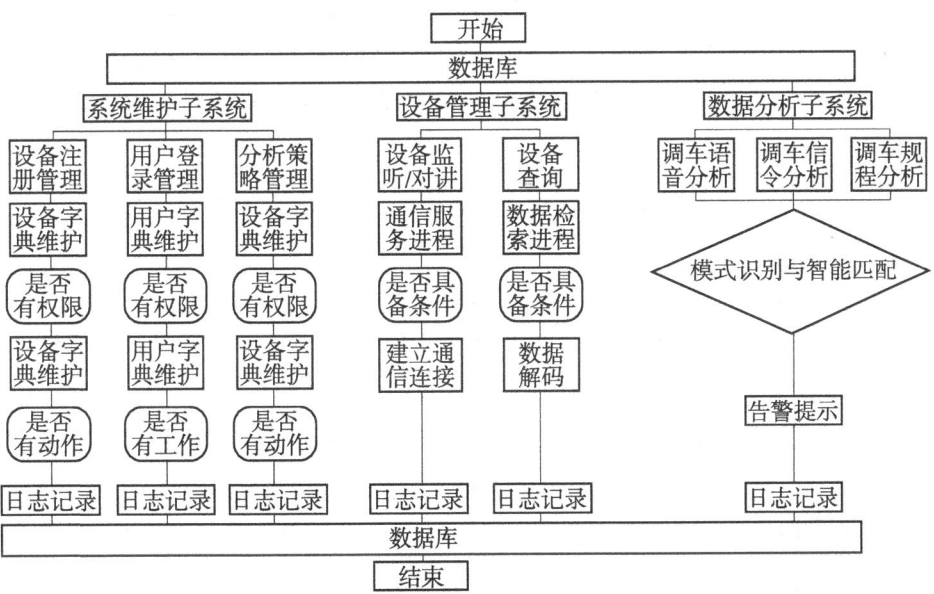

图6-7 远程智能分析平台软件流程

6.3.2　调车远程监控智能分析系统技术特点与性能

调车远程监控智能分析系统技术特点如下：

①实现高度集成化，系统须采用软件集成化设计，尽量使用"数字无线平调设备"的软硬件资源。

②实现高度自动化，全部无须人工干预。连续自动运行，免维护，并有双电源保证系统可靠工作。

③数据交换和运行实现紧耦合连接，运行效率高，并且接口规范，软件修改和升级简便。

④系统可靠性高，数据的传输有通信规程、协议和校验算法。

⑤系统有独立的自测功能，实现安全日志记录，确保设备运行安全和管理安全。

⑥控制器有独立的知识产权，实现调车远程智能分析系统软硬件完全自主开发。

⑦系统尽量利用路局现有的网络资源，部署和使用不会对现有的无线平调设备产生干涉和影响；系统基本完整软件版本管理系统，软件支持现场版本统一发布，自动远程升级；系统有完备的信息反馈通道，操作员在发出命令后，可得到执行的结果状态。

⑧调车远程智能分析系统实现了设备软硬件的通用性和可推广性。

调车远程监控智能分析系统主要性能如下：

①本系统的关键是实现调车录音数据和指令数据的可靠采集，实时、准确传输，设计采用双向通信协议，设置通信协议的字符串，设定数据校验的算法。

②调车录音数据和指令数据的解码和智能识别采用集群服务器，进行分布式计算，提高了系统平台的计算性能，同时增加了系统运行的鲁棒性。

③系统设计中采用网络电话技术，充分参考 RFC 相关技术标准，使用网络中各个终端的语音实时呼叫和通信，实现多点同时远程网络语音监听，语音对讲。

④考虑现有铁路办公网络现状和网络带宽因素，系统采集调车语音和指令数据后，经过 G729 标准，高效率压缩，语音压缩和存储处理软件运行在 SAMSUNG 嵌入 ARM 处理器上，完成调车录音和调车数据的高效率传输和存储，最大限度地适应铁路各个站点不同的网络设施条件。

⑤调车远程智能分析系统采用大数据分析算法，根据调车技规和"站细"，通过智能识别技术和模式识别技术自动分析调车作业数据，输出统计分析结果和警示提醒信息。

6.4 铁路车站图形化现车管理技术

6.4.1 功能需求

近几年，铁路货运站、编组站的现车管理系统已经得到了广泛的应用，作业方式和作业水平有了很大提高。然而客运站客车编组管理手段相对落后，调车作业方式在部分客运站仍停留在手工编制调车作业计划单的原始毛玻璃时代。例如，上海站设有专用调机两台，作业区域分为光新路站、上海站、上海客技站，作业过程存在大量的编组、转场及甩挂作业，调车作业环境复杂，存车线路紧张，作业方式多样化，特别是使用的是人工手动编制调车作业计划单模式，车站调度员（调车区长）根据列车到发计划、列车编组计划、列车检修计划情况等，在毛玻璃对相应股道上填写的车组车号进行及时调整。调车作业计划单编制完成后，采用传统的电话传真机发送。因此，如何提高调车作业通知单编制效率和正确率，以及传递的及时性，是研发客运车站图形化现车管理系统中迫切需要解决的问题。

为切实提升客运车站行车生产的管理水平，将客站现车管理系统纳入车站统一管理、统一实施、统一维护中，以提高车站行车组织人员对全站列车、车辆的掌控能力，实现行车及调车作业的安全和高效，开发了客运车站图形化现车管理系统。本系统可应用于局内有整备场作业的各客运站。实现铁路客站客车的图形化编制调车计划，调车卡片网络传输。

通过细化调车作业通知单编制过程，将每个流程的现有模式优化，确定可以研发系统实现通过图形化界面（图6-8）显示出铁路客运站现场股道车厢状态，根据调度命令和旅客列车到达、出发编组信息在图形化界面上拖拽调机和车厢，模拟现场作业生成调车作业通知单，再下发到车间按照通知单现场作业等。通过现代化计算机技术实现这些功能，将大大缩短调车作业通知单编制时间，提高作业效率，提高编制的正确率，并实现从现车手工管理到微机自动化管理、车号由单车管理到数字化管理、编制由人工推算到系统编制、作业计划由人工传递到系统传递、信息由单个岗位到全站共享等多项功能。

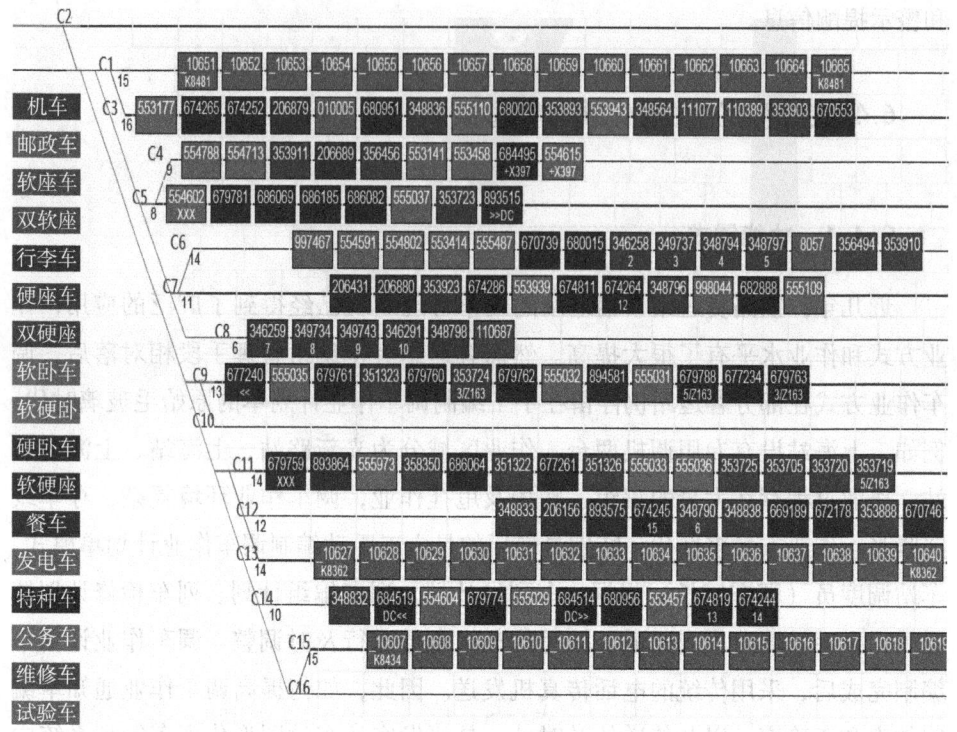

图6-8 铁路车站图形化现车管理界面

6.4.2 架构设计

客站客车管理系统主要面向普速客运车站，特别是始发终到及客运场作业较多的大型客运站的现车管理作业，具有以下功能和特点：

①具有接收、编辑、发送客车编组的功能，可兼容国铁集团统一的客车编组系统。

②列车到发信息可从已有的客服系统（或其他相关信息系统）获取，提供与客运站客服系统的接口，保持列车生产、服务信息的统一性。

③列车接发作业。

④客运站全站现车查询、管理功能。

⑤客运列车钩计划的编辑、执行及回推。

⑥客运列车的加挂、扣修。

⑦操作日志、数据备份恢复等安全保障功能及相关的统计查询功能。

在路局信息主机房设置客车管理数据库和应用服务系统；在各站信号楼、调车组、车号等处设编组及查询岗位；各站客车管理系统主机与各岗位设备之间通过路局 TMIS 网与路局端系统通信实现数据共享及传输。

例如，上海站客车管理系统采用 B/S 和 C/S 架构混合方式，以 NET 技术为主要开发平台的 HTML5 进行编程，由 Oracle12 C 实现数据库服务。

该系统在上海站和上海南站已经实施完成并通过验收。该站具有良好的信息系统应用基础，具备普速客运站的基本生产需求，并附带有客车整备场的现车管理功能。同时，该站网络应用良好，主要作业岗点均有相应的入网和电源条件。上海车站系统结构见图 6-9，上海铁路局辖区内车站系统结构见图 6-10。

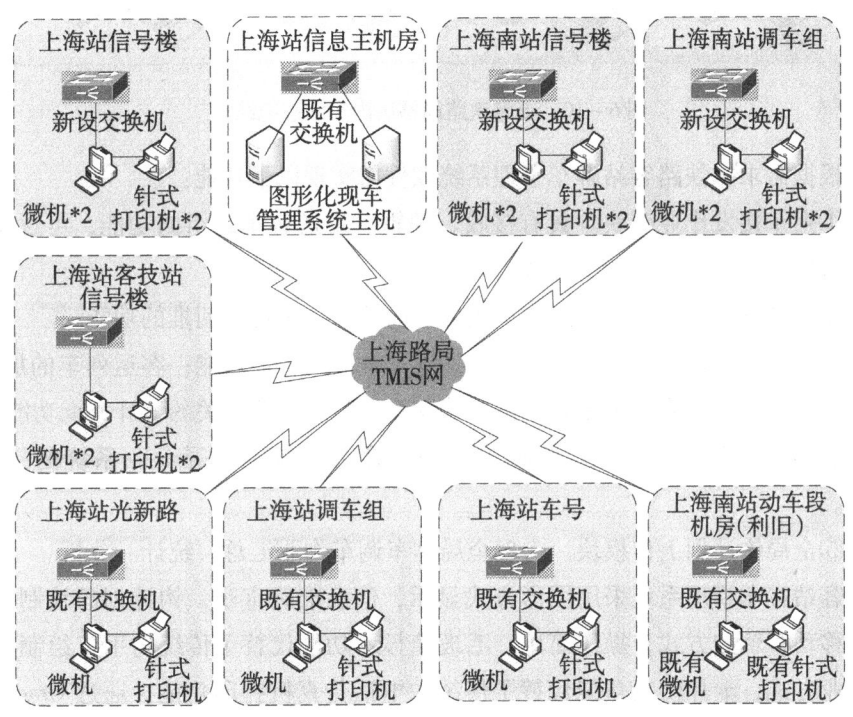

图 6-9　上海车站系统结构

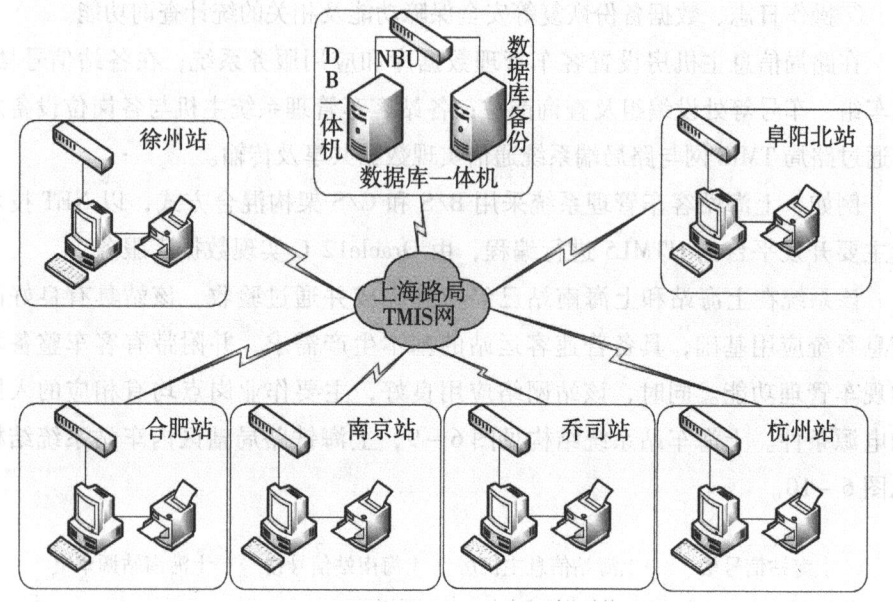

图 6-10　上海铁路局辖区内车站系统结构

根据需求，铁路客站客车管理系统软件需实现以下功能：

①列车接发作业模块。具有接收、编辑、发送客车编组的功能，可逐步替代国铁集团统一的客车编组系统。

②钩计划模块。具有客运列车钩计划的编辑、执行、回推的功能。

③查询管理模块。具有客运站全站现车查询、管理功能；客运列车的加挂、扣修功能；操作日志、数据备份恢复等安全保障功能及相关的统计查询功能。

④调度命令联动系统。实现与总公司命令系统和路局命令系统的接收、签认。

⑤全局钩计划上传模块。实现全局客车调车作业汇总、统计、分析。

客站客车管理系统采用图形方式显示，信息准确直观，钩计划的编制采用虚拟移动车辆的方式，操作简单。毛玻璃显示功能代替了传统的手工绘制黑板的作业方式，卡片传输功能代替了传统的电话传真机打印功能，通过 Oracle 数据库和 Web 应用的部署实现了 B/S 和 C/S 混合架构，满足了车站管理及生产岗位对运输生产信息化的多样性需求。

例如，上海直属站管辖范围内的上海南站始发、终到旅客列车 85 对，其中普速旅客列车 33 对，有大量的始发、终到客车车号作业。根据定员，该站车号员设置一个岗位，车号员日常作业行走路线必须穿行客运地道，行走距离较长，部分年龄较大的职工因频繁上下坡而身体产生不适。列车密集到达或终到始发旅客列车同时进行时，车号员接车和发车作业冲突，无法兼顾。如按标准安排人员现场核对现车，每班需要增设车号员1人；另在列车集中到达出发时段还需要增设专人岗位，共需5人。考虑到现场职工公休等特殊情况，至少需增设共计6人。

针对以上情况，并根据国铁集团铁路车号员作业标准"前言"第九条考虑到视频系统的广泛应用，明确了核对现车时，"设有视频等设备的，可在室内依据列车确报核对，对关门车等事项必要时应到现场核对"的规定，客运车号作业现场迫切需要开发一种可靠的并可自动识别车号、车辆相关数据和进行参数校验，同时可根据当日列车运行图的车次、始发时间自动生成《客运列车编组顺序表》的智能校验编制系统。

铁路客站客车管理系统的应用会带来减员增效的双重功能。如上海铁路局，该系统启用后，预计上海南站节省车号员6人，按照每人每年收入18万元计算，每年节省108万元；按照该系统正常运行5年计算，共节省540万元，在确保了编制《客运列车编组顺序表》准确性的同时，真正实现现场车号工作减员增效的目的。

可以研发一种能自动生成《客运列车编组顺序表》的智能校验编制系统：能准确记录列车通过影像，在实现回放功能的前提下集中采集列车车号、车型等信息，并与车辆数据库相关参数自动校验后，根据运行图班计划的安排自动生成《客运列车编组顺序表》，从技术上保证车号员在室内核对现车的及时性和准确性。

智能校验编制系统研发技术关键在于以下几个方面：

①该系统室外设备必须克服复杂的室外环境因素，如高温、雷暴雨、迷雾天等恶劣天气以及轨旁震动带来的影响，同时要能解决各车辆车型不同、颜色不同、车厢涂画车号字体不同带来的自动识别难点。

②系统室内主机设备必须能做到自动清除相应缓存及失效的图片资料信息。

③打通与车辆数据库的网络通道，能自动读取车辆相关参数，并自动校验。

④能与"铁路客运编组统计信息系统"做好相应的数据共享，能自动读取列车车次、时间等相关数据后智能生成该列车的《客运列车编组顺序表》。

6.5 车务自管设备管理系统

车务自管设备管理系统是利用先进的物联网技术,自动跟踪记录设备的使用、保管、维修保养过程,自动记录自管设备的使用记录、维修保养记录、保管记录,确保系统信息记录与实物自动同步,完成设备使用过程数据的采集和存储,通过系统平台进行数据分析和加工,完成运输自管设备的全生命周期信息化管理,提高设备的安全管理质量,提供多维度的大数据统计分析报告。自动分析设备的使用,减少了设备管理带来的安全隐患,同时提高了资产的使用效率,减少了资源浪费。

随着铁路信息化建设的不断推进与对信息资源的深度开发和广泛利用,既有的生产、经营、管理、决策等工作正发生变化。加快信息技术在车务自管设备的运用,已成为进一步提高工作效率、提升管理质量、强化安全基础的重要手段和必由之路。

6.5.1 车务系统自管设备管理现状分析

车务系统自管设备管理就是车务单位按照规定并结合实际需要,对设备申报、选型、购置、安装、验收、使用、保养、维修、改造、更新直至报废的全过程管理。与铁路其他设备的管理相比,车务自管设备管理既有其类似性,又有其独特性,不仅涉及保养、维护等一般性的设备状态管理,还涉及设备的日常使用状态管理。原始的纸质、邮件等车务自管设备管理方式已不能适应路局直管站段的管理需求和信息化建设的发展要求,影响了日常管理工作高效运作。

(1)设备基础数据更新滞后,不能实现动态掌握。一是设备名称、型号等基础数据没有统一规范格式,造成数据整理、统计、查询不便和不准确;二是设备配置、使用、保养、维修、改造、更新、报废等基础数据未实现全过程信息化管理,易造成相关数据缺失、遗漏和不完整;三是现场设备管理还处于纸质台账阶段,相关使用、维修等信息不能及时上传,造成运用数据更新滞后,各级管理人员不能及时掌握设备最新动态情况。

(2)设备日常管理手段滞后,不能实现高效运作。一是设备故障信息还停留在纸质台账、邮件传输的阶段,不仅导致信息传输滞后,还由于信息不能共享，造成重复作业，影响工作效率；二是设备保养、维修、使用等日常管理信息还停留在人工收集、汇总和分析的阶段，不仅导致信息流失和缺失，还造成分析数据不完整和不准确，影响设备状态判断；三是大量的设备日常运用信息依靠纸质台账，难以实现"一机一卡"和设备的全生命周期和全过程管理，无法满足当前对设备"个性化"管理的要求。

（3）设备管理系统集成滞后，不能实现智能管控。现有设备管理系统对设备管理信息化工作进行了初步尝试，但也存在一些不足：一是仅完成了设备原始信息的收集，尚未形成对设备动态、数量、能力、技术状态、使用和安全情况的整体掌握；二是系统的触角还仅到达管理层面，尚未深入作业层面，相关的一些基础数据无法实现集中统一管理；三是不具备决策辅助功能，对设备使用率、故障率、闲置率等运用状态分析尚未实现智能化，尚未具备更新计划、大修计划、检修周期的提醒功能。

6.5.2　车务系统自管设备管理需求分析

当前，车务自管设备主要涉及货物列车列尾、调车灯显设备、加减速顶以及货物列车简略试风仪、摄像手电等。按照车务设备管理信息化、网络化和智能化的建设要求，设备管理系统应满足以下需求：

（1）管理需求。应满足路局、站段、车间（中间站）、岗位的四级管理和使用要求。岗位使用人员主要负责运用、故障等日常使用基础信息的录入，并按照要求实施管理。车间（中间站）管理人员主要对设备进行登记、库存管理，统计设备库存、故障率等。站段管理人员负责设备状态数据的分析和综合管理，向路局提出更新、报废和改造需求。路局管理人员主要利用系统进行综合管理和分析，协调相关部门审核相关更新、报废和改造计划。

（2）业务需求。应满足分层管理要求，对路局、站段、车间（中间站）、岗位等不同的系统使用人员赋予不同的使用权限。满足相关查询信息批量输出需求，能够按照管理要求导出常用报表，并能实现综合查询功能。满足设备参数后台配置需求，对设备名称、信号、厂家等基本配置信息进行统一管理。满足移动查询需求，通过二维码、条形码或者输入设备编码的方式，便捷查询设备的基本信息和日常运用信息。满足智能提示需求，对达到固定使用年限、设备故障率超标、设备使用不均衡等信息进行系统智能提示，提高设备管理品质。

（3）数据需求。设备基础数据包括设备的基本信息、性能参数、检修记录、变动信息、备品备件信息、财务信息、成本信息和状态信息等，主要内容涵盖设备类型、设备名称、设备型号、设备数量、生产厂家、使用年限、设备状态、购置信息、管理单位、使用岗位等数据。在设备故障管理过程中涉及故障原因、送修时间、修复时间等数据。在设备报废管理中涉及使用年限、投入日期等基础数据。在运用信息中根据不同的设备涉及的内容有所区别，如列尾涉及主机检测数据、电池充电信息、挂用车次、机车信号、司机姓名、开车时间等。

（4）功能需求。满足设备自购入至报废的整个生命周期的管理，建立涵盖车务系统所有需要管理的设备的信息化基础资料。能够依据设备的特点实现分类管理，根据日常运用信息，实现对设备状态的动态管理和智能分析。满足设备相关基础信息和运用数据的集中统一管理，符合设备规范化管理要求，对周期性管理工作进行系统自动提示和提醒。满足更新改造管理要求，自动生成更新改造或设备大修建议计划表。满足设备查询要求，规范输出日常管理报表。满足移动办公要求，便于用户便捷获取设备信息。

（5）其他需求。满足纳入车务综合管理平台的基础条件，实现与平台其他系统的数据自动交换和信息共享。满足基础数据存储的安全性要求，保证数据运用安全。满足部分岗位响应网络条件需求，实现数据高压缩比传输和断点传输功能。基于日常管理人员手机操作平台的不同，构建基于微信等基础平台的移动查询。

6.5.3 相关设想

（1）建设目标。按照系统建设安全性、可靠性、易操作性、先进性、高效性和准确性的基本要求，实现对设备的全覆盖、全生命周期的管理，提供便捷的管理和查询功能；实现对设备故障率、闲置率等设备状态的智能分析和自动判定，为相关决策提供基础资料；实现对设备进行总体管理，对使用、备用、库存进行全方位管理，提高资产运用率；实现对技术档案的信息化管理，为各级用户提供便捷的浏览、检索、查询、统计、分析功能，提高设备管理工作质量和工作效率；实现信息发布功能，对故障处置、调查分析等资料进行系统流转；实现数据的集中存储，为构建车务系统大数据平台打造基础。

(2) 系统架构。一是运用物联网技术，按照信息采集层、网络层、运用层进行建设，通过指纹扫描、射频识别（RFID）、红外感应、全球定位等信息采集设备，通过行车岗点的联网，优化和完善既有设备管理子系统，实现设备识别、定位、跟踪、监控和管理的智能化。二是按照 C/S + B/S 架构进行建设，专业管理人员和岗位使用人员运用客户端软件，其他管理人员采用 Web 浏览器方式进行查询和管理。三是立足车务综合管理平台，实现与安全管理、岗位管理、风险预警的数据对接和系统化、智能化管理。

车务自管设备管理系统包括系统管理、设备管理、查询分析、信息发布和报表生成五个模块。其中，系统管理包括设备字典管理、用户管理和更新改造计划字典管理等要素。设备管理是核心，包括初始信息、设备转移、设备故障、设备检修、设备库存、更新改造、设备大修、设备运用、设备预警管理等要素；查询分析包括台账资料、设备故障、设备报警和移动终端查询。信息发布包括系统信息发布和移动信息发布。车务自管设备管理系统参见图 6-11。

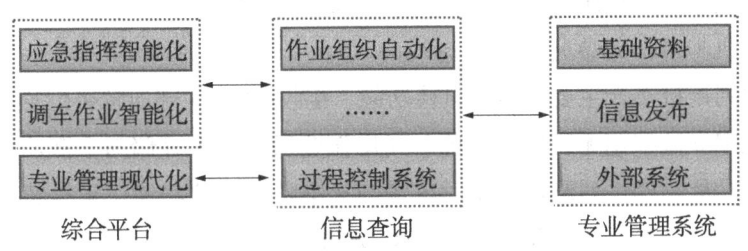

图 6-11　车务自管设备管理系统

6.6　数字列尾装置在途定位与管理系统

6.6.1　系统概述

列车尾部安全防护装置，是在货物列车取消守车后，尾部无人值守情况下为提高铁路运输安全性而研制的专用运输安全装置，应用了计算机编码、无线遥控、语音合成、计算机处理技术，是重要的铁路行车设备。

随着我国铁路交通运输的高速发展，由于既有模拟型列车尾部安全防护装置因与列调、列控系统同频段使用，干扰严重，因此列车运行事故时有发生，造成了严重的经济和社会损失。研制数字列尾装置,可以提高无线频率资源利用率,避免系统间的干扰,提高运输安全保障。

数字列尾装置在途定位与管理系统由基于 GSM 网络与 400MHz 数字的货物列车尾部安全防护装置(简称数字列尾装置)、数字列尾在途定位、管理系统构成,能完全满足国铁集团颁布的技术要求,在此基础上数字列尾主机与数字列尾机车台增加了 GSM 网络传输功能与卫星定位功能。

6.6.2 系统构成与主要功能

数字列尾装置系统设备构成:列尾机车台、列尾主机、列尾显示单元、列尾主机检测台以及列尾机车台出入库检测系统、列尾追踪仪、无线确认仪、数据处理软件等附属设备。

(1)数字列尾机车台。列尾机车台由时钟、位置信息采集器、数字化 400MHz 传输模块、核心处理器、运行信息存储、下载模块、辅助维护模块、对外接口模块组成,负压感知单元,预留 GSM – R 模块扩容能力。

列尾机车台样品参见图 6 – 12。

数字列尾机车台主要功能:自检功能、接收/发送内部加解密信息功能、与列尾主机建立数字化无线通信功能、列尾作业操作记录存储与下载功能、软件在线升级功能、提供列尾显示单元电源与标准传输协议功能、运行状态标识功能、GPS 信息接入功能、预留 GSM – R 通信扩容功能。

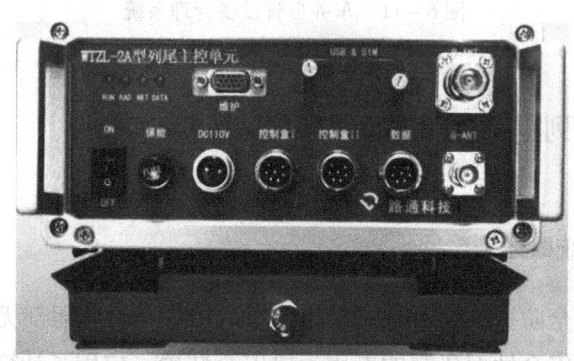

图 6 – 12　列尾机车台样品

(2)数字列尾主机。数字列尾主机包括智能感知模块、数字化 400MHz 传输模块、核心处理器、运行信息存储、下载模块、辅助维护模块和尾部标识模块,预留 GSM-R 传输模块扩容能力。其基本原理参见图 6-13。数字列尾主机样品参见图 6-14。

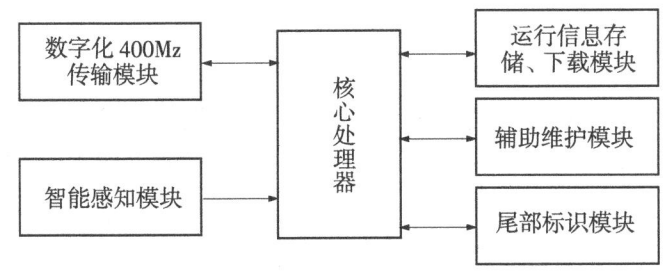

图 6-13 数字列尾主机基本原理

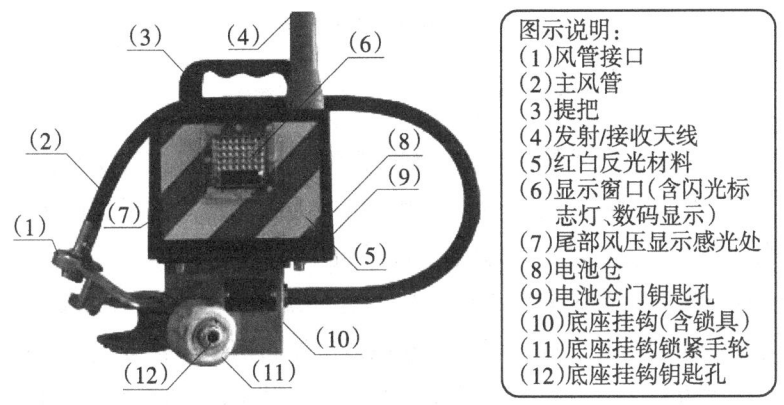

图 6-14 数字列尾主机样品

数字列尾主机主要功能:自检功能、接收/发送内部加解密信息功能、与列尾机车台建立数字化无线通信功能、接收列尾作业操作记录存储与下载功能、列尾关系建立确认功能、尾部风压查询功能、列车制动辅助排风功能、与列尾显示单元建立一对一关系功能、列车尾部标识功能、预留 GSM-R 通信扩容功能。

(3)数字列尾在途定位与管理系统。数字列尾在途定位与管理系统框架参见图 6-15,其系统组成主要有:

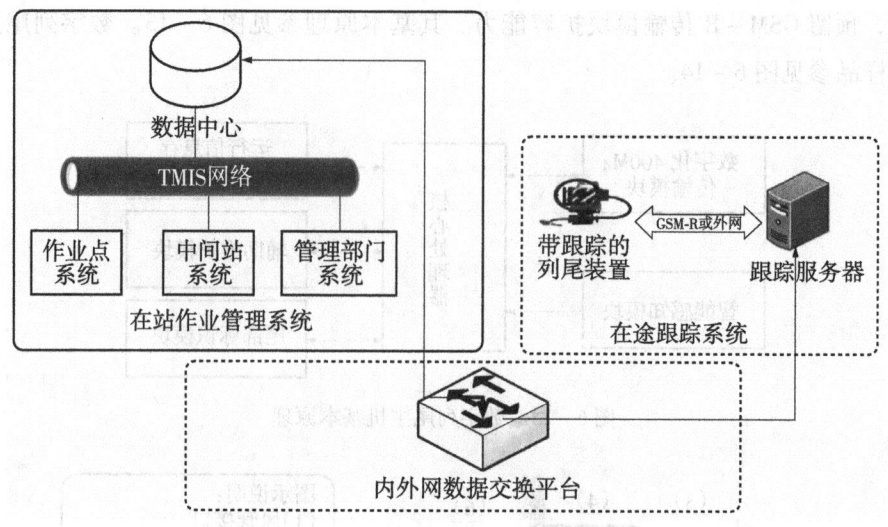

图 6-15　数字列尾在途定位与管理系统

①数据中心。列尾系统搭建在既有的铁路 TMIS 网络上，不另外进行独立网络建设，在铁路局建设数据中心，运用流行的大数据技术将所有作业数据完整地保存在数据中心。它是整个列尾系统的核心。

②作业点系统。系统采用三层结构（客户端软件、中间层、服务层），其特点是客户端对网络要求低，可以更好地适应铁路网络窄带环境，并可在断网的情况下"脱机运行"。作业点系统完成列尾作业的到达、发送、列尾检测、电池检测、交接班等功能。

③管理部门系统。采用 B/S 两层结构，安装一个运行在浏览器的"瘦客户端"即可运行。

④中间站系统。纯"网页模式"，使用浏览器即可，非常适合中间站使用。

⑤列尾在途跟踪系统。对列车在区间运行的列尾状态进行动态跟踪，实时采集列尾的运行工况数据。

⑥内外网交换平台（MTUP）。列尾调度指挥系统采用国铁集团统一的内外网数据交换平台 MTUP，根据平台要求的技术规则和安全约束进行数据交换，保证信息系统的安全性。

数字列尾在途定位与管理系统的主要功能和作用有：

①规范现场作业。通过各种列尾作业数据的自动采集和录入，对违规或违

章作业实施提示、禁止和监督，保障列车安全。系统自动产生规范的列尾到达、发送及调拨登记簿，减少现场作业人员的劳动强度。

②检测数据自动采集。通过自动采集列尾检测数据、电池充电数据，形成相应的检测数据登记簿，对主要列尾作业形成完整的、真实的电子数据库。

③列尾装置及其附属装置完整生命周期的管理。列尾设备中的主机、电台、检测台、电池、充电器、电池容量检查仪等的购入时间、使用次数、故障次数等数据都随着系统的使用而自动计算统计，从而形成完整的台账。

④列尾保有量的动态掌握。数据中心根据各作业点上报的作业情况自动计算列尾设备在站、在途的列尾保有量，为列尾设备的调度、保管和防止列尾丢失提供手段。

⑤事故分析的依据。发生与列尾作业相关的行车事故后，可以调取列尾系统的作业资料，查看作业记录，从而为分析事故原因提供依据。

⑥完整的列尾运用轨迹查询。系统根据 90 天以内的主机设备的运行轨迹（包含到达、发送、检测、回送、接收、维修等在站作业信息和在途运行），自动进行作业量统计。

6.7 铁路车务站段安全排序方法探讨

安全是铁路运输永恒的主题。随着社会的发展和技术的进步，尤其是最近几年来对铁路安全研究的不断推广与深入，铁路安全技术有了长足的进步。其中，安全评价技术更是得到了铁路各部门的高度重视，铁路安全评价不论在理论上还是在实践中都取得了不错的成果，各种安全评价方法层出不穷，这对减少铁路运输事故、提高安全意识、控制安全风险起到了积极作用。下面主要从适应目前铁路车务站段安全的实际情况出发，提出安全评价可操作的指标体系和应用方法。

6.7.1 安全评价存在的主要问题

（1）安全评价内容和方法。安全评价在欧美各国又常被称为"风险评估"或"风险评价"（risk analysis），是以保障安全为目的，按照科学的程序和方法，从系统的角度出发对系统中潜在的危险进行预先识别、分析和评价，确认系统存在的危险性，为制定基础防灾措施和管理决策提供依据。

20世纪80年代初期，安全系统工程引入我国后，我国也开始了安全评价理论和方法的研究。经过几十年的不断研究与发展，安全评价已经成为当代安全管理中最有成效并正在逐步完善的一种极为重要的方法。安全评价的一些方法已经成熟并得到广泛应用，比如事故树分析法、概率安全评价法、层次分析法等。安全评价有助于铁路各部门对铁路运输安全进行宏观的控制，并能提高铁路运输的安全管理水平，变事后处理为事前预防。对铁路车务系统进行安全评价，能将铁路安全管理模式由各部门的单一管理改进为全面系统管理，为铁路各部门进行安全决策提供必要的科学依据。

（2）当前车务安全评价存在的问题。

①综合国内外当前对铁路运输安全及安全评价的研究可以发现，人—机（设备）—环境—管理及其四者之间的关系是他们研究的出发点。虽然这一评价体系在车务系统中也得到了应用，但由于指标过于模糊，不便于精细管理，往往与车务安全实际有偏差。比如，将行车人员安全意识作为一个指标，实际上这项指标比较难用具体的数量指标衡量。还有的将站段职工的学历作为衡量指标，但我们认为这和事故发生没有直接关系。研究应建立在铁路现场实际的基础上，铁路安全评价的作用才能得到真正发挥。

②现行的排序指标尚未充分反映出各项指标的关联性，而是将各项指标割裂开来，指标中的若干项、点的衡量，其操作性不强。

③目前国内提出的铁路安全定量评价方法在建立评价指标体系后，大多数还要长期从事铁路安全研究的专家学者以及工作在第一线、经验丰富的铁路技术人员对其各项指标进行评分。这会使评价结果的精确性和可靠性受到影响。

④铁路安全评价的研究与铁路现场的结合还不是很密切，铁路安全评价方法在铁路现场得不到推广。我们感觉排序的方法不是问题，但是各有各的特点，关键是如何选取符合目前站段安全排序的合适方法。

⑤如今车务信息化手段也在增加。随着铁路的发展，列车运行速度越来越快，行车密度越来越大，铁路运输系统中所蕴含的不安全因素也越来越多。虽然各种监控手段也在增多，但科技设备带来的不确定因素也促使安全风险增大。随着大数据的发展，车务站段安全排序方法也需要同步提升，信息化的发展同样也给安全排序的计算性方便带来了可能。

⑥铁路安全评价突出的难点在于定量评价，即如何做到用数据说话，尽量减少人为因素的干扰。选择客观的评价方法及做出正确的评价是铁路安全评价的主要内容。

6.7.2 评价指标体系构建

铁路安全评价应贯彻"安全第一，预防为主"的方针，提高铁路运输系统的安全程度和安全管理水平，努力减少和控制铁路运输系统中存在的危险和有害因素，降低铁路运输系统的安全风险，预防事故发生。在这种情况下，要求评价指标具有全覆盖性、代表性、可操作性。当然还要考虑站段的体量，建立统一的评价标准。以中国铁路上海局集团有限公司为例，根据对8个车务段现场调研的数据和实际情况，可建立中国铁路上海局集团站段安全排序指标体系，如表6-1所示。

表6-1 车务站段安全风险评价指标体系（某月8个车务段指标）

车务段		徐州	合肥	新长	芜湖	金华	宁波	淮北	嘉兴
车站组成数		68	77	88	98	78	72	36	45
人员	人员违章	56	72	86	88	72	84	72	80
	预防事故数量	3	2	1	0	2	1	0	0
设备	设备故障数	14	10	19	21	11	15	19	10
	应急处置问题	8	6	11	11	9	8	9	8
环境	路外伤亡数量	1	1	0	0	0	0	2	0
	6S管理问题数	6	8	9	5	4	8	7	5
管理	接发列车违章数	21	16	18	20	14	16	19	18
	调车违章数	22	25	31	26	20	23	19	16
	防溜违章数	9	6	7	5	9	12	10	6
	施工数量	100	120	95	138	88	96	58	66
	规章等问题数量	5	9	9	12	6	8	11	13

（1）评价方法的选择—熵权系数的确定。在各指标权重赋值方面，层次分析法应用较为广泛。但这种方法需要专家的主观赋值或打分。为克服层次分析法赋值权重的主观性，增强客观性，权重计算可采用客观赋值法。这里介绍一种熵值法。熵值法是一种理论的数学方法。目前客观权重赋值法，使用较好的

熵值权重结合组比较方法进行,此方法为客观评估法。也就是各项指标通过数值的处理在数值之间比较的方法,避免了层次分析法的主观赋值法。

熵的概念源于热力学,是对系统状态不确定性的一种度量。在信息论中,信息是系统有序程度的一种度量,而熵是系统无序程度的一种度量,两者绝对值相等,但符号相反。根据此性质,可以利用评价中各方案的固有信息,通过熵值法得到各个指标的信息熵。信息熵越小,信息的无序度越低,其信息的效用值越大,指标的权重越大。

安全指标有两种,一种是效益型,就是越大越好;一种是成本型,就是越小越好。要根据实际需要,把指标归一标准处置和管理,并综合平衡好。

权重表示的是各影响因素在决策过程中的重要程度。权重确定方法通常有主观和客观确定法。为减少决策中的主观因素,本文采取客观权重法中的熵权系数法来确定指标的权重,该模型同样具有计算过程简单、使用方便等特点。

在信息论中,熵是系统无序程度的度量,它还可以度量数据所提供的信息量,其过程如下:

第 j 个优化目标的熵为

$$H_j = -\frac{1}{\ln n}\sum_{i=1}^{n} k_{ij}\ln k_{ij}, j = 1,2,\cdots,m \tag{1}$$

式中:

$$k_{ij} = \frac{d_{ij}}{\sum_{i=1}^{n} d_{ij}}, i = 1,2,\cdots,n; j = 1,2,\cdots,m$$

d_{ij} 为评价的指标属性,且当 $d_{ij}=0$ 时,令 $k_{ij}=0$,则第 j 个优化目标的权重:

$$w_j = \frac{1 - H_j}{m - \sum_{j=1}^{m} H_{ij}}, j = 1,2,\cdots,m \tag{2}$$

则目标函数的权重:

$$W = (w_1, w_2, w_j), j = 1, 2, \cdots, m \tag{3}$$

在多目标决策中,对各个方案关于某一指标的分值而言,可将属性值进行归一化后再进行熵值计算,作为该指标的客观权重。熵权评价方法如下:

设有 $M_1, M_2, \cdots, M_n$ 共 n 个待选对象组成被评价对象集,每个对象 $C_1, C_2, \cdots, C_m$ 共 m 个评价指标,每个评价指标均有一个评价值 f_{ij} ($i=1, 2, \cdots, n; j=1, 2, \cdots, m$)。

构造多目标评价矩阵 A 为

$$A = \begin{pmatrix} f_{11} & f_{12} & \cdots & f_{1m} \\ f_{21} & f_{22} & \cdots & f_{2m} \\ \vdots & \vdots & & \vdots \\ f_{n1} & f_{n2} & \cdots & f_{nm} \end{pmatrix} \tag{4}$$

设理想方案为 $A_0 = (f_{01}, f_{02}, \cdots, f_{0i}, \cdots, f_{0m})$，其中 f_{0i} 为理想方案中的第 i 个指标的理想值。

由于各项指标的计量单位并不统一，因此在用它们计算综合指标前，我们先要对它们进行标准化处理，即把指标的绝对值转化为相对值。

比较评价矩阵的各项指标值与理想方案中对应的指标值，构成被评价对象与理想方案的同一度 d_{ij}，有：

当 $f_{ij} < f_{0j}$（效益型）时，

$$d_{ij} = \frac{f_{ij}}{f_{0j}}; \tag{5}$$

当 $f_{ij} > f_{0j}$（成本型）时，

$$d_{ij} = \frac{f_{0j}}{f_{ij}}; \tag{6}$$

构造被评价对象与理想方案之间不带权的联系度矩阵 U：

$$U = \begin{pmatrix} d_{11} & d_{12} & \cdots & d_{1m} \\ d_{21} & d_{22} & \cdots & d_{2m} \\ \vdots & \vdots & & \vdots \\ d_{n1} & d_{n2} & \cdots & d_{nm} \end{pmatrix} \tag{7}$$

按照下式计算各属性的权重，确定各评价对象 A 与理想方案 A_0 带权重的联系矩阵 R：

$$u_i = \sum_{j=1}^{m} w_j d_{ij} \quad (i = 1, 2, \cdots, n; j = 1, 2, \cdots, m) \tag{8}$$

根据 u_i 值的大小，可以确定被评价对象的优劣次序。其中，u_i 越大，说明被评价对象越接近理想方案，评价对象就越好。联系度最大 $R = U \times W = (u_1, u_2, \cdots, u_n)$ 的评价对象，即为最优的方案。

（2）实例探讨。根据表 6-1，现对 8 个车务段某月安全情况进行排序。其中，表6-1考虑到车务段的体量，可将各指标按下列方法估算。

①人员。将各单位发现的问题按1件红线或事苗等于2件A类（Z类）等于4件B类等于8件C类进行换算统计。

②车站构成。可按1个干线一等站等于2个干线二等站，等于3个干线三等站，等于4个干线四/五等站，等于8个干线线路所/CTC无人站，等于4个支线三等站，等于8个支线四/五等站，等于16个支线线路所/CTC无人站进行换算。干线一等站有调车、轮渡、栈桥作业时，在换算后总数的基础上加2，依此类推，二等站加1.5，三等站加1，四/五等站加0.5；支线三等站有调车作业加0.5，四/五等站加0.25。

③站场施工。按1次Ⅰ级施工等于2次Ⅱ级施工，等于4次Ⅲ级加强施工，等于8次Ⅲ级施工，根据当月实际施工情况进行换算统计。

其中，人员违章数、设备故障数、6S管理问题数、接发列车违章数、调车违章数、防溜违章数、施工数量等问题数量是在车站构成的基础上进一步考虑到了车站体量，也就是实际数值除以车站构成数。

应用熵权系数进行计算，得到各项指标权重及8个车务站段安全风险评价得分，见表6-2。

表6-2 车务站段安全风险评价指标权重及某月8个车务站段得分

车务段评价指标及权重		车务站段安全风险评价得分							
安全风险评价指标	指标权重	徐州	合肥	新长	芜湖	金华	宁波	淮北	嘉兴
人员违章数	0.0938								
预防事故数	0.0824								
设备故障数	0.0938								
应急处置问题数	0.0948								
路外伤亡数	0.0714								
6S管理问题数	0.0933	1.865	1.973	2.252	2.459	1.851	1.926	2.553	2.417
接发列车违章数	0.0933								
调车违章数	0.0948								
防溜违章数	0.0924								
施工数量	0.0952								
规章等问题数量	0.0943								

根据表6-2得分数值，该月各车务站段安全质量评价排序依次如下：淮北、芜湖、嘉兴、新长、合肥、宁波、徐州、金华。

再采用层次分析法计算权重及得分，并进行比较。

依据标度定义表计算得出各指标的权重，得到权重矩阵如下：

$$W_A = (0.241 \quad 0.241 \quad 0.082 \quad 0.436) \tag{9}$$

$$W_{B_1} = (0.333 \quad 0.667) \tag{10}$$

$$W_{B_2} = (0.667 \quad 0.333) \tag{11}$$

$$W_{B_4} = (0.203 \quad 0.051 \quad 0.203 \quad 0.102 \quad 0.034 \quad 0.407) \tag{12}$$

根据各站各指标月度统计数据，采用加权平均法确定最终指标的量化值，从而得出准则层4个因素的模糊关系矩阵：

$$R_{B_1} = \begin{pmatrix} 0.045 & 0.124 & 0.148 & 0.152 & 0.124 & 0.145 & 0.124 & 0.138 \\ 0.300 & 0.200 & 0.100 & 0.200 & 0.100 & 0.000 & 0.000 & 0.000 \end{pmatrix} \tag{13}$$

$$R_{B_2} = \begin{pmatrix} 0.118 & 0.084 & 0.160 & 0.176 & 0.092 & 0.126 & 0.160 & 0.084 \\ 0.114 & 0.086 & 0.157 & 0.157 & 0.129 & 0.114 & 0.129 & 0.114 \end{pmatrix} \tag{14}$$

$$R_{B_3} = \begin{pmatrix} 0.200 & 0.200 & 0.000 & 0.000 & 0.000 & 0.000 & 0.400 & 0.200 \\ 0.300 & 0.200 & 0.100 & 0.200 & 0.100 & 0.000 & 0.000 & 0.000 \end{pmatrix} \tag{15}$$

$$R_{B_4} = \begin{pmatrix} 0.148 & 0.113 & 0.127 & 0.141 & 0.099 & 0.113 & 0.134 & 0.127 \\ 0.121 & 0.137 & 0.170 & 0.143 & 0.110 & 0.126 & 0.104 & 0.088 \\ 0.136 & 0.091 & 0.106 & 0.076 & 0.136 & 0.182 & 0.152 & 0.121 \\ 0.015 & 0.179 & 0.142 & 0.206 & 0.131 & 0.143 & 0.086 & 0.098 \\ 0.068 & 0.123 & 0.123 & 0.164 & 0.082 & 0.110 & 0.151 & 0.178 \\ 0.000 & 0.000 & 0.160 & 0.214 & 0.041 & 0.000 & 0.296 & 0.288 \end{pmatrix} \tag{16}$$

由各级权重矩阵和模糊关系矩阵可得模糊集合 U 为：

$$U_1 = W_{B_1} R_{B_1} = (0.215 \quad 0.175 \quad 0.116 \quad 0.117 \quad 0.175 \quad 0.115 \quad 0.041 \quad 0.046) \tag{17}$$

$$U_2 = W_{B_2} R_{B_2} = (0.117 \quad 0.085 \quad 0.159 \quad 0.170 \quad 0.104 \quad 0.122 \quad 0.149 \quad 0.094) \tag{18}$$

$$U_3 = W_{B_3} R_{B_3} = (0.186 \quad 0.192 \quad 0.029 \quad 0.016 \quad 0.013 \quad 0.026 \quad 0.356 \quad 0.183) \tag{19}$$

$$U_4 = W_{B_4} R_{B_4} = (0.068 \quad 0.071 \quad 0.140 \quad 0.165 \quad 0.086 \quad 0.185 \quad 0.198 \quad 0.188) \tag{20}$$

则目标层的模糊评价集合为：

$$A = W_A U = (0.125 \quad 0.109 \quad 0.130 \quad 0.142 \quad 0.106 \quad 0.096 \quad 0.161 \quad 0.131) \tag{21}$$

计算得到各站排序的隶属度，见表6-3。

表6-3 车务段组各站隶属度

徐州	合肥	新长	芜湖	金华	宁波	淮北	嘉兴
0.125	0.109	0.130	0.142	0.106	0.096	0.161	0.131

可得车务段组排序如下：淮北、芜湖、嘉兴、新长、徐州、合肥、金华、宁波。

将熵权系数法与层次分析法计算得出的各站排序结果进行对比，如表6-4所示。

表6-4 两种方法计算结果对比

站名	熵权系数法	层次分析法
徐州	第7名	第5名
合肥	第5名	第6名
新长	第4名	第4名
芜湖	第2名	第2名
金华	第8名	第7名
宁波	第6名	第8名
淮北	第1名	第1名
嘉兴	第3名	第3名

车务站段安全排序计算是一个复杂的计算过程，也是一个反复修正的过程。根据以上计算及表6-4数据结果分析可知，利用这两种方法都可以使车务站段安全评价问题变得简单易行，而且对进一步提高车务站段安全水平具有重要的实用价值。实际应用表明，熵值法概念明确、思路清晰、便于计算，而且综合评价结果真实、准确。这种方法降低了权重计算的人为因素影响。在实际中若应用熵权系数法计算，由于涉及对数取值（所得数值结果偏小），有时会发生几个站段安全排序计算结果较为贴近的状况，需要进一步衡量这几个站段安全排序结果。在实际评价过程中，可将用这两种方法计算的结果综合比较，得出一个综合的站段安全排序结果。当然，上文提出的指标体系是没有考虑自然灾害和发生事故的站段自然状态排序方法，若发生事故，可以另行设置相应事故单位的排序阈值，作为参考。

参考文献

[1] 曲思源. 高速铁路运营管理纵横 [M]. 成都：西南交通大学出版社，2018.

[2] 赵峻，唐强. 铁路车务安全管理技术与方法 [M]. 北京：中国铁道出版社，2016.

[3] 徐士伟，叶树峰，莫琼，等. 国外铁路数字化与智能化发展趋势研究 [J]. 城市交通，2021，19（6）：21-28，38.

[4] 刘传振. 数字化背景下工业铁路运输智能调度技术研究 [J]. 中国工业和信息化，2023（5）：58-62.

[5] 曲思源. 高速铁路运营安全保障体系及应用 [M]. 北京：中国铁道出版社，2018.

[6] 胡启洲，张卫华，张晓亮，等. 高速铁路安全运营的测度理论与监控方法 [M]. 北京：科学出版社，2014.

[7] 张俊友，王树凤，谭德荣. 智能交通系统及应用 [M]. 哈尔滨：哈尔滨工业大学出版社，2017.

[8] 马建军，朱建生，沈海燕，等. 铁路信息化、数字化、智能化关系演化模型及评估方法 [J]. 铁道科学与工程学报，2023，20（3）：87-98.

[9] 广州市交通运输研究所. 珠三角城市群线网票务政策一体化研究 [R]. 广州：广州市交通运输研究所，2021.

[10] 李晓玉，苏跃江，谭静. 粤港澳大湾区轨道交通一体化发展思考：以广州为视角 [J]. 交通与港航，2021，8（4）：17-24.

[11] 杨中平. 高速铁路技术概论 [M]. 北京：清华大学出版社，2015.

[12] 徐士伟，马美娜，苏业辉. 双循环背景下公铁联运枢纽集疏运一体化：以广州东部公铁联运枢纽为例 [J]. 综合运输，2023，45（8）：11-17，24.

[13] 赵柱文，武晓敏. 安全人机工程 [M]. 重庆：重庆大学出版社，2014.

[14] 莫易敏，周廷美. 铁路机务信息化应用技术概论 [M]. 北京：化学工业出版社，2017.

[15] 钟章队，谢健骊，李翠然. 铁路物联网 [M]. 北京：中国铁道出版社，2014.

[16] 刘伟华，刘希龙. 物流服务运作与创新 [M]. 北京：清华大学出版社，2017.

[17] 刘鹏，曲思源. 智能高铁运营技术与应用 [M]. 广州：华南理工大学出版社，2022.

[18] 郑健，张萼辉，胡雄伟. 高速铁路视频监控智能识别预警系统在沪杭客专上的应用 [J]. 中国铁路，2016（10）：77-80.

[19] 武勇. 铁路运输企业数字化转型路径探索 [J]. 中国铁路，2022（11）：1-7.

[20] 田葆栓. 科技赋能铁路运输装备，构建数字化智慧货车：铁路数字货车4.0技术分析 [J]. 智慧轨道交通，2022，59（1）：9-19.

[21] 张广福. 数字化铁路建设及其发展远景探析 [J]. 中国设备工程，2022（11）：211-213.

[22] 李迎九. 智能建造技术在铁路建设管理中的应用探索 [J]. 中国铁路, 2018 (5): 1-7.

[23] 王喜富. 大数据与智慧物流 [M]. 北京: 清华大学出版社, 北京交通大学出版社, 2016.

[24] 佟立本. 铁道概论 [M]. 7版. 北京: 中国铁道出版社, 2016.

[25] 汪明武, 金菊良, 周玉良. 集对分析耦合方法与应用 [M]. 北京: 科学出版社, 2014.

[26] 李平, 邵赛, 薛蕊, 等. 国外铁路数字化与智能化发展趋势研究 [J]. 中国铁路, 2019 (2): 25-31.

[27] 赵光辉, 朱谷生. 互联网+交通: 智能交通新革命时代来临 [M]. 北京: 人民邮电出版社, 2016.

[28] 王喜富. 铁路物联网 [M]. 北京: 电子工业出版社, 2014.

[29] 李瑞敏, 邱红桐. 智能交通系统规划设计及案例 [M]. 北京: 中国建筑工业出版社, 2016.

[30] 史天运, 孙鹏. 铁路物联网应用现状与发展 [J]. 中国铁路, 2017 (12): 1-6.

[31] 陈光伟. 铁路信息系统应用技术 [M]. 北京: 中国铁道出版社, 2017.

[32] 靳俊. 高速铁路列车运行控制技术: 调度集中系统 [M]. 北京: 中国铁道出版社, 2017.

[33] 李斯. 高速铁路运营过程多智能体救援仿真研究 [D]. 大连: 大连交通大学, 2017: 6.

[34] 杜宇玮. 长三角加强交通基础设施互联互通的关键问题及对策 [J]. 江南论坛, 2021 (3): 4-6.

[35] 常效辉. 编组站综合自动化系统功能 [J]. 铁路通信信号工程技术, 2017, 14 (6): 56-69.

[36] 于永利. 铁路货运票据电子化作业流程方案研究 [J]. 铁道货运, 2018, 36 (4): 1-7.

[37] 朱晓峰. 大数据分析概论 [M]. 南京: 南京大学出版社, 2018.

[38] 宁滨. 智能交通中的若干科学和技术问题 [J]. 中国科学: 信息科学, 2018, 48 (9): 1264-1269.

[39] 李甜, 李菁. 数字化转型策略在运输管理中的应用 [J]. 电子技术, 2023, 52 (10): 364-365.

[40] 宋宗莹, 边利平, 谷牧. 智慧重载铁路系统体系框架研究 [J]. 铁道建筑, 2022, 62 (1): 9-15.